민디 프로젝트

IS EVERYBODY HANGING OUT WITHOUT ME? AND OTHER CONCERNS
Copyright©2011 by Mindy Kaling All rights reserved.
Korean translation copyright©2019 by Bookduck
This translation published by arrangement with Crown Archetype, an imprint of the Crown Publishing Group, a division of Penguin Random House LCC through EYA(Eric Yang Agency)

이 책의 한국어판 저작권은 EYA(Eric Yang Agency)를 통해
The Crown Publishing Group과 독점계약한 '책덕'에 있습니다.
저작권법에 의하여 한국 내에서 보호를 받는 저작물이므로
무단 전재 및 복제를 금합니다.

민디 프로젝트

민디 캘링 지음   김민희 옮김

이 책을 부모님께 바칩니다.

일러두기

이 책의 표지는 말싸미의 815글꼴을 사용하여 디자인되었습니다.

HELLO

차례

들어가는 글   12
이 책의 부차적인 제목들   16

난 아무것도 잊지 않았다:
되돌아 보면 예민했던 아이

평생 통통한 인생   20
난 운동 타입이 아니야   31
고등학교에서 정점을 찍지 말 것   42
다들 나만 빼놓고 노는 거야?   47

나는 뉴욕을 사랑해
그리고 뉴욕도 나를 괜찮아 하네

지구상에서 가장 위대한 도시에서 모든 것에 실패하다   60
내가 원하는 아주 적당한 정도의 유명세   72
노래방 에티켓   79
본업   81
절친의 권리와 책임   98
맷&벤&민디&브렌다   103

할리우드:
좋은 친구긴 한데 조금 창피하기도 한

현실에는 없지만 로맨틱 코미디에만 나오는 여성 캐릭터	118
<오피스>에 관한 모든 것	124
내가 리메이크하고 싶은 시리즈	146
<새터데이 나이트 라이브>에 전혀 일조하지 않다	150
조롱은 끔찍해	156
코미디 세계에서 내가 가장 좋아하는 순간 11	159
내가 글을 쓰는 방식	166
내가 컵케이크를 그만 먹게 된 날	171
할리우드 어딘가에서 누군가 이 영화들을 시도하고 있다	174

세계 최고 오락거리: 로맨스와 남자들

누가 나에게 원 나이트 스탠드에 대해 설명 좀 해줘	178
엮인다는 건 대체 무슨 의미?	182
아일랜드식 퇴장이 좋아	184
남자들은 멋져지기 위해 거의 아무것도 안 해도 된다	189
전혀 트라우마가 되지 않았지만 날 울게 만든 사건들	193
유대인 남자들	200
남자와 소년	203
가슴 털을 변호하며	208
결혼한 사람들이 나서야 할 때	210
왜 남자들은 신발을 그렇게 늦게 신는 걸까?	215

나의 외모에 관한
재밌는 사실과 재미없는 사실

사람들이 마르지 않은 사람에게 입기를 바라는 옷	218
내 블랙베리 속 나르시시즘에 빠진 셀카들	226
조깅하는 동안 복수하는 판타지 상상하기	231

나의 모든 중요한 유산

내 장례식의 엄격한 규칙	238
민디를 위한 추도사	242
굿바이	245
감사의 글	248
옮긴이의 글	250

들어가는 글

이 책을 사줘서 고맙다. 아니, 내 출판담당자가 조사한 자료가 정확하다면, 미국의 고모님들에게 감사를 드려야겠지? 그렇게 친하지 않은 조카의 생일 선물로 이 책을 사다니… 아마 조카들은 십대 뱀파이어 로맨스물을 더 좋아했을 테지만. 그래도 고모님들의 선택에 감사하다.

일단 몇 가지 질문에 답을 해볼까 한다.

이 책은 대체 무슨 내용인가?

나는 이 책에 로맨스, 여자들의 우정, 그리고 돌이켜 생각해보면 우습지만 당시에는 불공평하다고 느꼈던 상황에 관해, 그리고 여전히 웃음이 나오지 않는 불공평한 상황에 관해, 실없는 할리우드 잡담과 나의 어린시절, 심적 고통, 나의 일에 대해 썼다. 정확히 남자들이 읽고 싶어 환장하는 하드코어하고 터프한 이야기들이지.

나는 이 책을 쓸 때도 내가 생각하는 방식을 반영해서 썼다. 가끔씩은 산문이나 이야기가 나오지만 대부분 나열조각이다. 나열조각은 나열투성이 글조각을 뜻하는 말로, 방금 내가 지어냈다.

이 책도 유명인사들이 소녀들을 위해 쓴 가이드북 중 하나인가?

아, 절대 아니다. 나는 조언을 줄 자격이 겨우 있을까 말까 한 사람이다. 나의 체질량지수BMI는 명백하게 이상적이지 않고, 게다가 현금을 가지고 다니지 않아서 매번 3달러 이하를 직불 카드로 결제해버리곤 한다. 내 침실은 어찌나 정리정돈이 안 되어 있는지 진상들이 앤트로폴로지 인테리어 소품 매장을 뒤집어놓은 모양새다. 나는 엉망진창이다. 뭐, 어쨌든 어린시절 꿈이었던 방송과 영화 분야에서 글을 쓰고 연기도 하고 있긴 하다. 거기에서 나오는 자신감과 온전한 내 목소리을 향한 평생에 걸친 사랑으로 무장한 채, 그렇다. 나는 이 책에 약간의 조언을 섞었다.

하지만 전통적인 조언 대부분에 내가 동의하지 않는다는 점을 확실히 하고 싶다. 예를 들어, 최고의 복수는 상대방보다 잘 사는 것이라는 말이 있다. 말도 안 돼. 진짜 최고의 복수는 그 사람 얼굴에 염산을 붓는 것이 아닐까? 절대 사랑받을 수 없게 만들 수 있으니까. 또다른 말로는 복수는 차갑게 식혀야 가장 맛있다는 말이 있다. 하지만 분노의 오븐에서 막 꺼내서 펄펄 끓을 정도로 뜨거운 복수가 더 맛있지 않을까? 내 생각을 말하라고? 복수는 곧바로 하는 게 좋다. 그 사람에게 손이 닿을 때 밀치고 떠밀고 할퀴어야 한다. 절대로 도망가게 두지 말아야지! 언제 또 그런 기회가 올지 누가 알아? 자, 내가 이런 종류의 인간이라는 것을 염두에 둔 채 나의 전통적이지 않은 조언을 읽도록 하자.

이 책은 수필과 사설 모음인가?

어느 정도 그렇다고 할 수 있다. 곳곳에 나의 의견을 적어 두었다. 예를 들어, 나는 "이름을 잘 기억 못해요"라는 말은 사회적으로 받아

들여지면 안 된다고 생각한다. "이름을 잘 기억 못하는 사람"은 없다. 그 따위 것은 존재하지 않는다. 사람의 이름을 기억하지 못하는 것은 정신 질환이 아니라 선택이다. 그저 그 사람의 이름을 우선순위로 두고 외우지 않기로 선택한 것이다. 이렇게 말하는 것이나 마찬가지다. "저기, 나에 대해 알아둘 것이 있어. 난 무례해." 만약 이름을 모르겠다면 제발 그냥 아는 척 하자. 다른 사람들이 하듯이 애매하게 "만나서 반가워요!"라고 말하고 살짝 눈맞춤을 하면 된다.

그럼 이 책은 여성 잡지 같은 건가?

그렇지는 않지만 만약 이 책이 흥미진진한 잡지 같이 읽힌다면 정말 흥분될 것 같다. 나는 잡지를 정말 좋아한다. 잡지 서가를 보고 앞에 주저앉아 읽지 않고 지나치기란 매우 어렵다. 잡지를 던져버리려고 해봐도 쓰레기통에 깊숙이 밀어넣지 않으면 어느 순간 TV가 있는 거실 바닥에 다시 나타나곤 한다. 우리집이 지난 7년 동안 매번 똑같은 2014년 <글래머>지가 나타나는 저주에 걸렸기 때문에 나도 잘 안다.

아내와 지독하게 싸우다가 이혼을 한 뒤 딸과 다시 관계를 회복하고 싶어서 선물로 이 책을 샀다. 딸이 나를 쿨하고 이해심 많은 아빠로 느끼도록 할 수 있을까?

솔직히 말하자면, 차라리 SUV 같은 선물이 훨씬 나았을 것 같다. 내가 다니던 고등학교에서 이혼한 아빠들이 아이들에게 주던 선물이다. 랜드 로버, 뭐 그런 차 말이다. 그만한 돈이 없다면 전부인과 재결합하는 건 어떨까?

글쎄. 난 읽을 책이 많은데. <밀레니엄: 여자를 증오한 남자들>이 영화로 나

오기 전에 마저 다 읽고 싶다.

이 책을 읽는 데는 이틀이면 충분하다. 책표지는 봤는가? 핑크색[1]이 많다. 만약 이 책을 몇 달 동안 밤을 새며 읽는다면 뭔가 문제가 있다.

이 책도 괜찮은데, 티나 페이 책만큼은 아닌 것 같다. 왜 티나 페이 책처럼 쓰지 않았지?

나도 안다. 티나는 최고다. 내 생각에 티나는 뛰어나다는 것을 증명하는 국제적인 상이란 상은 다 받은 것 같다. 대학 풋볼 최우수 상인 하이즈먼 상은 빼고. (명예 하이즈먼 상은 받았을지도 모른다.) 안타깝게도 나는 티나가 될 수 없다. 그녀에게 마법을 걸어 <프리키 프라이데이> 같은 상황으로 만들어 몸을 바꿀 수 없기 때문이다. 영화에서야 엄청나게 쉬운 것처럼 연출했지만. 나도 시도해 봤다. 그렇게 티나를 좋아한다면 『보시팬츠』를 한 권 더 사는 건 어떨까? 나는 그렇게 했다. 아마 다섯 권인가 있을 거다.

그 외에 알아야 할 것이 또 있을까?

잠자는 나를 깨워서 보게 해야할 만큼 아름다운 일출은 세상에 없다. 그리고, 나는 비욘세 놀즈와 친구가 되고 싶다.

음, 이 정도면 할 이야기는 다 하면서 여전히 나에게 섹시함을 느낄 정도의 신비감은 남겨둔 것 같다. 기분이 좋군.

사랑을 담아서,
민디

---

[1] (옮긴이) 이 책의 원서인 『Is Everybody Haning Out Without Me?』는 전체적으로 핑크색이 많고 핑크색 옷을 입은 민디의 사진이 실려 있다.

이 책의 부차적인 제목들

내가 꼭 책 제목으로 쓰고 싶었지만 주변에서 강력하게 말리는 바람에 못 쓴 제목들이다.

『아무 문신도 없는 소녀』

『남자친구에게 내 청바지가 꼭 맞을 때 같이 끔찍한 상황에 대해』

『결코 블로그가 아니었던 책』

『항상 플랫슈즈를 신고 친구들을 초대하라 : 살해당하지 않기 위한 스텝바이스텝 가이드』

『해리포터 시크릿북 #8』

『가끔씩은 그냥 립글로스를 바르고 흥분한 척해야 할 때가 있다』

『내가 더크 노비츠키Dirk Nowitzki(NBA 농구선수)가 <SNL(새터데이 나이트 라이브)> 호스트로 나오는 걸 어찌나 염원하는지 책 제목으로 만들 정도라네』

『죽도록 토해 줘, 그외 내가 말했다고 알려진 것들』

『파리에서의 마지막 망고』('망고'가 인도 여성을 가리키는 당돌한 느낌의 별명이라면 아주 잘 맞을 것. 그리고 내가 파리에서 시간을 좀 보낸다면.)

『방금 막 첼시 핸들러[1] 책을 다 읽었다고? 이제 뭘 읽지?』

『아프가니스탄에서 두꺼운 피자를』(탈레반이 통치하는 카불에서 비밀리에 시카고 스타일 피자를 즐기는 용감한 소녀에 대한 감동적인 소설)

『깨어있을 때의 옷차림과 잠잘 때의 옷차림이 차이가 없어졌다』

『그 여자가 어떻게 해내는지 모르겠지만 아마 불법이민자의 도움을 받을 거라고 나는 의심한다』

---

[1] (옮긴이) 미국의 희극인, 진행자, 작가, 배우이다. 《첼시 레이틀리》를 진행하고 있으며 『내가 가장 섹시했을 때』, 『Life Will Be the Death of Me』 등의 책을 썼다.

난 아무것도 잊지 않았다:
되돌아 보면 예민했던 아이

평생 통통한 인생

내 기억 속에 내가 통통하지 않았던 적은 없다. 내 뿌리가 인도인인 것처럼 통통하다는 요소도 나를 구성하는 영구적인 속성 같이 느껴진다. 피스크 초등학교 1학년 때 담임선생님 이름은 길모어 선생님이었다. 반에서 가장 인기 있고 아버지가 셀틱스에 소속되어 있던 애슐리 캠프라는 아이는 몸무게가 17킬로그램밖에 나가지 않았다. 어떻게 알았냐면 선생님 비품실에 있던 산업용 우편 저울로 재봤었기 때문이다. 질투가 나서 죽을 것 같았다. 같은 날, 나중에 비품실에 몰래 들어가 내 몸무게를 재보았다. 나는 무려 30킬로그램이었다.

내가 처음으로 이해하기 시작한 산수는 바로 애슐리의 몸무게가 내 몸무게의 거의 절반이라는 것이었다.

"친구 몸무게의 두 배에는 가까이 가지 않도록 하자." 스스로에게 말했다. 이 다짐 덕분에 20년이 넘는 시간 동안 비만이 되는 것을 간신히 모면할 수 있었다.

우리 엄마는 의사였지만 소아비만이 전혀 문제가 되지 않는 인도 출신이었기 때문에 아이를 날씬하게 만드는 데는 아무 능력이 없었다.

사실 우리 부모님은 뚱뚱한 딸이 있다는 것에 전혀 신경 쓰지 않았다. 가끔씩은 두 분이 오히려 자신들의 생산물을 보며 "봐, 우리가 얼마나 잘 해냈는지!"라고 생각하는 것은 아닌지 궁금하다. 아마 내가 살면서 말라본 적이 없다는 사실은 여러분에게 그다지 놀라운 일이 아닐 것이다. 2.7킬로그램으로 태어났던 신생아 시절만 빼고. 나는 내가 2.7킬로그램 나가는 아기였다는 사실에 소박한 자부심을 느낀다. 신생아 몸무게에 대한 내 짧은 식견에 의하면 꽤 마른 편에 속하기 때문이다. 심각하게 뚱뚱한 사람들이 자신의 작고 앙증맞은 발을 과시하듯이 나는 나의 신생아 적 몸무게를 과시한다. 말랐다는 명성이 고픈 나의 아주 하찮고 사소한 몸부림이다.

오빠 비제이가 자신을 먹어 치우려는 동생의 음모를 감지하고 있다.

보다시피 이때부터 나는 쭉 음식의 천국을 전속력으로 내달렸다. 초등학교에 들어가서 열네살 때까지 나는 토실토실에서 심한 뚱뚱이라는 스펙트럼 안에서 왔다 갔다 했다. 과체중은 미국에서 너무 흔한 일이기도 하고 그 안에 굉장히 다양한 형태의 '뚱뚱함'이 있기 때문에 그저 누군가를 '뚱뚱하다'라고만 표현해서는 사람들을 이해시킬 수가 없다. 여기 상세한 설명이 있다.

- 통통Chubby : 호감을 느끼던 사람을 몇몇 잃을 수도 있는 정도의 보통 사이즈.
- 통통이Chubster : 과체중인 사랑스러운 아이. <Two&A Half Men> 초반에 나오던 그 아이.
- 뚱땡이Fatso : 정말로 오래된 용어다. 1970년대에는 야비한 여학생 클럽에서 귀여운 아이를 이렇게 불렀다. 아마도 별로 뚱뚱하진 않지만 뚱뚱해지는 것을 두려워하는 사람들이 가장 많이 들어본 말이 아닐까 싶다.
- 살 찐 엉덩이 : 원래는 몸무게를 묘사하는 말이 아니었다. 이 기만적인 말은 원래 게으른 사람을 표현하던 단어였다. <오피스> 작가실에서는 상급 작가가 참다 못해 소리를 질렀다. "에릭, 게을러 빠져서는, 어서 살 찐 엉덩이 움직이지 못해? 그리고 그 옆에 엉덩이 여섯 개도 얼른 B 스토리 쓰란 말이야! 왜 플롯이 말이 안 되는지 더 이상 변명 늘어놓지 말라고!"
- 비만 : 건강하지 않게 살찐 사람을 설명하는 진지하면서 경멸적이지 않은 명칭.
- 비만 천사 : 아끼는 사람이 의도치 않게 당신의 발을 밟았는데 매우 아플 때 그 사람에게 붙여주는 별명. 또는 지방 로봇.
- 과체중 : 자신의 적정 몸무게보다 15킬로그램 넘게 더 나가는 경우.
- 빵떡 : '통통'을 참고.
- 뚱보 : '통통이'를 참고.
- 자바 더 헛[1] : 포만감 가득한 추수감사절 저녁 식사를 마친 후 자기

---

[1] (옮긴이) 영화 <스타워즈>에 등장하는 캐릭터. 타투인 행성의 지배자로, 목 부분 구분이 무의미할 정도로 흘러내리는 살이 인상적인 생김새를 지녔다.

자신을 이렇게 불렀을 때 아마 고모들과 삼촌들이 다들 박장대소를 터트릴 것이다.

지방 덩어리 : 우울증이 도진 시대의 사람들이 다른 덜 마른 사람들에게 하는 커다란 칭찬.

고래 : 십대 남자아이들이 여자아이들을 놀리는 정말로, 정말로, 잔인한 명칭. 이제부터 소개하는 일화를 보자.

듀안테 디알로

살면서 딱 두 번 (열네 살 때와 스무 살 때) 아주 짧은 기간 안에 몸무게를 굉장히 많이 뺀 적이 있다. 열네 살 때는 듀안테 디알로 때문이었다. 9학년이 되자 8학년 때 알았던 아이들이 대부분이었는데, 스무 명 정도 눈에 띄는 새로운 학생들도 보였다. 그중 한 명이 듀안테 디알로였다.

듀안테는 축구를 하기 위해 세네갈에서 보스턴으로 이주해온 잘생긴 남자아이였는데, 오자 마자 축구 대표팀의 스타 공격수가 되었다. 그때까지 학교 축구팀은 그다지 뛰어나지도 않으면서 있어 보이는 척하는 데 뛰어났고, 대학교 지원서에 다재다능해 보이기 위한 이력 한 줄을 넣는 것이 최종 목표인 마른 남자애들로 이루어져 있었다. 듀안테라면 아마 잘나가는 축구팀에 갔어도 스타가 되었을 거라고 짐작할 수 있었다. 선생님들은 부모님과 멀리 떨어져서도 씩씩한 듀안테를 아꼈다. 아이들도 잘생기고 운동도 잘하고 매력적인 아프리칸 억양으로 말하는 듀안테를 좋아했다. 게다가 듀안테가 세네갈에서 했다고 하는 짓들, 그러니까 흡연, 운전, 섹스, 시골에 살면서 총을 들고 다녔다는 이야기를 믿지 못했다. 조례 시간에 처음 듀안테가 소개되던 날, 듀안테는 우리에게 세네갈에서 축구 경기를 할 때 하는 응원 방법을 가르쳐 주었다. 복도에는 듀안테의 과거 이야기를 듣기 위해 모여든 아이들이 듀안테를 둘러쌌다. 한번은 AK-47로 소를 쏜 적도 있다고 했다. 듀안테는 너무 유명해진 나머지 쿨함을 가장하지 않고는 쳐다볼 수조차 없었다.

듀안테는, 안타깝게도, 포악한 녀석이었다. 아마도 커다란 총으로 소를 죽인 이야기를 기쁜 듯이 얘기할 때 알아챘어야 했겠지. 듀안테는 일찍부터 그의 관찰에 부끄러운 반응을 보이지 않는 뚱뚱한 나에게 집착했다. 처음에는 다정한 척 포장을 하며 다가왔다. 내가 듀안테와 그 친구 무리가 서 있던 복도에서 물을 마시고 있을 때였다.

듀안테 : 너 살만 빼면 정말로 예쁠 것 같은데.

나는 헷갈렸다. 듀안테의 표정은 마치 "너를 보면 세네갈의 저녁 노을이 생각나"라고 말하는 듯 친절하고 정직해 보였다. 이 모욕적인 말에 내가 겨우 할 수 있었던 반응이란 "고마워."라고 말하는 것뿐이었다. 나는 상처 받았지만 듀안테가 겪은 제3세계 생활에서 만난 아프리카 여자라고는 다 극도로 말랐거나, 아니면 아마도 미국의 여성들에게 냉장고에 접근할 수 있는 권한이 있다는 사실을 몰랐다거나, UN에서 보급한 음식을 이웃들과 나눠먹을 필요가 없다는 걸 모르나 보다고 합리화했다. (이 표현이 내 생각에만 기반한 약간의 인종차별로 보일지도. 아니, 우린 둘 다 잘못된 인간이야.)

겨울이 왔을 때도 나는 살을 하나도 빼지 않았다. 실은, 5킬로그램쯤 더 쪘다. 아마 이게 듀안테를 거슬리게 했나 보다. 자기는 나에게 매우 귀한 조언을 해주었는데 내가 따르지 않았고 그게 자기를 모욕한다고 느꼈나 보지. 내가 1학년 건물로 들어섰을 때 듀안테는 친구들과 얘기를 나누던 도중 말을 멈추더니 나를 향해 손짓을 했다.

듀안테 : 고래 얘기가 나와서 말인데…….

그들이 정말로 고래 이야기를 하고 있었다는 생각은 들지 않았다. 남자아이들은 웃음을 터뜨렸지만 몇몇은 얼굴에 죄책감을 내비쳤다. 어릴 때부터 나와 친구였던 아이들이었다. 나와 같이 라틴어 공부를 하던 대니 파인스타인은 그날 오후 내게 오더니 "듀안테가 한 짓은 별로였어."라고 말했다. 대니는 공상적 박애주의자나 할 듯한 고상한 표정을 지었다. 어차피 모욕당하던 당시에는 아무 말도 못했으면서. 다시 한 번, 나는 "고마워."라고 말해야 했다. 얼마나 많은 순간 나는 못된 남자들에게 "고마워."라고 말해야 했는지 정확히 셀 수 없다.

힘든 겨울이었다. 나는 경쟁심 많고 책을 좋아하는 너드에서 놀리기 좋은 타겟이 되어갔다. 만약 영화 <헤더스Heathers>였다면 나는 마샤 덤프트럭이었고 못된 아프리카 남자아이는 세 명의 헤더를 합친 것과 같았다. 나는 십대 시절의 강박적인 에너지를 <매드> 매거진을 읽는 것에서 벗어나서 다이어트에 집중했다. 인터넷이 등장하기 전이라 체중 감량에 대한 정보를 얻기가 어려웠다. 우리집 근처에 '웨이트 워처스'가 있었는데 구세군과 쇼핑몰 주차장을 나눠 쓰고 있어서 부모님은 그곳에 나를 데리고 가는 것을 탐탁치 않아했다. 결국 나는 내 마음대로 다이어트 공식을 만들었다. 내 앞에 놓인 음식의 정확히 절반만 먹고 후식은 먹지 않는 것이었다. 운동을 하지 않고도 두 달 동안 13킬로그램을 뺐다. 내가 좋아하던 학교 청소노동자 캐링턴 씨는 나를 보더니 이렇게 말했다. "너 신진대사가 아주 활발하구나. 그렇지?" 캐링턴 씨는 언제나 내 편이었다.

어느 날 아침 일어나서 아래를 내려다보니 내 손가락이 쪼그라들어

있었다. 갑자기 영화관에서 추위에 떨던 앙증맞은 여자애들처럼 나도 추위를 타기 시작했고, 잘 때 울담요를 더 덮고 자야 했다. 얼굴은 반쪽이 되었고 뱃살은 사라졌다. 커다란 맨투맨 티셔츠에 고무줄로 된 코듀로이 바지를 더 이상 입지 않았다. 어깨뼈로 향하는 강줄기 같은 옅은 갈색 선이 내 팔 안쪽에 나타났다. 살이 갑자기 빠지는 바람에 생긴 흉터라고 엄마가 얘기하기 전까지는 무척 예쁘다고 생각했다. 마치 디즈니에서 나오는 판타지 영화 같았다. 엄마는 꽤 대단해 했지만 너무 무리하지 않기를 바라셨다. 나는 그저 프로 미식축구 선수처럼 먹는 습관을 잠시 멈춘 것뿐이었다. 나는 살을 빼니 생기는 일들이 마음에 들었다. 하지만 내가 살을 뺀 진짜 이유는 그렇게 하면 듀안테가 더 이상 나를 놀려먹지 않을 테니, 맨날 처박혀 있던 길 건너 요정 숲[2]이 아닌 신입생 광장에서 놀 수 있겠다고 생각했기 때문이었다.

나는 듀안테가 드디어 나를 내버려 두겠지, 라고 생각했다. 하지만 아니었다. 어느 날 복도에서 듀안테 무리를 지나가고 있었다.

듀안테 : 민디가 그거일 때 기억나? (볼에 바람을 불어넣어서 빵빵하게 만들더니) 고래?

듀안테 무리가 모두 웃음을 터뜨렸다. 아니, 이봐들. 뭐가 기억나? 내가 예전에 뚱뚱했다는 이유로 놀림을 당해야 해? 피해자가 잘 해보기 위해 노력을 했는데도 괴롭히기의 법칙은 잔인해지기만 하다니? 이때 나는 괴롭히는 아이들에게 행동 수칙 따위는 없다는 것을 깨달았다.

나에게는 다행스럽게도, 듀안테는 나쁜 학생이었다. 영어가 듀안테의 제2외국어였으니까 뭐 그렇다 치고, 나는 듀안테가 거의 모든 수업

---

2 요정 숲은 찰스강 근처에 있는 작은 숲이었다. 나쁜 애들과 좌절한 선생님들이 담배를 피러 가는 곳이었다. 게이들이 익명 섹스를 하는 곳이라는 소문도 있었다. 그래서 고상하게 요정 숲이라는 별명이 붙었던 것이었다. 이 모든 걸 연결시킨 건 내가 스물 다섯 살이 된 후였다.

을 중학교로 들으러 간다는 사실을 즐겼다. 2학년 때 듀안테는 경기 중에 다른 학생과 부딪쳐 진흙 속에서 미끄러지는 바람에 다리가 부러졌다. 잠시 동안 경기 중 부상으로 주어지는 유명세가 뒤따랐지만 얼마 안 가서 목발을 집고 언덕을 내려가는 듀안테는 사람들을 지루하게 만들었다. 듀안테는 그 시즌에 경기를 뛰지 않았고 부상당한 후에는 절대 예전처럼 축구를 잘하지 못했다. 3학년 때 듀안테는 학교를 그만두었고 어떤 여자애를 임신시켰다고 들었다. 지금 와서는 한편으로 듀안테 디알로가 안쓰럽기도 하다. 하지만 그때는 아니었다. 나는 너무나 행복했다. 그 빌어먹을 못된 세네갈 애새끼가 그렇게 되어서.

잠시만 운동

　대학교에 갈 때까지 나는 꽤 평범한 몸무게를 유지했다. 하지만 입학하고 6개월만에 신입생 살 15킬로그램이 쪘다. 그게 뭐냐고? '신입생 살'이라는 말을 들어본 적 없다고? 웃기네. 우리 부모님도 들어본 적 없다고 하셨거든. 그러니까 집에 온 나를 맞이할 때 그렇게 공포스런 얼굴로 맞이하셨겠지. 나는 부모님의 딸을 잡아먹은, 익숙한 얼굴이 희미하게 남은 푸드 몬스터가 되어 있었다.
　스무 살 때 살을 뺀 것은 내가 처음으로 운동을 시작한 기념비적인 일이었다. 나는 운동을 성공적으로 피해온 아이였다. 학교에서 놀 때도 항상 깍두기를 하거나 태극권 같은 가짜스러운 운동에 등록하거나 체육 선생님을 설득해 관람석에 앉아 책을 보게 두도록 했다. 그러니까 1999년 다트머스 대학교에서 나는 운동을 발견했고 가장 친한 친구 브렌다에게 달리기를 배웠다. 브렌다는 기적의 교육자 앤 설리번처럼 인내와 끈기로 비만으로 가는 내 몸을 지켜주었다.
　우리의 운동 과정은 단순하고 정신이 멍해질 정도로 반복적이었는데, 이상하게도 나에게 잘 맞았다. 처음에는 20분 동안 걷다가 브렌다가 가로등이나 도로 표지판까지 전속력으로 뛰고 오라고 시키곤 했다. (참고로, 브렌다는 타고난 운동선수로 1마일을 6분만에 주파했다. 이런 짓은 그녀에게 완전히 시간낭비였다. 순전히 좋은 집안에서 자란 카톨릭 신자의 자비로움에서 우러나온 행동이었다.) 그런 후 집으로 돌아온 우리는 복근 운동을 함께 했다. 우리가 타미 리 웹이 자전거용 반바지에 핑크색 티팬티 레오타드를 입고 나오는 80년대 비디오를 보며 무자비하게 웃어대긴 했지만 한편으로는 종교처럼 그 비디오를 추종했다. 타미 리의 엉덩이는 바위처럼 단단했는데, 당연한 결과였다. 그 모든 경험이 놀라울 정도로 재밌었고 브렌다와 내가 평생 친구가 되는 결정적인 계기였다. 골반 부위가 땀으로 흠뻑 젖은 운동복 입은 모습을 매일 보고도 여전히 함께 해준 사람과 베스트 프렌드가 되지 않을 방법이 어디 있겠냐? 이런 안전하고 친근한 환경에서, 다이어트 알약 광고 멘트를 흉내내는 건 좀 그렇지만, 정말로 살이 녹아 없어졌다.

나는 다이어트를 사랑해

나도 잡지에서 읽는 글에 등장하는 고급 음식만 아주 금욕적인 비율로 먹고 날씬함을 유지하는 프랑스 여자들처럼 되고 싶지만 절대 그렇게 될 수 없다. 일단 나는 고급 음식을 대부분 좋아하지 않는다. 나는 프로즌 요거트가 좋다. 아이스크림보다 맛있다. 다이어트 소다도 좋다. 그냥 주스나 그냥 소다를 마시면 내 피 속에 설탕이 들이닥쳐서 '생활속꿀팁'도 없이 재잘거리는 레이첼 레이[3] 같이 행동하게 된다. 나는 마가린도 좋아한다. 다들 독이나 다름 없다고 나에게 말을 해주지만 상관없다. 그게 일단 한 가지 문제고. 또 한 가지 장애물은 나의 식

---

3 (옮긴이) 제2의 마사 스튜어트로 불리는 요리연구가. 자신의 이름을 딴 <레이첼 레이쇼>에 출

습관이 누구와 같이 먹든 그 사람과 정확히 같은 양을 먹는다는 것이다. 남자친구나 키 크고 운동을 하는 친구들과 먹을 때면 커다란 먹보 무리가 된다. 나는 정말로 놀라울 만큼 대단한 식욕이 있다. 마이클 펠프스가 하루에 10,000칼로리를 먹는다는 뉴스가 나왔던 것을 기억한다. 다들 엄청나게 놀랐었지. 하지만 나는 이렇게 생각했다. 그렇지, 나도 그 정도는 먹는데, 뭐가 문제야.

궁극적으로, 내가 평생 뚱뚱할 주요 이유는 (1)다이어트를 너무 좋아해서 언제나 남몰래 다이어트 할 핑계를 찾아왔고 (2)나는 <벤자민

일등병>⁴의 벤자민이 강인해지기 전처럼 전혀 훈육이 되어 있지 않았다. 솔직히 말하자면 더 심했다. (3)나와 연애했던 남자들은 모두 내 모습 그대로를 좋아했다. (4)난 내 생김새에 꽤 만족한다. 해변 의자를 부러뜨리지 않는 한.

다이어트에 대한 나의 사랑은 최근에 와서야 깨달았다. 나는 새로운 식단과 운동을 시도하는 데 열정적인 사람이었던 것이다. 뒤캉 다이어트, 사우스 비치 다이어트, 프랑스 여자는 살 찌지 않는다, 원시인

연했으며 다양한 요리 책을 출판했다.
4 (옮긴이) 1980년 개봉한 코미디 영화. 공주처럼 자란 철부지 주인공 주디 벤자민이 결혼식날 남편이 죽고 입대를 한 후 좌충우돌하며 군대에 적응해가는 과정을 그린 영화.

은 살 찌지 않는다, 미생물은 살찌지 않는다, 스키니 비치, 스키니 웻치... 한 가지 식이요법을 하다가 지겨워지면 새로운 게 해보고 싶어진다. 보기 좋게 탄 의사들이 의학적으로 다이어트법을 주장하는 그 모든 내용과 추천의 글을 읽는 건 정말 재미있다. 제인 오스틴의 다이어트 방법이 나오는 것도 시간 문제다. 나오기만 하면 금과옥조로 삼아 봄을 보낼 준비가 되어 있다.

누군가 나를 뚱뚱이라고 부른다고 해서 더 이상 밤을 새우며 괴로워하지 않는다. 듀안테 디알로는 나에게 더 이상 아무 영향도 끼치지 않는다. 그 아이가 아프리카 군사 지도자로 자라서 칼을 나에게 휘두르지 않는 한. 뚱뚱하다는 소리를 듣는 것은 멍청하다거나 재미없다는 말을 듣는 것과는 다르다. 그 두 가지는 나에게 할 수 있는 최악의 말이니까. 제니퍼 허드슨[5]이 살을 쫙 빼고 미친 듯이 섹시해져서 질투가 나냐고? 물론이지! 가끔씩 재뉴어리 존스[6]를 보며 고무줄 바지를 안 입어도 되는 삶이란 얼마나 멋질지 생각하냐고? 장난해? 물론이지! 재뉴어리 존스를 볼 때는 다 그런 생각이 들어야 마땅하다. 나도 그렇게 되었으면 한다. 그렇게 될지도. 한, 두 번쯤, 아주 짧은 기간 동안. 하지만 사는 동안 내가 이루고 싶은 일 목록에서는 전혀 우선순위축에도 끼지 못한다. 뭐, 밑바닥에 가까운 것도 아니지만. 이렇게 말해볼까? "베스파 타는 법 배우기" 바로 위에 있지만 "영화에서 추격 장면 찍기"보다는 몇 단계 아래에 있다고.

---

5 (옮긴이) 미국의 가수 겸 배우. 영화 <드림걸즈> 에피 역할로 아카데미 여우조연상을 받았다. 영화 출연 후 36kg을 감량한 모습으로 큰 화제를 끌기도 했다.
6 (옮긴이) 미국의 배우 겸 모델. 드라마 <매드맨>의 베티 드레이퍼 역과 영화 <엑스맨: 퍼스트 클래스>의 다이아몬드 인간 에마 프로스트 역으로 유명하다.

난 운동 타입이 아니야

안다, 알아. 깜짝 놀라서 책을 놓쳤다고?

나는 항상 운동과 관련된 것은 끝내주게 못했다. 내 습관적인 과장법처럼 들린다는 건 알지만 이번에는 "이 드레스가 너무 예뻐서 죽고 싶어!" 같은 상황은 아니다. 이건 진짜라고!

이상한 점은, 내가 운동에 참여하기 싫어하는 것만큼이나 특정 스포츠를 구경하는 걸 좋아한다는 사실이다. 1980년대 초, 우리 가족은 셀틱스와 레이커스 라이벌전에 집착했다. 가족과 함께 TV 앞에 앉아서 래리 버드가 세상에서 가장 잘생긴 사람이라고 생각하곤 했다. 하지만 진짜 농구공을 내게 던져줬다면 그 즉시 울음을 터트렸을 것이다. 나에게 있어 운동을 한다는 것은 디즈니랜드에서 디즈니 캐릭터를 만나는 것과 같았다. TV에 나오는 플루토는 정말 좋았지만 실제로 플루토를 흉내낸 인형이라 해도 직접 그 따뜻하고 보송보송한 옷을 입은 무언가에게 포옹을 받는다는 건 공포에 몸이 떨릴 정도다.

첫 번째 시도, 자전거 타기

나는 열두 살 때 자전거 타는 법을 배웠다. 다른 친구들에 비해서 말도 안 될 정도로 늦은 나이였다. 몇 년 동안은 성공적으로 도망칠 수 있었는데 대부분 읽고 있는 책에서 눈을 뗄 수가 없다는 둥 큰 난리를 치며 핑계를 댔었다. 부모님에게 약점이 있다면 바로 책이었다. 심부름이나 운동이나 나이 지긋한 친척어른과의 통화에서 내빼기에는 최고의 핑계라는 것을 나는 알고 있었다. 책을 들고 이렇게 말하는 것이다. "근데 저 지금 『초원의 집』을 너무 재밌게 읽고 있단 말이에요!" 나는 단지 오빠와 함께 낙엽을 쓸어모으기 싫어서 로라 잉걸스 와일더[7] 전집을 다 읽어버렸다. 하지만 다른 여자아이들이 다들 다음 단계로 넘어갔는데도 여전히 자전거 타는 법을 모르고 있었고 마침내 그날이 오고야 말았다.

참다 못한 아빠는 자신이 방치하는 부모로 보이기 전에 진지한 태도로 임하기로 했다. 내가 자전거 타는 법도 모른 채 삶을 살아가게 할 수 없다고 생각한 모양이었다. 어쩌면 내가 위대한 자전거 선수가 될 가능성이 있다고 생각했을지도 모른다. 아니면 자전거를 타는 게 폭행범으로부터 도망갈 때 좋은 방법이라고 생각했을지도. 아마 아빠는 내가 그저 자전거를 타는 다른 친구들과 어울리기를 바란 것 같다. 주말마다 엄마랑 집에서 <골든 걸스>[8]나 보는 이상한 여자애로 찍히길 바라지 않았겠지.

아빠의 이런 바람에 대항하는 이유는 자전거에 대한 나의 엄청난 거부감이었다. 자전거는 끔찍하다. 자전거에 항상 다리를 긁히거나 바퀴살에 끼이곤 했다. 자전거를 탈 때면 자갈들이 내 양말 속에 들어와 있곤 했다. 아마 헬로 키티나 인어공주가 그려진 자전거에 유혹을 당했을 것이다. 부모님은 내가 공포를 극복하고 자전거 타는 법을 먼저

---

7 (옮긴이) 미국의 작가이자 초등학교 교사. 유년기의 체험을 바탕으로 어린이를 위한 가족 역사 소설 시리즈를 썼다. 대표적인 작품으로 『초원의 집』이 있다.
8 (옮긴이) 1985년부터 1992년까지 방영된 시트콤으로 마이애미의 한집에 모여사는 할머니들의 일상을 그린 시트콤.

배우기 전까지는 절대 사주시지 않을 것이 뻔했다.

팔꿈치 보호대, 무릎 보호대, 헬멧까지 착용하고 자전거를 베트 샬롬 유대교 회당 뒤에 있는 주차장까지 가지고 갔다. 아빠는 커다란 게토레이 병 두 개를 들고 따라 나왔다. 내가 자전거를 타는 동안 목이 마르지 않아야 한다고 집착했기 때문이었다. 균형감을 익힐 때까지 일주일이 걸렸는데, 땅에서 두 발을 떼는 순간 공포에 질려 두 눈을 꼭 감아버렸기 때문이다.

"뭐하는 거야? 눈 떠!" 아빠가 소리쳤다.

알고 보니 눈을 뜨고 있는 것이 자전거 타기의 핵심이었다. 균형감을 익히고 나자 아빠는 내가 제대로 몸에 익힐 수 있도록 페달질을 하도록 나를 혼자 두었다. "몸에 익을 때까지 페달을 밟는 것"은 내 생각에 산스크리트어로 된 예배 원전까지 거슬러 올라가면 실제로 인디언이 아이들을 가르치는 고전적인 방식이다. 나는 몇 시간이고 유대교 회당 뒤에 있는 주차장에서 자전거를 탔다. 아이팟이 나오기 전이라는 것을 상기시켜 주겠다. 밝은 노란색 스포츠 워크맨이 나오기도 전이니 음악도 듣지 않고 그저 자전거를 타고 빙글빙글 돌았다. 로버트 코마이어[9]의 소설에 등장하는 청소년처럼 혼잣말을 하면서 어리둥절해 하며, 자기네 차로 돌아가는 유대인 가족들 주변을 빙빙 돌았다.

이것이 내가 자전거를 배운 방법이다. 아빠가 그때는 미처 깨닫지 못했던 사실은, 내가 자전거 타는 법을 익히는 동안 그에 대한 혐오감도 같이 익혔다는 것이다. 나는 그냥 싫어하기로 했고 그렇게 못을 박아버렸다. 열두 살 짜리의 비이성적인 혐오의 힘은 이해할 수 없다. 어쨌든 아주 오래 지속되는 혐오라는 것은 분명하다. 그 해 말에 우리 가족이 올란도로 여행을 갔을 때 겪었던 증오와 같은 정도로 이상하

---

9 (옮긴이) 미국의 청소년 문학의 거장이라 평가받는 작가. 『초콜릿 전쟁』, 『첫 죽음 이후』, 『나는 치즈다』 등의 작품이 있다.

고 강력한 증오였다. 우리는 시월드 유원지에 가서 처음으로 동물 쇼를 보았다. 염소 냄새가 나는 수족관 물이 내 쪽으로 튀어서 온몸이 젖었다. 그때부터 나는 시월드를 증오한다. 엄마는 나를 택시에 태워서 숙소로 와야 했다. 내가 다른 쇼나 바다 생활에 대한 건 다 거부해 버렸기 때문이다. 아빠와 오빠가 범고래 쇼를 보는 동안 엄마와 나는 모노레일을 타고 호텔 방으로 돌아와 TV를 보았다. 1991년의 일이다. 그 후로 범고래를 본 적도, 자전거를 탄 적도 없다.

두 번째 시도, 원반 던지기

내가 운동 신경이 떨어지는 친구들과 어울려 노는 현명한 선택을 했다 해도, 원반 던지기는 잊을 만하면 나타나는 골칫거리였다. 원반 던지기는 예술가형 아이들도 좋아하는 몇 안 되는 스포츠다. 그러니 어쩔 수 없이 마주치게 되어 있다. 나에 대해 알아야 할 사실 하나는 내가 원반 던지기를 끔찍하게 못하고 정말 싫어한다는 것이다. 그걸 잡으라고? 당연히 말도 안되지. (까놓고 말해보자. 눈을 감고 내가 원반을 잡는 장면을 상상할 수 있겠는가? 정말로? 안 되지! 상상속에서도 못하는 걸 어떻게 해?) 던지는 것도 마찬가지였다. 항상 이런 식으로 흘러갔다. 원반 던지기에 열정적인 친구가 원반을 잘 던지려면 원반을 좋아해야 한다고 주장한다. 나는 거부한다. 하지만 친구들이 집요하게 굴면 어쩔 수 없이 동참하게 된다. 친구들이 조심스레 사용법을 알려준 후 (근데 솔직히, '손목을 잘 쓰면 돼'라는 조언이 쓸모가 있긴 한가?) 내가 시도를 해본다. 원반을 던지면 (미친듯이 빠른 속도로 저 멀리까지 날아간다. 내 팔이 두툼해서 그런지 힘이 세다.) 완전히 잘못된 방향으로 날아가서 공원 저편 가장자리에 가서 떨어지고 만다. 이건 마치 킹콩에게 원반 던지기 놀이를 하게 하는 것과 같다.

다른 운동선수들과 달리, 원반 던지기를 좋아하는 사람들은 포기를 모른다. 원반 던지기를 잘하는 사람과 티치 포 아메리카[10]에 소속된 사람에게는 매우 큰 공통점이 있다는 나만의 이론이 있다. 위험한 환경에 있는 아이들을 가르치려는 본능인데, 내가 매우 존경하는 부분이지만, 그 본능이 일요일 오후에 공원에서 휴식을 취하려는 친구를 향하게 되면 매우 치명적으로 돌변한다. 나를 이 쓸모 없는 스포츠에 몰아넣어야 한다고 느낀다니. 누워서 칙릿 소설을 읽는 일요일 오후가 '민디에게 원반 던지기 가르치는 일요일 오후'으로 변한다. 감히 무슨 권리로? 원반 던지기가 그렇게 중요한 거였다면 내가 벌써 배웠겠지. 난 배우고 싶지 않다고! 그냥 날 내버려둬! 평화롭게 『쇼퍼홀릭, 국회의원에 입후보하다』를 읽게 두라고!

세 번째 시도, 밧줄 잡고 올라가기

순서대로 오빠, 혼도, 나.

---

10 (옮긴이) 티치 포 아메리카(Teach For America, TFA)는 미국 뉴욕주에 본부를 두고 있는 비영리 단체이다. 미국 내 대학의 졸업생들이 교원 면허 소지에 관계 없이 2년간 미국 각지의 교육 곤란 지역에 배치되어 2년간 학생들을 가르치는 프로그램을 운영한다.

1984년 메사추세츠 주 렉싱턴에 있는 헤이든 레크레이션 센터에서 오빠, 사촌 혼도, 나까지 셋이서 밧줄을 타고 있는 유명한 사진이 있다. 우리 나이가 각각 7살, 6살, 5살 때였다. 유명하다는 뜻은 지역 신문인 <The TAB>에서 어떤 연유에서인지 위의 사진을 실었기 때문이다. 인도 아이 세 명이 거의 구분되지 않는 옷을 입고 역시 거의 구분되지 않는 머리를 하고 밧줄 잡고 오르기를 하고 있으니 독자들에게 흥미로워보일 거라고 생각했나 보다. 하지만 내가 기억하기론, 5살이긴 했어도, 이렇게 생각했다. '대체 내가 왜 이걸 하고 있는 거지? 엄마랑 아빠가 줄을 타는 건 한 번도 본 적이 없는데! 이게 나한테 유용하다고 할 수 없지!'

사진이 보여줄 수 없었던 것은 찍힌 후의 일이었다. 나는 끝까지 다 올라갔는데, 대략 40분이 걸렸다. 정상에 올라간 후 풍경이 좋지도 않았고 내려가기도 싫었다. 허벅지가 심하게 쓸려서 빨리 욕실에 가고 싶었다. 결국 나의 가이드가 사다리를 올려서 나를 끌고 내려가야 했다. 오빠와 혼도는 나를 꽤나 창피해 했다. 아마 오빠는 혼도가 자기 형제이고 내가 사촌이라고 주장했을 것이다.

다행히 밧줄 흑역사는 몇 주 후에 희미해졌다. 오빠와 혼도를 비롯한 다른 캠퍼들이 있는 앞에서 할라피뇨^{jalapenos}의 j를 선명한 'ㅈ'으로 발음했기 때문이다. 살사 캔 옆면에 인쇄된 글자만 본 게 전부였기 때문이다. "잘라피뇨라고?!" 오빠가 믿기지 않는다는 듯 물었다. 나는 구제불능이 된 기분이었다.

네 번째 시도, 모르스 연못

놀랍게도 어린시절에 운동을 해보려고 하다가 얼어버린 경험이 또 하나 존재한다. 게다가 훨씬 더 심각한 사건이다. 오빠와 나는 80년대

이 사진은 아주 바쁜 여름 오후에 찍었다. 기억할 것, 아주 소름끼치는 사람으로 보이고 싶다면 어른이어야 하고 혼자서 해변에 있는 아이들과 사람들의 사진을 찍고 다니면 된다.

에 어린이 여름 캠프에 가게 되었다. 메사추세츠 주의 웰즐리에 있는 모르스 연못에 매일 가야 했다. 나는 모르스 연못이 싫었다. 월든 연못과 달리 매점도 없고 기념품 가게도 없었다. 모르스 연못이 월든 연못보다 나은 것은 무서운 귀신이 나타나지 않는다는 점뿐이었는데, 내가 짐작하기로는 헨리 데이비드 소로우의 유령 아닐까 싶었다. 왜 그렇게 이 사람 가지고 말이 많은지 난 잘 모르겠다. 내가 어릴 때는 수영도 하던 곳이었는데 몇 년 후 수영 금지 구역이 되어 있었다. 알고 보니, 페인트 공장에서 버린 오염된 흙으로 가득했다고 한다. 내게는 캐나다 거위 똥만 가득하던 것만 기억이 났다. 몇 년 뒤 그 공장 운영자는 유죄 선고를 받았고 돈 많은 의사는 청부업자를 고용해 자기 아내를 살해했다고 한다. 실제로 일어났던 일이다. 무슨 생각하는지 안다. 모르스 연못이라고? 리모르스(후회) 연못이 더 맞지 않아? 지금은 이곳에서 다시 수영을 할 수 있다고 한다.

어린이로서 나는 호기심은 강했지만 모험은 거의 하지 않는 아이였다. 이게 말이 된다면 말이다. 다이빙 도약대에 올라가서 모르스 연못의 다른 쪽 모습도 보고 싶었지만 수영을 해서 가고 싶진 않았다. 연못의 다른 쪽은 잡초와 해조류가 가득해서 거의 구리빛을 띠었다. 반대쪽에서 본다면 풍경이 아주 멋질 것 같았다. 다이빙 도약대로 가기 위한 사다리 꼭대기에 올랐을 때 연못의 저쪽 너머까지 볼 수 있었는데, 잡초와 해조류가 있는 연못의 풍경이 보였다. 매우 예뻤다. 아주 멀리 있었지만 내가 좋아하는 어린이책 서점이 있는 웰즐리 센터도 보였다. 그렇게 해낸 나는 뿌듯했고 아래로 내려올 수 있었다.

그때 연못 깊은 곳을 헤치며 걷고 있던 잘생긴 가이드 스콧이 나를 향해 외쳤다.

스콧 : 거기 사다리로 내려오면 안 돼! 다이빙을 해야 해!

나는 얼어붙었다. 여기는 큰 아이들을 위한 다이빙 도약대였고 정말로 매우 매우 높았다. 나는 듣지 못한 척하며 주춤 주춤 뒷걸음질쳤다.

스콧 : 걸어 내려올 생각 하지 마. 규칙 위반이야. 거기에 올라갔으면 내려오는 방법은 한 가지뿐이야.
나 : 그게 캠프 규칙인가요? 아니면 연못 규칙인가요?

스콧이 생각을 하는지 잠시 정적이 흘렀다. 내가 다른 질문을 하는 게 거슬린 모양이었다.

스콧 : 둘 다야. 넌 걸어서 내려오면 안 돼!

나 : 전 정말 못해요.

스콧 : 그럼 그냥 거기 서 있어야 겠구나.

덩치가 큰 아이들이 사다리 밑에 서서 자기들의 순서를 조바심 내며 기다리고 있었다.

살면서 가장 겁에 질렸던 순간이었다. 뛰어내리는 것도 너무나 무서웠고 캠프에서 문제를 일으켜서 연못 관리자에게 공식적으로 찍히는 바람에 가족들에게 창피함을 안겨주는 것도 너무나 싫었다. 다시 한 번, 오빠를 창피하게 할 순 없었다. (이때는 내가 불쌍한 오빠를 창피하게 만드는 순간이 오기까지의 끔찍한 카운트다운을 하고 있던 여름이었다. 정작 나보다 더 창피한 일을 한 건 오빠였지만. 점심 시간에 아이스크림을 하도 먹어서 다른 아이들 몫이 남지 않는 바람에 아이스크림 돼지라는 놀림을 받아야 했던 게 나야? 바지 엉덩이 부분에 진흙을 묻혀서 똥 싼 것처럼 다녔던 게 나야고?)

스콧은 나를 위해 좋은 일을 하고 있다고 생각했을지도 모른다. 아니면 그의 양아빠가 그에게 했던 짓이라 나에게 그 나쁜 경험을 분풀이하고 있었을지도 모르지. 어쨌든 간에 그가 하는 짓은 정말 구렸다. 내가 기억하는 거라곤 미칠 듯이 정신이 혼미하고 차가운 공포가 내 팔다리를 관통하는 느낌이다. 이렇게 말할 수가 없었다. "꺼져! 이 자식아. 난 사다리 타고 내려갈 거야. 그리고 공중전화기에서 엄마한테 전화를 건 다음 나를 집에 데려다 달라고 할 거야." 나는 눈을 감고 물속으로 나를 빠뜨려버렸다.

생기 없는 뚱뚱한 아이가 높은 곳에서 연못 위로 떨어지는 모습은 아마 꽤 볼 만한 광경일 것이다. 아이들이 주사를 맞거나 이를 뽑을 때, 어른들은 아이들에게 상상하는 것만큼 심하진 않을 거라고 말하지 않는가? 글쎄, 이건 상상한 것보다 100배는 더 심했다.

일단, 정말 아팠다. 어떻게 된 일인지 알 수가 없었지만 물 위로 떨어지면서 커다란 상처를 입었다. (왼쪽 무릎 뒤였는데, 지금까지도 10센치쯤 되는 어두운 갈색 흉터가 있다.) 스콧을 포함해 세 명이 힘을 합해 나를 물 속에서 끌어냈다. 재빨리 육지로 건진 다음 응급 치료소로 데리고 갔다. 더욱 무시무시했는데, 초과민반응쇼크용 주사기와 눈 세정액은 있는데 페이퍼타월은 없는 곳이었기 때문이다. 스콧은 비치 타월로 내 다리 뒤쪽을 가볍게 두드렸다.

은폐의 현장

우여곡절 끝에 피를 멈추게 할 수 있었고, 스콧은 부모님에게 이르지 말아 달라며 나에게 빌었다. 나는 스콧이 네 번에서 다섯 번 정도 당부했던 것을 뚜렷하게 기억한다. 열일곱 살짜리 소년이 혼란스러운 얼굴로 피 흘리는 여섯 살짜리 소녀에게 제발 부모님에게 말하지 말아달라고 하는 장면이 다른 사람들에게 어떻게 보였을지는 신만이 아시겠지. 그렇지만 모르스 연못이라는 곳이 그랬다. 그런 일들이 얼마든지 일어나는 곳이었다.

교훈? 어릴 때 우리 부모님은 나를 얌전한 아이로, 어른들을 존경하고 질문은 그리 많이 하지 않도록 키우셨다. 아마도 부모님은 우리가 99%의 시간은 친척 어른들이나 선생님이나 어릴 적 피아노를 가르쳐 주었던 아는 게 많은 브루스터 선생님, 경찰관 같이 존경받을 만한 자격이 있고 현명한 어른들과 얘기할 것이라고 생각했던 것 같다. 부모님은 이렇게는 말해준 적이 없다. "가끔씩 권위 있는 어른처럼 보이기만 하고 멍청한 사람도 있단다. 그런 사람들의 말은 따를 필요 없어. 침착하게 이렇게 대답하렴. "엄마한테 전화해서 그렇게 해도 되는지 먼저 여쭤봐도 될까요?"그때는 휴대폰이 없긴 했다. 휴대폰을 가지고 있는 사람은 액션 영화에 나와서 맨 먼저 죽는 악당들뿐이었다.

나에게 아이가 생긴다면 부모님이 나를 길렀던 방식을 대부분 따를 것이다. 대부분의 사람들과 마찬가지로 나도 우리 부모님은 완벽하며 나도 완벽하다고 생각하기 때문이다. 하지만 딱 한 가지 내 아이들에게 전하고 싶은 말이 있다. "만약 뭔가가 두렵다면 그건 그걸 해야 한다는 신호가 아니야. 오히려 하지 말라는 신호일 거야. 그럴 땐 아빠나 엄마에게 바로 전화하렴."

나는 어렸을 때 겪은 한줌의 나쁜 경험 때문에 운동을 못하는 사람이 되었다. 심리학에는 (그래, <트와일라잇>에는) 각인 효과라는 개념이 있는데 나는 여기에 그것을 적용하고 싶다. 나는 운동에 대해 역각인되어 버렸다. 내 경우에는 러브 스토리가 아닌 그냥 위대한 스토리이긴 하지만.

고등학교에서 정점을 찍지 말 것

십대 여자아이들이 나와 같은 경력을 쌓으려면 어떻게 해야 하는지 내게 조언을 구할 때가 있다. 내 자리까지 오기 위한 길은 기본적으로 두 가지이다. (1)도발적인 춤을 배워서 유튜브에 올린다. 그런 후 부모님을 설득해서 올란도로 이사해 키즈 쇼에 캐스팅될 때까지 홈스쿨링을 한다. 아니면 내가 했던 대로 (2)학교를 다니면서 공손하고 근면하게, 있는지 없는지 모르는 존재로 지낸다.

십대 소녀들에게, 고등학교에서 최고 인기녀가 되거나 최고의 여배우나 최고의 운동선수가 되지 못했다고 해서 고민하지 말자. 졸업하는 순간 사람들은 전혀 신경도 쓰지 않을 뿐더러 나이 먹고 고등학교 시절의 영광을 자꾸 되내어봤자 테네시 윌리엄스[11] 극에 나오는 늙고 재잘거리는 불쌍한 캐릭터처럼 보일 뿐이다. 현재의 삶에는 아무것도 내보일 게 없는 캐릭터 말이다. 내가 깨달은 것은, 고등학교 때 잘나가던 아이들이 사회에 나와서도 잘나가는 경우는 거의 없다는 사실이다. 무시당하던 나 같은 아이들에게는 매우 공평하다.

---

11 (옮긴이) 테네시 윌리엄스는 미국의 극작가이다. 대표적인 작품으로 『유리 동물원』, 『욕망이라는 이름의 전차』, 『뜨거운 양철지붕 위의 고양이』 등이 있다.

나는 파티를 이끌었던 적이 한 번도 없었다. 술이 있는 파티에도 가본 적이 없었다. 대마초를 권한 사람도 없었다. 마리화나와 팟pot이 다 같은 대마초라는 사실도 열여섯 살이 되어서야 알았다. 잘 노는 친구가 알려준 것도 아니었다. <21 점프 스트리트>¹²의 에피소드를 보고 알아냈다. 부모님은 주말 밤에 내가 아이들과 어울리기를 바라지 않으셨다. 주말 밤은 숙제를 하는 밤이었으니까. 내가 말을 잘 들으면 <엑스 파일>을 볼 수 있었다. (<엑스 파일>은 금요일 밤에 방영했다.) 아주 드물게, 예비 대학 수학 능력 평가에서 좋은 성적을 받았을 때는 <사인펠드>¹³를 볼 수 있었다. (목요일은 학교에서 보내는 밤이었다.)

텔레비전이나 노래에서 드라마틱하게 연출하는 고등학교 생활을 보면서 항상 내가 뭔가 놓치고 있다는 기분이 들었다. <마이 소 콜드 라이프My so called life>¹⁴부터 <90210>¹⁵까지. <파티 오브 파이브>¹⁶에는 스물 여덟 살 먹은 스콧 울프가 나오는데, 그게 고등학교에 있는 전형적인 남자애여야 했다. 스콧 울프가 우리 고등학교에 다녔다면 다들 이렇게 생각했을 것이다. "대체 맨날 자기 감정에 대해서 말하고 다니는 이 음울한 나르시스트는 뭐야?"

"네가 끝내주는 미국 고등학교를 경험하지 못하고 있다고 느끼게 해줄게"라는 장르에서 가장 나쁜 것은 존 멜렌캠프의 '잭&다이앤'이라는 노래다. 에릭 클랩튼의 'Tears in Heaven'이나 레드 핫 칠리페퍼스의 'Give it Away' 같은 노래처럼 배우지 않아도 가사를 다들 아는 노

---

12 (옮긴이) 1987년부터 1991년까지 미국에서 방영된 인기 드라마. 미국 고등학교를 배경으로 하는 범죄 드라마로, 신인 시절의 조니 뎁이 주연으로 출연했다.
13 (옮긴이) 1989년부터 1998년까지 방영된 시트콤으로 프렌즈보다 이전에 미국 최고의 시트콤의 자리를 차지했던 작품이다.
14 (옮긴이) 1994년 방영된 드라마. 당시 미국 십대 드라마의 획을 그었다는 평을 받았다. 클레어 데인즈가 주연으로 출연했다.
15 (옮긴이) 1990년 방영되어 인기를 누렸던 <베버리힐스의 아이들>을 리메이크한 드라마.
16 (옮긴이) 1994년부터 2000년까지 FOX에서 방영된 청춘 드라마.

래이다. 사람들이 이 노래가 흘러나왔을 때 어찌나 몸을 흔들어 대는지, 한 번은 조니 로켓에서 어떤 커플이 네 번 연속으로 이 곡을 신청하는 걸 본 적도 있다. 그러고는 머리 위로 손을 올려 크게 박수를 쳐 댔다. 그러니 어떤 사람들의 젊음을 상징하는 노래라는 거겠지. 아마 미국 전역에서, 내가 이걸 쓰는 동안에도, 잭과 다이앤처럼 되기 위해 애쓰는 고등학교 커플이 있을 것이다. 학교가 끝난 뒤 패스트푸드점에서 키스를 하다가 차에서 맥주를 몰래 마시며 바깥 세상 일 따위는 신경도 쓰지 않겠지. 잭과 다이앤은 확실히 유명한 아이들이다.

'잭&다이앤'이 만들어낸 세계는 어떻게 보면 꽤 매력적일지도 모른다. 그러니까, 좋아, 그 아이는 베트남으로 보내질 예정이었고 전혀 새로운 2부 스토리는 전쟁 트라우마를 입고 세상을 환멸하는 수의사가 되어 돌아올 예정이었다. 이 노래는 내게 '미국 독립기념일에 나온 노래' 같은 식으로 흥미로울 뿐이다.

나는 아무래도 '잭&다이앤'이 좀 역겹게 느껴진다.

전문직 이민자의 자녀로서, 이 모든 것의 비효율적인 경박함을 모르는 척 할 수가 없다. 왜 이 아이들은 집에서 숙제나 하고 있지 않은 걸까? 왜 저녁 상 차리는 걸 거들고 있지 않은 걸까? 대체 누가 이 아이들을 주차장에서 놀게 내버려 두었을까? 너무 배회하는 거 아니야?

나는 '응우엔&아리'라는 노래가 있었으면 좋겠다. 부모님의 여관 일을 도우며 로비에서 숙제를 하는 성실한 베트남 소녀에 대한 짤막한 노래. 그리고 성실한 유대인 소년, 아리는 할머니의 오래된 집에서 봉사활동을 하는데, 둘은 학교가 끝난 뒤 학원에서 만난다. 서로 SAT 시험 공부를 도와주다가 서로 다른 AP 코스를 선택하게 된다. 그렇게 몇 달을 같이 공부하면서 학습용 카드가 산처럼 쌓여가고 둘 다 가장 높게 지원한 곳에 합격했다는 소식을 들으며 순수하게 키스를 나눈다. 이런 게 내가 즐겁게 들어줄 수 있는 노래다!

고등학교 때, 나는 학술 동아리에서 여자친구들과 영화를 보면서 라틴어 공부를 즐겼고, 나를 알지도 못하는 나보다 나이가 많은 남자들에 대한 짝사랑을 질질 끌며 보냈다. 그리고, 맞다, 가족들과 어울렸다. 나는 가족들과 시간을 보내는 것이 좋았다. 나중에는, 나이가 들면, 절대 가족들과 어울릴 수 없게 된다는 것을 깨닫는다. 거의 18년 정도 가족들과 하루 종일 어울리고 나면 그게 다다. 그러니 그 모든 시간이 합쳐져서 행복하고 잊지 못할 추억이다. 내가 학교 인기 짱은 아니었지만 말이다.

학교에서 존재감이 희미했기 때문에 <거프만을 기다리며>에서 '바로 옆에 앉아 광대를 연구했던' 유진 레비의 캐릭터인 알란 펄 박사와 달리, 나는 모두를 지켜볼 수 있는 관찰 괴짜가 될 수 있었다. 나는 모든 사람을 관찰했다. 그 경험이 내가 글을 쓰는 데 얼마나 큰 도움이 되는지 아마 짐작하지 못할 거다.

나는 그저 야망 있는 십대 청소년에게 조용하게 관찰하는 아이가 되어도 완전히 괜찮다는 것을 알려주고 싶다. 게다가 부모님과 즐거운 시간을 보내는 것도 그때 하지 않으면 나중에 따라잡기가 매우 힘들다. 나와 함께 일하는 많은 사람들(유명 배우부터 성공한 작가까지)이 고등학교 때 존재감이 희미했다. 알란 펄처럼. 교실 광대 옆에 앉아 그들을 연구했다. 그리고 나이를 먹어서 그때 배운 것을 활용해 진짜 삶의 광대로서 보상받고 있다. 교실 광대가 그때는 예상하지 못했던 무언가를 하는 것과 달리.

'잭&다이앤'의 코러스는 이렇다.

"오예, 삶은 계속 되지. 삶의 스릴이 지나가고 한참 후까지."

지금 장난해? 삶의 스릴이 고등학교에 있다고? 쿠가 멜런캠프 씨, 정신 차리세요.

다들 나만 빼놓고 노는 거야?
(내가 첫 번째 진짜 절친을 만든 방법)

9학년 때 나에게는 비밀 친구가 있었다. 이름은 마비스 레먼. 마비스는 우리 집에서 몇 블록 떨어진 튜더 양식으로 지어진 집에 살았는데, 할로윈만 되면 『헨젤과 그레텔』에 나오는 무서운 마녀의 시골집으로 변신하는 집이었다. (사실 정말 엄청난 일이었다. 튜더 양식으로 지어진 집에 사는 사람이라면 가끔씩 마녀의 시골집처럼 만들어야 할 의무가 있다.) 마비스 가족은 창의적이고 별난 사람들이었는데, 우리 부모님은 그들이 좋은 사람들이라고 여겼다. 마비스는 나의 토요일 친구였다. 토요일마다 우리집에 와서 함께 텔레비전을 보며 오후를 보냈다.

우리는 코미디로 통했다. 그 코미디가 좋은지 나쁜지는 상관없었다. 열네 살 때의 우리는 차이를 알 수 없었다. 코미디 덕후라서 하루 종일 끝도 없이 코미디를 보고 얘기를 나누었다. 우리는 담요를 뒤집어 쓰고 우리집 거실을 점거한 채 몇 시간이고 <코미디 센트럴>[17]을 보았다. 요즘처럼 <사우스 파크>, <데일리 쇼>, <콜베어 리포트> 같이 볼거리가 풍부할 때의 코미디 센트럴을 떠올리면 안 된다. 볼만 한 쇼를 찾기가

---

17 (옮긴이) 1991년부터 방송을 시작한 코미디 프로그램 전문 방송국.

정말 어려웠던 90년대의 이야기다. 우리는 <닥터 카츠>, 그리고 <키즈 인 더 홀>이나 되돌아온 <SNL(새터데이 나이트 라이브)> 같은 좋은 쇼부터 보기 시작했는데, 그런 쇼가 끝나고 나면 <포키즈Porky's>나 <켄터키 프라이드 무비> 같이 오래된 영화라도 나오면 다행이었다. <코미디 센트럴>에 나오던 선정적인 80년대 섹스 코미디를 볼 때면 마치 덜 노골적인 포르노 방송을 보는 느낌이 들었다. 우리가 좋아하는 프로그램은 아니었지만 엄마가 코스트코에서 사와서 부엌 테이블 위에 남겨둔 크로와상을 먹어치우듯 마비스와 나는 텔레비전도 걸신 들린 듯이 해치웠다. 우리는 코미디를 정말로 사랑했고 모든 코미디를 보고 싶었다. 더 나아가서 우리는 우리가 본 쇼를 따라하는 것도 좋아했다. <SNL>에 나왔던 교회 여사님 캐릭터의 유행어였던 '그것 참 특별하지 않나요?'는 우리의 캐치프레이즈가 되었고, 우리는 엄마가 부아가 치밀어올라 "제발 이상한 목소리로 '그것 참 특별하지 않나요?' 좀 그만 해! 정말 짜증나게 하는구나."라고 말할 때까지 반복했다.

열네 살이 되자 마비스는 벌써 키가 177센티미터가 되었다. 그리고 <마이애미 바이스>에 나오는 돈 존슨처럼 어두운 색 짧은 머리를 올백으로 넘겼다. 마비스는 엄청 마른 몸에 신발은 270사이즈를 신었다. 어떻게 알았냐면, 우연히 마비스가 우리 아빠의 보트 신발을 신은 적이 있어서다. 마비스는 식욕이 엄청났는데, 우리 부모님이 매우 좋아하는 점이었다. 마비스는 우리집에 오자마자 바로 냉장고를 열고 뭐가 됐든 남아있는 인도 음식을 그릇 가득히 담고 커다란 잔에 오렌지 주스까지 따라서 해치웠다. "이 로티랑 알루고비 정말 맛있네요, 초칼리감 선생님." 마비스는 음식을 먹으면서 우리 엄마에게 이렇게 말했다. "식당 차리셔도 되겠어요." 엄마는 마비스에게 선생님이라 부르지 말라고 했지만 내 생각에 엄마도 속으로는 무척 좋아했던 것 같다. 엄마는 내 다른 친구들이 이스트 코스트에서 자유롭게 길러진 스타일로 "저기요, 스와티, 병원은 어때요?"라고 친구 부모님을 이름으로 부를 때마다 짜증을 냈다. 부모님은 두 분 다 마비스를 매우 좋아했다. 대체 누가 굶주리고 칭찬을 잘하며 예의 바른 아이를 싫어하겠는가?

토요일은 그렇게 보냈지만 학교에 가면 완전히 다른 타입의 친구들과 어울렸다. 내가 어울리는 무리에는 딱 세 명의 친구가 있었다. 제나, 로렌, 폴리였다. 중학교 때부터 사귀었으니 2년 정도 된 친구들이었지만 마치 평생을 보낸 듯했다.

우리의 숫자는 매우 중요했는데 우리의 이름을 각각 따서 만든 'JLMP' 물건들 때문이었다. 우리에겐 JLMP 알파벳 비즈로 엮은 팔찌와 JLMP라고 자수를 놓은 흰색 양말이 있었다. 우리는 보스턴 패늘 회관에 있는 캐리커쳐 작가에게 우리 넷의 모습을 그려달라고 의뢰했다. 그 그림 아래에 필기체로 JLMP를 커다랗게 적어 넣었다. 이 기념품들이 우리 4인조를 결속시켰고 학교와 우리 네 명을 결속시켰다. 누가 들어갈 수도 없고 나올 수도 없었다. 대부분의 사람들이 이해하지 못할 문자를 새긴 실크스크린 티셔츠만큼 꿰뚫기 어려운 친분을 나타내는 게 또 있을까? JLMP는 마비스가 누구인지 알았다. 마비스는 우리 학교의 무기 징역수였다. 이 학교에 유치원 때부터 다녔으니 가장 오래 학교에 다녔다는 뜻이었다. 그에 비해 학교에서 존재감이 그리 강한 편이 아니었다. 우리는 마비스에 대해 얘기하거나 생각하는 일도 거의 없었다. 마치 임시 스페인어 선생님의 존재감과 비슷했다.

치즈케이크 팩토리는 JLMP의 사회생활에서 굉장히 중요한 역할을 했다. 우리는 금요일마다 방과 후에 치즈케이크 팩토리에 갔다. 우리의 성대한 금요일 밤 계획은 이랬다. 명심하자, 90년대 이야기니까 쿨한 십대가 되기 위한 방법이 아이를 가지거나 리얼리티 쇼에 나오거나 (혹은 둘 다) 하는 방법뿐인 시대가 오기 전이다. 우리는 15달러로 치즈케이크 하나와 콜라 네 개를 시켜놓고 몇 시간이고 빨대를 씹으며 남자애들에 관한 수다를 떨었다. 그런 후에는 각자의 집으로 돌아가서 저녁을 먹었다. 당연히 웨이터는 우리를 질색했다. 무전취식범보다 더 싫어했을 게 뻔한 게, 무전취식범은 딱 한 번 저지르고는 절대 다시 나타나지 않기 때문이다. 반면에 우리는 그곳 사람들이 우리를 좋아한다고 생각했다. "우리가 왔어, 치즈케이크 팩토리! JLMP가 돌아왔다고! 분위기를 띄워줄 쿨하고 어린 손님들이 왔다고!"

여러분이 무슨 생각을 하는지 안다. 내가 전통적으로 '소녀스러운' 친구들과 어울리느라 마비스를 버렸다고 생각하겠지만 아니다. 일단 JLMP는 그다지 쿨하지 않았다. 고등학교에서 패거리로 몰려다니는 여자아이들은 보통 인기있는 애들이 아니다. 진짜로 인기있는 여자아이들은 남자친구가 있고 그때쯤이면 치열한 소녀들과의 우정은 식고 섹스 같은 것들에 탐닉해야 했다. 우리는 아니었다. 섹스? 꿈 깨라지. JLMP 아이들은 대학원에 갈 때까지 그런 이벤트는 꿈도 꾸지 않았다. 그래, 우리는 열네살 먹고 대학원에 가는 꿈을 꾸는 그런 부류였다. 이제 우리가 어떤 애들이었는지 그림이 좀 그려지나?

마비스에게는 따로 친구들이 있었다. 키가 커서인지 짧은 머리 때문인지 마비스에게는 남자친구들이 많았다. 대부분 이과 남자아이들이었는데 당당하게 페인트 칠갑이 된 올블랙 옷을 입고 다녔다. 그 남자애들의 이름은 '콘래드'나 '샌더'나 '세바스티안' 같이 튀는 이름이었다. 마치 남자답고 현란한 이름을 지어서 학교에서 잘나가는 아이가 되었으면 하는 부모님의 바람이라도 담긴 것 같았다. 안타깝게도 학교에서 진짜로 리더 노릇을 하는 아이들의 이름은 '맷', '롭', '크리스'였다. 그리고 이런 애들은 운동경기 관련 행사가 아니고서야 학교 연극 근처에는 얼씬도 하지 않았다. 마비스와 그 무리 남자아이들은 <에비타>, <래그스>, <시티 오브 엔젤스> 등 우리의 연극 세트장을 멋들어지게 만들었지만 주목은 정말 한 푼도 받지 않았다. 사람들은 관리인이 복도를 청소하기를 바라는 것처럼 그들이 그저 세트장을 만들기만을 바라는 것 같았다.

마비스는 여러 모로 남자아이로 오해를 받곤 했는데, 이디스 워튼[18]의 책에 나오는 창백한 피부에 광대뼈가 도드라진 캐릭터 같았다. 지금 와서 생각해보니, 그때 마비스는 뉴욕에서 런웨이에 서는 모델이 될 전제 조건을 전부 갖추고 있었다. 특히 90년대에 먹어줬던 납작한 가슴에 가느다란 소년 스타일이었으니까. 우리 학교는 너무 뒤떨어져 있어서 미의 기준이 미국적인 굴곡이 뚜렷하고 아담한 티파니 앰버 티센[19] 스타일이 지배적이었다. 폴리나 로렌이 좀 그런 편이었지. 학교에서 마비스는 예쁘다고 여겨지지도 인기가 많지도 않았다. 나도 마찬가지였다. 아무리 상상의 나래를 펼쳐도 그렇게 받아들여지지 않았는데 그래도 나는 교실에서 남자아이들 위로 10센티미터 더 높게 솟아있지 않았으니까.

우리는 둘 다 이상한 규칙을 따랐다. 토요일 오후에 마비스와 나는 친구였지만 금요일 밤과 주말 밤은 JLMP와만 보내야 했다. 이상하고 엄격하게 구분되어 있다고 생각한다면 실제로 그랬기 때문이다. 나는 그런 구분에 익숙했다. 나의 십대 생활은 엄격하게 구분된 지도 같았다. 20분 동안 샤워하고 학교 갈 준비하기, 5분 동안 아침 먹기, 45분 동안 라틴어 수업 뒤에 30분 동안 점심 먹고 45분 동안 재즈 밴드 리허설하고, 등등. 구분된 친구 관계도 나에게는 이상하지 않았다. 마비스와 나는 복도에서 "안녕"하고 인사하며 서로에게 고개를 끄덕였

---

18 (옮긴이) 미국의 소설가. 미국 상류 사회를 다루는 풍속 소설을 써서 인기를 끌었다. 『순수의 시대』, 『환락의 집』 등의 작품을 썼다.
19 (옮긴이) 미국의 배우. <화이트칼라>, <알렉사와 케이티> 등의 작품의 출연했다.

다. 가끔 자습실에서 옆에 앉기도 했다. 하지만 학교 친구들처럼 내 생활에 맞물리지는 않았다.

그러다가 모든 것이 변하기 시작했다.

어느 토요일 저녁, JLMP가 우리집에 놀러온 날이었다. 아이들은 <적과의 동침>을 보고 싶어했다. 줄리아 로버츠가 사이코패스 남편과 헤어지기 위해 자신의 죽음을 꾸며내는 내용의 영화 말이다. 나는 <몬티 파이썬과 날아다니는 서커스>[20]를 함께 보고 싶었다. 아이들에게 그 영화에서 가장 웃기고 유명한 <이상한 걸음부The Ministry of Silly Walks>[21]라는 스케치를 보여주고 싶었다. 마비스와 나는 전날 그 쇼를 여러 번 연달아 보면서 보면서 걸음걸이를 흉내내며 놀았다. 나는 아이들에게 그 쇼를 보여줬다. 아무도 웃지 않았다. 로렌은 "이게 무슨 내용이야?"라고 물었다. 나는 다시 한 번 보여줬다. 여전히 아무 반응도 없었다. 믿기지 않았다. 마비스와 나는 횡격막이 아파서 가슴을 부여잡고 웃을 정도였는데 절친이라는 아이들이 지루해하다니. 나는 그게 왜 웃긴지 말로 설명하려 하는 아주 초보적인 실수를 저질렀다. 잘 설명한다고 해서 큰 웃음을 이끌어낼 수 있는 것도 아닌데 말이다. 결국 폴리가 조심스럽게 "이게 웃길 때가 있고 아닐 때가 있나봐."라고 말했다.

몇 시간 후 우리는 줄리아 로버츠가 결혼 반지를 화장실 변기에 흘려보내고 아이오와에서 위조된 신분으로 새로운 삶을 시작하는 장면을 보고 있었다. 나는 영화에 집중할 수가 없었다. 가장 친한 친구들이 내가 정말로 좋아하는 무언가에 전혀 관심이 없다는 사실에 충격

---

20 (옮긴이) 영국 코미디 그룹인 몬티 파이선이 직접 제작한 텔레비전 프로그램으로 BBC에서 1969년부터 1974년까지 방영되어 큰 인기를 끌었다.

21 (옮긴이) '이상한 걸음부' 스케치는 걸음걸이가 이상한 사람들을 선별하여 그 걸음걸이를 연구하고 더 우스꽝스럽도록 지원하는 부처가 있다는 설정을 바탕으로 한다. 관료주의 풍자와 고품격 슬랩스틱 코미디가 어우러진 작품.

을 받은 상태였다. 어쩌면, 전부터 JLMP는 마비스만큼 코미디에 관심이 없을지도 모른다고 생각해왔지만 그렇게 일말의 가능성도 없이 묵살당하자 겁이 났다.

나에게 일어났던 일은 아마 프로 코미디 작가들이나 코미디 배우들이 대부분 겪은 일일 것이다. 혹은 누구든 무언가에 열정적이거나 처음 그것을 발견하는 사람들이라면. 나 같은 일을 하는 사람은 코미디에 집착한다. 특히 사춘기 때는 더하다. 우리는 모두 코미디를 좋아하지 않는 친구나 가족으로부터 이런 말을 듣는 순간을 접한다. "됐어, 여기까지야. <In Living Color>[22] 얘기 더 이상 못하겠어. 웃기긴 한데, 그만 좀 해."

시간이 갈수록 나는 JLMP가 좋아하는 것을 나 자신은 하고 싶어 하지 않는다는 사실을 깨달았다. 한 번은 로렌이 하버드 광장에 있는 뜨개질 가게에 가서 뜨개질을 배우자고 했다. 나는 마지못해 용돈을 써가며 실뭉치를 샀다. 대체 누굴 위해서 뜨개질을 해야 하지? 만약 엄마에게 목도리를 선물하면 엄마는 내가 숙제는 안 하고 쓸데 없이 뜨개질 같은 거나 한다며 걱정할 게 뻔했다. 집에서 뜬 니트를 우리 부모님에게 드린다는 것은 마치 내가 게으르게 굴었던 모든 일을 자세히 기록한 일지를 건넨다는 뜻이었다.

그리고 제나, 다정한 제나는 말에 열광했다. 정말, 미치광이처럼 집착했다. 그림도 말을 그렸고 휴가도 말과 함께 보냈고 할로윈 분장도 말로 했다. 자유시간이나 점심시간에도 말 흉내를 냈다. 우리가 손에다 피자를 올려서 먹여주면 히이잉 하고 말 소리를 내며 고마움을 표현했다. 승마장에서 45분 동안 제나의 부모님과 함께 제나가 말 타는 것을 보면서 지루해 죽는 줄 알았다.

---

22 (옮긴이) 1990년부터 1994년까지 FOX 채널에서 인기리에 방송된 코미디 프로그램. 주연 배우였던 짐 캐리는 이 작품을 통해 큰 인지도를 쌓았다.

나는 점점 JLMP보다 마비스와 함께 놀고 싶어졌다. 일주일 내내 마비스와 코미디 스케치를 쓸 수 있는 토요일만 목이 빠져라 기다렸다. 더 이상 마비스를 비밀 친구로만 두고 싶지 않았다.

11월의 어느 금요일, 나는 JLMP와 함께 치즈케이크 팩토리에 가지 않았다. 대신 마비스에게 방과 후에 쇼핑몰에 가자고 했다. 우리는 한 번도 집 밖에서 어울린 적이 없었다. 마비스는 조금 놀란 눈치였지만 알았다고 대답했다. 학교가 끝나고 우리는 아스널 쇼핑몰에 갔다. 대형 사탕 가게에서 새콤한 젤리 지렁이를 잔뜩 사먹고 익스프레스나 리미티드 같은 옷가게를 돌아다니며 이것저것 입어보고 아무것도 사진 않았다. 마비스와 진짜 세상에 있다니 기분이 이상했다. 기분 나쁜 이상함이 아니었다.

그 다음 금요일에도 나는 JLMP를 바람맞히고 마비스 그리고 내 동생과 함께 <웨인즈 월드 Wayne's World>[23]를 함께 보러 갔다. 그 후에 우리는 밤새 "웨인스 월드! 파티 타임! 죽여준다! 슈윙!"을 외쳤다. 마비스와 나는 코미디 배우로서 롭 로위[24]에 대해 토론하며 긴 밤을 보냈다. (다시 한 번 말하지만 우리는 코미디 덕후였다. 우리에겐 정말 신나는 대화였다.) 그 다음 금요일에 우리는 마비스네 집에 가서 레만 아저씨에게 캠코더 사용하는 방법을 배웠다. 드디어 우리가 쓴 스케치를 연기하면서 녹화를 할 수 있었다. 우리는 <SNL>에서 크리스 팔리, 아담 샌들러, 데이비드 스페이드가 여자 갭 직원으로 분장해서 연기했던 '갭 걸'이라는 캐릭터를 활용했다. 마비스는 데이비드 스페이드와 아담 샌들러를 연기했다. 나는 크리스 팔리와 나머지 캐릭터를 연기했다. 그러는 사이 마비스와 나는 진짜 친구가 되었다. 학교에서도.

---

23 (옮긴이) 1992년 개봉한 코미디 영화.
24 (옮긴이) 1983년부터 활동한 미국의 배우. <웨인즈 월드>, <오스틴 파워>를 비롯한 많은 영화에 출연했으며 시트콤 <팍스 앤 레크리에이션>에서 크리스 트래거 역으로 출연했다.

겨울 방학 내내 마비스와 하버드 광장에 가서 영화도 보고 만화책도 사며 시간을 보냈다. 마비스는 JLMP만큼 쇼핑하는 걸 좋아하진 않았다. 하지만 우리 엄마와 이모 스릴라는 좋아했다. 여전히 JLMP를 절친이라고 여겼지만 그 애들과의 약속을 어기는 일이 점점 많아졌다. 제나의 엄마는 우리 엄마에게 전화를 걸어서 내가 말 쇼에 가지 않아서 제나가 얼마나 상심했는지 말하기까지 했다. 2월 중순 금요일 저녁, 마비스와 나는 라디오색에 가서 캠코더를 받칠 삼각대를 사려고 했다. JLMP가 놀던 치즈케이크 팩토리가 있는 그 쇼핑몰이었다. 에스컬레이터를 타고 내려가다 보면 레스토랑 안쪽이 훤히 보였다. 그때 마비스와 나는 제나, 로렌, 폴리가 함께 앉아있는 모습을 발견했다. 나만 빼고 다 같이 웃으며 치즈케이크 한 조각을 두고 수다를 떨고 있었다. JLP 셋이서만. 나는 크게 상처 받았고 창피했다. 그래, 내가 다른 친구를 만들긴 했지. 그렇다고 나만 쏙 빼고 자기들끼리만 모여 놀다니. 아주 잠깐이지만 나는 마비스가 미웠다. 왜 그랬는지 정확히는 알 수 없지만 아마도 이런 수치스러운 광경을 목격해서인지도, 아니면 자신도 모르게 원인을 제공했다는 사실 때문일 수도 있었다. 나의 즉각적인 반응은 바로 달려가서 맞서는 것이었다. 하지만 이런 생각이 들었다. 왜? 맞선 후에는 뭘 어떻게 하고 싶은 걸까? 같이 둘러앉아서 내가 진짜로 신경쓰지도 않는 일들에 대한 뒷담화나 하고 싶은 걸까?

마비스가 조용히 말했다. "애들이랑 놀고 싶으면 난 완전 괜찮아." 그게 바로 뜻밖에 깨달은 다른 애들에게는 없는, 마비스와 함께 있을 때 나를 행복하게 만드는 마비스만의 배려였다. 무슨 까닭인지 갑자기 우리 부모님이 유독 마비스를 얼마나 예뻐했는지가 떠올랐고 이제야 정확히 그 이유를 깨달았다. 마비스가 좋은 사람이었기 때문이었다. 우리 부모님이 얼마나 지혜로운 사람인지 깨닫는 것은 기분이 매우 좋았다. "장난해?" 나는 대꾸했다. "집에 가서 스케치 녹화해야지."

에스컬레이터를 다 내려가서 마비스의 부모님이 기다리고 있는 주차장까지 걸어갈 때쯤이 되자 내 자존심에 멍은 좀 들었지만 또다른 감정을 발견할 수 있었다. 바로 안도감이었다.

그 뒤 얼마 가지 않아 곧 JLP는 와해되었다. 폴리는 음악에 더 빠지더니 길 건너에서 정기적으로 담배를 피는 아이들과 친해졌다. 가장 먼저 남자친구가 생긴 것은 놀랍게도 제나였다. 프렘이라는 이름의 잘 나가는 태국인 선배와 사귀기 시작했다. 프렘은 굉장히 진보적이었는지 몇 주만에 제나는 태국어를 배우더니 그 후로 볼 수가 없었다. 그나마 공통점이 거의 없었던 로렌과 나는 두 사람이 빠지자 금방 관계가 소원해졌다. 계속 연락을 해야 한다는 의무감이 없어지자 커다란 부담감이 사라진 느낌이었다.

1학년이 끝날 때쯤에는 마비스와 나만 남았다. 한 번은 반 농담으로 우리 사이를 M&M이라고 지으면 어떻겠냐고 제안한 적이 있다. 마비스는 나를 친근하면서도 약간의 혐오감이 드러나는 눈빛으로 바라봤다. 완전히 마비스의 스타일이 아니었다. 마비스는 여전히 이과 남자애들과 친구 사이로 지냈고 나도 같이 점심을 먹기도 했다. 다들 똑똑하고 재밌었고 학교 안의 어떤 남자애들보다 앞서갔다. 사람들이 대부분 잘 신경쓰지 않는 정치 같은 주제에 대해서도 박식했다. 하지만 나의 친구 무리는 분명히 줄어들었다. 나는 패거리 없이 복도를 걸어갈 때 자신있게 섞여서 걸어갈 무리가 없었다. 그저 마비스와 단 둘이었지만 전혀 외롭지 않았다. 우리 사이엔 대화가 끊이지 않았기 때문이었다. 나는 구구절절 설명을 늘어놓지 않고 진심으로 누가 거기에서 가장 멋진 아이인지 말할 수 있었다. 말할 거리를 찾기 힘든 친구 세 명보다 공통 관심사가 있는 한 명의 친구가 훨씬 낫다. 우리에겐 우리가 절친이라는 것을 증명하는 무기가 필요없었다. 내 생각에 진짜 친구 사이에는 공식적으로 그런 걸 못박을 필요가 하나도 없다. 그냥 그런 것이다.

  2학년 때 레만 가족은 일리노이의 에번스턴으로 이사를 갔지만 마비스와 나는 계속 연락을 주고 받았다. 마비스는 전화로 자기 아빠가 데리고 갔던 '세컨드시티'[25]에서 본 엄청난 쇼에 대해 얘기해주었다. 우리는 같이 쇼를 보러 가자고 약속했지만 실현되지는 않았다. 고등학교 졸업 후 마비스는 맨하탄에 있는 쿠퍼 유니언에 가서 그녀가 좋아하는 세트 디자인을 공부하기 시작했다. 나는 다트머스로 가서 내가 좋아하는 백인과 노스페이스 파카를 추구하기로 했다. 우리는 1년 정도 이메일로 연락을 했는데 2학년이 되자 이메일 연락도 끊겼다. 우리 둘 다 대학에 매우 깊이 빠져 있었다. 가끔 부모님이 휴가 때 물어볼 때면 마비스를 떠올렸다. "마비스는 어떻게 지낸다니?" 엄마가 이렇게 물으면 나는 애매하게 대답했다. "잘 지내는 것 같아요." 그럴 때마다 조만간 이메일을 한번 보내봐야지 생각했지만 결국 연락을 하지 못했다.

  마비스 덕분에 나는 내가 어떤 사람인지, 어떤 것을 원하는지 많은 것을 알게 되었다. 나는 코미디를 사랑하며 현재 나만큼이나 코미디를 사랑하는 사람들에게 둘러싸여있다. 폴리는 밴드에 들어가고 로렌은 잘 맞는 뜨개질 동아리에 들어가고 제나는 정착할 만한 멋진 말을 찾았기를 바란다. 마비스는 비밀 친구였지만 마비스만이 내가 다시 보고 싶은 유일한 사람이다. 지금 어떻게 살고 있는지 궁금한 유일한 사람이고. 마비스도 나에 대해 궁금해했으면 좋겠다.

---

25 (옮긴이) 1959년 시카고에 설립된 즉흥극 극단으로 티나 페이, 에이미 폴러, 스티븐 콜베어, 스티브 카렐, 스티븐 연 등 미국 엔터테인먼트계의 많은 인재를 배출한 아카데미이기도 하다.

나는 뉴욕을 사랑해
그리고 뉴욕도 나를 괜찮아 하네

지구상에서 가장 위대한 도시에서 모든 것에 실패하다

나는 이 에세이를 쓰는 것을 망설였다. 왜냐하면, 당연히 나는 사람들이 내가 눈이 휘둥그레질 정도로 뛰어난 신동이라서 하나도 노력하지 않고 <오피스>에 슬쩍 흘러 들러온 천재라고 생각하길 바라니까. 나를 버섯 뒤에서 튀어나온 작고 귀여운 애니메이션 캐릭터가 할리우드에 도착한 것처럼 떠올렸으면 했다. 그렇지만 내가 고생한 과정을 쓰는 것은 실제로 해보니 꽤 재밌었다. 게다가, 대체 누가 성공한 얘기 따위를 읽고 싶어하겠어? 으엑.

대학 때문에 버릇이 나빠졌어

허풍을 떠는 게 아니라 정말로, 나는 대학 때 좀 죽여줬다. 그런 말이 있지? "작은 연못에 커다란 물고기." 다트머스 대학에서 나는 동네 수영장에 갇힌 빌어먹을 죠스였다. 나는 연극 대본을 썼고 연기도 했고 노래도 불렀고 학교 신문에 만화까지 그렸다. 이 모든 것은 내 재능 덕분이라기보다는 시골 뉴햄프셔에 있는 학교다 보니 유일하게 즐길 거리라 할 만한 것이 맨체스터까지 1시간 반을 운전해 가서 혹시나 있을지도 모를 미국 워싱턴 D.C. 국회의사당 서문 계단 투어를 하는 것뿐이었으니 가능한 일이었다.

코네티컷 강에서 튜브를 끼고 둥둥 떠서 비어퐁 게임[1]을 하며 남학생 사교 클럽 신입생 환영회에서 사람 모형을 만들어서 불태우고 몬트리올까지 차를 몰고 가서 스트립 클럽에 가는 게 다였으니, 학생들이 운영하는 극단은 캠퍼스 안에서 재밌는 일을 하는 장소가 되었다. 우리에게 사로잡힌 관객들이 있었고 그들의 기준은 낮았다. 대박적인 성공을 위한 조건이기도 했고 지금까지도 내 과장된 자신감의 근간이 되는 경험이었다. 만약 고등학교에서 특출나게 스타가 아니었다면 마을에서 멀리 떨어져 있는 대학교에 가기를 추천한다. 나는 살면서 원했던 관심을 대학에서 다 받았다. 만약 NYU에 갔다면 지금쯤 보스턴에 있는 법률 회사에서 가장 웃기는 법률 보조원이 되었겠지.

게다가 나에게는 확고한 동반자가 되어준 친구 브렌다를 만났다. 브렌다에 대해 몇 가지 말해볼까? 브렌다는 죽여준다. 그녀는 신입생 때부터 다트머스에서 하는 모든 경기의 스타였다. 브렌다는 마치 맨하탄 사교계 명사 같았다. 완벽한 자세는 가젤 같았고, 어두운 금발 머리는 멋이 흘러 넘쳤다. 여자아이들은 브렌다가 자기들 남자친구를 빼앗을까봐 항상 걱정했지만 그런 일은 절대 없었다. (난 도대체 이해가 안 된다. 여긴 대학교라고! 남의 남자친구 좀 뺏어봐, 좀!) 브렌다와 나는 일찍부터 친구가 되었고 유머 감각을 공유하며 터무니없는 우리끼리만의 농담을 했고 드라마 부서에 공동의 적을 가지면서 뗄 레야 뗄 수 없는 관계가 되었다. 우리는 서로에게 꼭 붙어서 맹목적인 충성을 바쳤다. 마치 볼드모트 경과 나기니 뱀처럼 말이다. 물론 내가 나기니였지. 누군가 우리 중 한 명과 문제가 생기면 우리 둘 다에게 반격을 받게 될

---

[1] (옮긴이) 미국의 술자리 게임. 맥주를 컵에 따라놓고 탁구공을 상대방 컵에 넣으면 이기는 게임.

터였다. 우리는 우리만의 뱀 언어로 죽음의 주문을 걸었다. 정말 즐겁고 드라마틱한 시절이었다. 브렌다는 내가 나와 관심사가 일치하지 않는 친구들과 어울리던 어린 시절부터 꿈꿔왔던 바로 그 친구였다. 그리고 열여덟 살 때 꿨던 꿈의 친구가 실제로 나타났고 나와 함께 코미디를 보고 연기하고 이상한 광고를 보며 토론을 나누어주었다.

극단에서 브렌다는 베아트리체, 메데아, 엘리자 둘리틀을 연기했고 나는 대본을 쓰거나 가끔씩 메데아의 자그마한 친구 같은 역할을 연기했다. 난 마치 캠퍼스의 유명인사가 된 듯한 기분이었다. 뭐, 다트머스에서 진짜 유명한 사람을 빼고 어느 정도 가늠할 수 있는 유명세였다. 카밀라 파커볼스[2] 정도의 유명세랄까.

2010년, 에미 시상식에 갈 때 나의 데이트 상대는 브렌이었다 사람들은 브렌이 <매드맨>에 나온 배우이고 내가 그녀의 홍보담당자인 줄 알았다.

노래 동아리에서 만난 우리의 또다른 친구인 조슬린은 전통적인 대학 경험을 정말로 재미있게 만드는 데 일가견이 있었다. 그녀는 경쟁

---

2 (옮긴이) 영국 찰스 필립 아서 조지 왕세자의 후처. 원래 이름은 카밀라 로즈메리 샌드지만, 전 남편 앤드루 파커 볼스와 이혼한 뒤에도 그 파커 볼스라는 성을 유지해 대중에게는 카밀라 파커 볼스라는 이름으로 알려져 있다.

심이 많거나 치열한 성격이 아니었고 하와이 출신이라서 알몸이 되는 것을 편안하게 느꼈다. 우리에게는 무척 생소하고 겁이 나는 행동이었다. 조슬린은 우리에게 산딸기를 따러 가게 하거나 풋볼 게임이 있을 때 얼굴에 페이스 페인팅을 하게 하거나 기숙사 거실에서 저녁 식사를 대접하게 만들었다. 조슬린은 키가 크고 호리호리했으며 절반은 아시아인이었으며 모델을 할 재목에 딱 들어맞는 몸매였다. 그녀는 정말 멋졌다. 반면에 나

조이슬린과 브렌다가 내가 기억하지 못하는 어딘가에서 사랑스러운 포즈를 취하고 있다.

로 말할 것 같으면, 2킬로그램씩 살을 뺄 때마다 모델이 되는 것을 '시도해봐도 될지' 고민하기 시작했다. 우리가 함께 길을 걸어가면 나는 두 사람을 '진짜'처럼 보이게 하는 인도 여자애처럼 보였다. 난 신경 쓰지 않았다. 지금까지 10센티미터 이상씩 차이나는 친구들과 함께 지내다 보니 나조차도 키가 큰 사람들이 지니는 자신감을 가지게 되었다. 다 머릿속에서 일어나는 일이다. 정말 효과가 있다.

그렇게 나는 성공적이며 멋지고 큰 사람인 기분을 만끽하며 대학교를 떠났다. 그리고 2001년 7월, 우리 셋은 뉴욕에 도착했다.

<레이트 나이트>의 꿈, 빠르게 사그러들다

　내가 세상에서 가장 원했던 일은 코난 오브라이언의 <레이트 나이트> 쇼의 작가가 되는 것이었다. 그게 벌써 두 개의 코난 쇼 전이라니 믿기지가 않는다. 마치 어제 일 같은데 말이다.

　3년 전에 나는 <레이트 나이트>의 인턴이 되었다. 그리고 프로그램을 거쳐간 최악의 인턴 중에 한 명으로 기억되었다. 내가 덜 떨어졌던 이유는 내가 인턴쉽을 나의 영웅의 모습을 생방송으로 매일 지켜볼 수 있는 공짜 티켓 정도로 생각했기 때문이었다. 실제로는 쇼가 잘 돌아가도록 이런저런 일을 해야 하는 위치였는데 말이다. 나의 상사이자 스크립트 수퍼바이저는 나를 대단히 싫어했다. 왜 그런 사람들 있지 않은가? 자신의 냉소적이고 부정적인 성격을 '골수 뉴요커'라는 말로 포장하는 사람들. 그 여자도 그런 부류였다. 상사가 입에 달고 다니던 말은 "너 약 먹었어?"였다. 마지막으로 일하던 날, 상사는 제이크루 카달로그에서 얼굴도 돌리지 않고 내 손을 흐느적거리며 흔들더니 "잘 가."라고 말했다.

　뉴욕에 도착했을 때의 나는 어떻게 구직을 하는지도 정말 몰랐다. <레이트 나이트>에서 함께 했던 사람 중 연락하는 사람이 하나도 없었다. 비록 19살 인턴이었지만 인턴과 연락을 하고 싶어하는 사람은 없다는 사실을 알았기 때문이었다. 나는 '성공은 그저 드러내는 것에 달려 있다'는 우디 알렌의 믿음을 신봉했다. 나 자신에게 이렇게 말했다. "너 진심이니? 물론이지, 그냥 나를 드러내기만 하면 돼. 뉴욕아 내가 왔다! 일 좀 줘!"

　나는 NBC에 <레이트 나이트> 쇼에서 고려해볼 만한 스케치를 제출하려면 어떻게 해야 하는지 묻는 편지를 보냈다. 얼마 후 나는 답장을 받았는데, 내가 보낸 편지가 방송국에서 열어보지도 않은 채로 돌아온 것이었다. 이 최초의 거절이 NBC가 나를 '밀당'하는 역할을 했다. 내가 아주 좋아하는 책인 『The Game』(픽업 아티스트의 책)에서 빌려온 표현으로 말하자면. 그것은 아주 효과가 있었다. NBC는 내가 파티에서 만나서 함께 하고 싶은 섹시한 남자가 되었다. 마침내 그를 가졌을 때, 그렇다, 매력이 다 떨어져서 뚱뚱하고 대머리에 몹시 낡아 있었지만, 어쨌든 나는 그를 쟁취했다.

침대가 있는 곳이 나의 집

나도 백수였지만 브렌다와 조슬린도 마찬가지였다. 우리는 브루클린에 있는 윈저 테라스의 레일로드 스타일 아파트를 빌렸다. 한 번도 본 적 없는 사람들을 위해 설명하자면, 레일로드 스타일이란 1930년대 철도 차량의 부티 나고 편안한 디자인에서 따온 스타일이다. 모든 방이 한 줄로 연결되어 있고 다른 방으로 가려면 꼭 그 전 방을 거쳐야 한다. 테네시 윌리엄스의 연극을 위한 세트가 필요한 게 아니라면 모든 것이 끔찍했다. 이 친밀한 공간이 적당한 사람은 서로에게 비밀이 없는 세 친구였다. 벌거벗고 있는 방으로 누가 걸어들어와도 상관없고 남자친구도 없었다. (아니면 남자친구가 있어도 한 번도 초대하지 않았다거나) 우리를, 들여달라!

사실 부동산을 알아보면서 우리는 뉴욕에서의 첫 번째 실망을 맛보았다. 우리의 눈은 트렌디한 윌리엄즈버그에 맞춰져 있었다. 멋있는 커피 가게와 잘나가는 부티크 샵, 매력있는 이성애자 남성들이 있는 곳 말이다. 물론 그런 커피 가게나 부티크 샵을 감당할 여유도, 힙스터들에게 말을 걸 배짱도 나에게 없다는 걸 알았지만 그 주변에라도 살면서 그럴듯하게 보이는 기분을 느끼고 싶었다. 우리의 예산을 넘어서는 공동 주택의 지하실을 몇 군데 보고 난 후 우리는 윈저 테라스에

정착하게 되었다. 윈저 테라스는 파크 슬로프와 인접한 <웰컴 백, 코터>에 나오는 세트장과 비슷한 동네였다. 암울하진 않았지만 멋지지도 않았다. 우리가 이사했을 때는 매우 붐비는 동네였다. 특히 중년 레즈비언 커플들이 동네를 고급스럽게 바꾸는 숭고한 도전을 하고 있었다.

브렌다와 나는 퀸 사이즈 침대가 있는 중간 방을 함께 썼다. 조슬린은 가장 끝에 있는 방을 보헤미안 시크 스타일로 치장을 했다. 유일하게 진정한 사생활 보호가 되는 방이었지만 아주 작은 욕실이 달려 있었다. 조슬린은 트윈 로프트 침대(벙커 침대)를 설치하고 밀랍 염색한 양탄자를 깔아놓았다. 거기에서 몇 시간이고 책이나 잡지를 읽곤 했다. 조슬린은 어느 방이든 들어가면 방 크기를 재보고 바로 로프트 침대를 놓는 타입의 사람이었다. 요즘도 그녀는 로프트 침대가 놓인 아파트에서 살고 있다.

짐이 많은 조슬린에게 안성맞춤인 배치였고, 더 쌓아두지 못하기 위한 견제가 필요하기도 했다. (요즘에는 쌓아두는 것이 부정적인 뜻이지만 <호더스>라는 쇼가 쌓아두는 사람을 '소름끼치는 외톨이'로 묘사하기 전이라는 것을 염두에 두어야 한다. 조이스는 생기 넘치며 사회적이며 연중 내내 시시각각 변하는 크리스마스 조명 같이 쾌활한 사람이었다.) 조슬린은 잠발라야 레시피가 있을지도 모른다며 6년 묵은 잡지를 쌓아두었다. 언젠가 마디그라 축제 스타일의 파티를 할지도 모른다고 생각했다. 별로 미친 생각은 아니었다. 우리는 종종 그런 식의 파티를 열곤 했으니까. 우리 아파트에 놀러온 사람들은 커튼이 드리워진 조슬린의 방을 보고 우리가 아파트를 얻는 조건으로 집시 한 명과 같이 살고 있다고 생각했다.

이때는 모든 사진에서 '와아!' 하는 표정을 짓는 시기였다

그리고 계단. 아, 그 계단! 3층으로 올라가는 계단은 내가 살면서 만난 가장 가파르고 오르기 힘들고 금속이 많은 계단이었다. 마치 사람을 죽이고 사고사로 위장하기 위해 만든 계단 같았다. 아랫집 이웃은 여든인가 아흔 먹은, 이가 없는 노인이었다. 친척으로 보이는 남자 두 명과 함께 살았는데 그 노인보다 어려 보였지만 그래 봤자 60대였다. 한겨울에 마누라 몰이꾼 wife beaters이라는 역겨운 이름으로 불리는 하얀색 골지 탱크탑 하나만 입고 다녔다. 덕분에 우리는 그들이 집세를 통제하는 세입자임을 알 수 있었다. (만약 누군가 일년 내내 마누라 몰이꾼을 입고 다닌다면 그들이 임대료가 통제되는 아파트에 산다는 이점을 누리고 있다는 뜻이다.) 게다가 그들은 동유럽 언어와 딕 트레이시[3]의 부하가 쓰는 알아듣기 힘든 중얼거림이 뒤섞인 말로 서로 대화했다. 그들이 엄청나게 소심하고 어떤 이유에서인지 우리를 무서워하지 않았다면 아마 우리가 그들을 무서워 했을 것이다. 마치 벅스 버니 만화에 나오는 괴물들이 쥐 한 마리를 보고 겁을 먹고 소리를 지르며 자기네

---

3 (옮긴이) 1930년대에 연재한 만화 시리즈이며 1990년에 영화로 만들어지기도 한 액션 형사물.

성으로 도망가는 것처럼 말이다.

한여름에는 더위 먹은 길고양이가 우리집 거실 방충망에 대고 구슬프게 야옹 대는 바람에 물 한 컵을 밖으로 뿌려야 조용해졌다. 추워지면 바퀴벌레들이 이주해 왔고 온갖 하수구마다 집을 지어댔다. 가끔씩 한밤중에 화장실에 갈 때면 발 밑에서 무언가 으깨지는 소름끼치는 감각을 느낀 후 신발에서 바퀴벌레를 씻어내야 했다. 그게 우리가 사는 아파트였다. 꽤 괜찮은 점과 나쁜 점이 공존하는 곳이었다. 우리가 감당할 수 있었고 프로스펙트 공원이 그리 멀지 않았고 사람들이 이미 우리가 레즈비언이라고 가정을 하고 있었던 덕분에 우리는 금방 그 집에 적응할 수 있었다. 모든 게 좋았다.

우리가 꿈을 쫓으려 하기 전까지는.

조슬린은 지하철에서 나의 첫 오픈 마이크 공연에 함께해 주었다

나는 잘하는 게 하나도 없어

코미디 작가가 되기 위해 내가 배운 모든 것은 링컨 센터 근처 반스앤노블의 '영화/텔레비전' 코너에서 얻은 것이었다. 책을 많이 살 정

도로 넉넉하지도 않아서 서점 복도에 몇 시간이고 앉아서 바인더 노트에 옮겨적곤 했다. 거기에서 내가 가장 나쁜 범죄자는 아니었다. 그곳에는 시나리오 작가 지망생들이 여기 저기 널려 있었다. 다들 싱글 커피를 하나씩 끼고 몇 시간씩 죽치고 있었다. 자주 보이던 한 아이는 커다란 피자를 가져와서 아주 천천히 먹으며 출판 에이전시에 보내는 서류를 작성하곤 했다. 그곳에서 배운 유일하게 가치있는 것은 TV 쇼에 들어가려면 경력 기술서를 쓰거나 방영 중인 인기있는 쇼의 샘플 스크립트를 써야 한다는 것이었다. 그래서 나는 나의 첫 번째 경력이 될 <윌 앤 그레이스> 샘플을 쓰기 시작했다. 겨우 몇 번만 본 채였다.

뉴욕에 와서 오디션에 한 번 갔었다. 연기를 하는 것에 적극적인 상태는 아니었지만 그 역할은 나를 위한 것만 같았다. 앤드류 로이드 웨버Andrew Lloyd Webber[4]가 프로듀싱하는 런던에서 브로드웨이식으로 번역된 호화로운 뮤지컬 <봄베이 드림스>의 오픈 캐스팅 콜이었다. 나는 열여덟에서 서른 사이의, 노래를 하며 뉴욕, 뉴 저지, 코네티컷에 살면서 인도인처럼 생긴 여성 연기자가 부족하다는 사실에서 용기를 얻었다. 적고 무시무시하게 구체적이고 찾기 어려운 인구에 속한다는 것만큼 자신감을 주는 것도 없다.

첫 번째 오디션은 보컬 오디션이었다. 나는 <피블의 모험>에 나오는 'Somewhere Out There'를 불렀다. 오디션장에는 인도 여자애들도 조금 있었지만 대부분 라틴계 여자아이들이 인도인인 척하는 쪽이었다. 오디션 참가 신청서는 마치 <웨스트 사이드 스토리> 같이 느껴졌다.

보컬 오디션은 꽤 괜찮았다. 진짜 인도 사람이 오디션을 본다는 데에 매우 안도한 것 같았다. 나가는 길에 캐스팅 조수가 내게 다가오더니 이렇게 말했다. "그쪽이 해내서 다들 아주 좋아했어요." 나는 아무

---

[4] (옮긴이) 영국의 뮤지컬 작곡가. <지저스 크라이스트 슈퍼스타>, <오페라의 유령>, <캣츠>, <에비타> 등의 작품을 작곡했다.

렇지 않은 척 고개를 끄덕였다. 이 오디션보다 훨씬 멋진 오디션을 잔뜩 보고 온 양 말이다. 내가 해내서 다들 좋아했다고? 그럼 당장 시작하라고 하지 않고? 지하철에서 나는 만약 내가 된다면 뭘 먼저 할지 계획을 세우기 시작했다. 일단 딘앤델루카로 가서 앙증맞은 과일 모양의 마지판 사탕을 사야지. 고급스럽게 차려 입은 백인 여성들이 사먹는 장면을 자주 봤는데, 내게는 아주 사치스러운 상이었다. 그 다음엔 아파트에 있는 바퀴벌레를 없앨 해충 구제업자를 고용해야지. 그런 후에는 브렌과 조이스를 데리고 르 씨르크^{Le Cirque} 레스토랑에 가야지. 소름끼치는 월스트리트 슈가 대디처럼 말이다. 친구들은 행사용 여자친구처럼 보이겠지.

얼마 후, 춤 오디션을 보러 오라는 연락을 받았다. 살면서 춤을 춰본 적이 한 번도 없었던 나는 어떤 옷을 입어야 할지 알 수 없었다. 첼시에 있는 댄스복 아웃렛에 갔다가 페니세이버에 대한 광고를 봤다. 불량이라 싼 가격에 파는 물건들이 있는 곳이었다. 색상이 이상하거나 단추가 떨어져 있었다. 나는 갈색 타이즈, 핑크색 민소매 레오타드, 보는 각도에 따라 색이 변하는 흰색 찍찍이 랩스커트를 샀다. 전통적인 느낌의 핑크색 발레화로 전체적인 옷차림을 완성했다. 탈의실 바깥에 있는 커다란 거울 앞에서 아시아인 여자아이가 엄마와 함께 발레복을 입어보고 있었다. 여자아이가 나를 가리키면서 말했다. "엄마, 이렇게 입어야 해요." 여자아이의 엄마는 아시아 언어로 조용히 하라고 속삭였다. 이거면 됐다. 살면서 이렇게 우아하게 차려 입은 건 처음이었다.

오디션장에서 나는 빌어먹을 멍청이처럼 보였다. 다른 여자들의 차림새는 나와 달랐다. 검은색 레깅스, 탱크탑, 스니커즈. 나는 마치 아이들 생일 파티에서 발레하는 쥐 코스튬을 입은 공연인 같았다. 케빈 페더라인[5]을 닮은 안무가가 끔찍하게 복잡한 발리우드 춤을 가르쳐주었다. 그걸 외워서 녹화를 한다고 했다. 나는 술 취한 트럭 운전수처럼 더듬더듬 따라해야 했다. 노래가 끝나기 전에 안무가가 내 앞에 서더니 친절하게 물 좀 마시겠냐고 물었다. 나는 그냥 웃었다. 다들 알다시피 웃는 거야말로 거친 숨소리를 위장할 수 있는 최고의 방법이기 때문이었다. 그러고는 마실 것을 가지러 가는 척하면서 재빨리 건물 밖으로 빠져나왔다. 내가 했던 것 중에 가장 창피했던 퍼포먼스로 남아있다. 어딘가에 녹화된 테이프가 남아있겠지. 나는 앤드류 로이드 웨버가 우울할 때마다 그걸 꺼내보는 상상을 하곤 한다.

내가 쓴 <윌 앤 그레이스> 대본은 엉망진창이었다. 발칙하고 게이 중심적인 쇼의 톤을 반영하려고 시도했지만 너무 지나치게 게이를 모욕하는 결과가 나와서 마치 안티 게이 정서를 선동하는 표본처럼 느껴질 정도였다.

이런 모든 것들이 몰려오는 바람에 완벽한 우울증에 걸리고 말았다. 뉴욕에 좋은 점이 하나 있다면 대부분의 사람이 약한 우울증 상태로 일상을 영위한다는 점이다. 모두가 활기차고 건강한 몸과 마음을 위해 적극적으로 노력하는 로스앤젤레스에 있는 것과는 다르다. 그런 곳에서는 누가 기분이 우울하다는 것을 눈치 채면 다들 거리를 둘 것이다. 게다가 우울할 때의 햇살이란 잔인한 농담과 같다. 뉴욕에서는 기분이 비참해도 도시에 속해있다는 느낌이다. 그래도 실패했다는 것은 여전히 힘든 일이었다. 그래서 한동안은 카밀라 파커볼스 정도의 수준에서 모든 일을 해낼 수밖에 없었다.

브렌다와 나는 이겨낼 예정이었지만 당시에는 알 수가 없었다.

---

5 (옮긴이) 미국의 래퍼, 댄서, 배우 겸 모델. 브리트니 스피어스의 전 남편이기도 하다.

내가 원하는 아주 적당한 정도의 유명세

나는 확실히 대박 유명해지고 싶었고 모든 사람이 나를 사랑했으면 했다. 그러니까 이 돈벌이에 뛰어들었지. 내가 유머를 쓰는 것을 좋아한다는 점이 유용했지만, 솔직히 인정하자, 끝을 위한 수단이었을 뿐이었다.

<오피스> 작가실에서 시간을 보내던 때, 밤 11시에 모두 모여서 상사가 다음 날 촬영할 팸의 의상을 승인해주길 기다리고 있었다. 내 마음은 방황 중이었다. 디즈니랜드에 있는 영화 <로빈슨 가족>을 재현한 나무 위의 집 같은 곳에 살 기회가 언제나 올는지 궁금했다. 커다란 조개 껍데기로 된 싱크대도 있는 집 말이다. 아니, 절대 그럴 일이 없다는 것을 깨달은 후, 내가 정확히 얼만큼 유명해지고 싶은지에 관해 생각하게 되었다.

내가 생각하기에 가장 적당한 유명세를 얻고 있는 사람은 코난 오브라이언이다. <레이트 나이트> 쇼의 인턴을 할 때 나는 이렇게 생각했다. "와, 이 사람이야말로 유명세를 제대로 접수한 사람이야." 아무도 코난이 뭘 입었는지(어두운 색의 정장을 입었겠지) 신경 쓰지 않았고,

헤어스타일도 항상 똑같았고 매 화마다 같은 책상 앞에 앉아 있었다. 분명 열심히 일하는 천재이긴 했지만 내가 아는 유명한 사람 중에서 유일하게 언제나 자기 자신으로 임하는 사람이었다. 다른 사람들은 다른 누군가가 되어야 했다. 코난은 완전히 자신의 스타일대로 우스꽝스러운 농담을 했다. 자신보다 훨씬 잘 차려입은 유명인들을 인터뷰하고 요리 시연까지 해보였다. (인턴을 할 때 알게 되었는데, 코난은 광고 시간에 한 번도 음식을 먹지 않았다. 그런 무시무시한 수련이 믿겨지는가?)

나는 레지스나 케이티 리[6]의 자리를 원하진 않았다. 그들이 앉아 있는 의자는 너무 높았다. 미안하지만 한 시간 동안 그 의자에 앉아 있어야 한다고? 너무 많은 피가 발목까지 흘러내릴 것이다. 고맙지만 사양한다.

한 번은 패리스 힐튼이 할리우드에 있는 레스토랑에서 나가는 길에 파파라치들이 카메라를 들고 그녀를 둘러싸고 있는 모습을 봤다. 정말 불쾌해 보였다. 그녀가 선정적인 차림이라 그런 게 아니었다. 그녀의 옷차림은 패셔너블하고 야한 느낌의 완벽한 조화였다. 불쾌했던 이유는 파파라치 남성들이 미치광이처럼 무례하고 거슬리는 질문들을 그녀에게 퍼부었기 때문이었다. 누구와 자는지 같은 질문들이었다. 나는 답변이 궁금한지라 물어봐줘서 반가웠지만 어쨌거나 역겨운 짓들이었다.

그러다가 파리에서 사샤 바론 코헨Sacha Baron Cohen[7]이 레스토랑에서 빠져나가서 주차장에서 차를 타고 떠날 때까지 아무도 신경 쓰지 않는 것을 보았다. 믿어지냐고? 그 유명한 사샤 바론 빌어먹

---

6 (옮긴이) 레지스와 케이티 리는 1983년 시작한 토크쇼 <라이브>에서 10년 넘게 함께 공동 진행자로 쇼를 진행했고, 각자의 인지도도 미국 내에서 매우 높다.

7 (옮긴이) 영국의 배우 겸 작가이자 제작자. 영화 <보랏>으로 골든 글로브 뮤지컬 및 코미디 부문에서 남우주연상을 수상했다.

을 코헨인데! ('빌어먹을'을 어디에 둬야 할지 모르겠다. 뭐 이 정도면 제대로 넣은 것 같다.) 파파라치들은 한 명도 그가 누구인지 알아보지 못했다. 사샤 바론 코헨도 세계의 살아있는 코미디 아이콘인 코난 같았던 것이다. 그래서 나는 생각했다. "와, 나도 저렇게 되고 싶어!" 여기 내가 유명해지고 싶은 방식을 소개한다. (이 아이디어들이 엄밀하게 따지자면 NBC 유니버설의 소유라는 점을 밝혀야 할 것 같다. 그곳에서 급여를 받을 때 상상한 것들이기 때문이다.)

브런치를 먹을 때 줄을 서지 않아도 된다

보통 사람이라면 그렇듯이 나는 자동차 범퍼 스티커를 절대 붙이지 않는다. 그래도 만약 '지옥은 브런치를 먹기 위해 기다리는 줄에 있다'라는 스티커가 있다면 천 장 정도 사서 내 차에 붙여 놓았을지도 모른다. 아주 유명한 사람이 되어서 일요일 오후 느지막히 일어나서 식당에 가도 누군가가 나를 땡볕에 기다랗게 늘어선 불쌍한 게으름뱅이들을 제치고 개인 테이블로 데려가 주었으면 좋겠다.

아무 때나 레이커스 농구팀을 볼 수 있다

자, 물론 잭 니콜슨의 자리를 넘보거나 하진 않는다. 솔직히 대체 누가 210센티미터에 100킬로그램짜리 땀흘리는 남자가 부딪혀올지도 모르는 위협을 무릅쓰며 그 자리에 있고 싶겠는가. 나는 사람들이 값비싼 티켓이 손에 들어왔을 때 앞다투어 같이 가고 싶어할 정도로 유명한 사람이 되었으면 좋겠다.

십대들이 내 겉모습을 우상화한다

몇 년 전, 어느 토요일 립글로스나 좀 사고 무료 샘플을 받아보려고 베네피트 화장품 매장에 들른 적이 있다. 귀엽게 생긴 9학년 여학생 두 명이 그 날 밤에 있을 파티에 가려고 메이크업을 받고 있었다. 둘 다 너덜너덜해진 엠마 왓슨의 사진을 들고 있었다. 내가 십대였을 때 나는 맥 라이언의 사진을 가지고 다녔다. 그녀의 머리 스타일이 아니었다면 특별할 것 없었던 영화 <어딕티드 투 러브>의 삐죽삐죽한 산발 머리에 얼마나 집착했었는지. 그때는 물론 앞서가는 헤어 스타일리스트를 만날 일이 없었으니 샬린에게 맥 라이언의 사진을 가져가는 실수를 저질렀다. 나이가 꽤 든 포루투갈 여자였는데, 20년 동안 우리 엄마의 머리를 거의 똑같은 스타일로 만들어주던 분이었다. 국회의원 로버트 브래디가 하던 머리였다. 샬린은 사진을 째려보더니 나에게 저리 치우라고 말하며 내 머리를 엄마와 똑같은 머리 스타일로 만들어 놓았다.

유명인의 머리 스타일을 따라하는 것은 선망과 흠모의 표현이다. 아무도 내 머리 스타일을 따라하지 않으니, 다른 뭐라도 만들어야겠다. 어쩌면 아이들이 털 한 오라기 없는 내 팔뚝을 좋아할지도 모른다.

무언가를 지지한다면 실제로도 도울 수 있다

손 펜은 아이티에 죽 치고 산다지? 그건 좀 과하다. 나한테는 무리다. 하드코어한 선량함이 있어야 할 수 있는 일이다. 나는 운동을 지지하는 목소리 대변인이 되어 엄청난 영향력을 만들어내고 싶다. 메리 타일러 무어[8]가 센트럴 파크에서 마차 운행을 반대하는 정도면 좋을 것 같다.

---

8 (옮긴이) 1970년에서 1977년까지 CBS에서 방영한 <메리 타일러 무어쇼>의 주인공으로 당찬 30대 직장 여성 캐릭터를 연기했다. <메리 타일러 무어쇼>는 TV 역사상 최초로 여성이 중심이 된 시트콤으로 페미니즘 운동에도 상당한 영향을 미쳤다는 평가를 받는다. 메리 타일러 무어는 여권 운동을 비롯한 여러 정치적 활동에 적극적으로 참여했다.

패션 경찰이 나를 지적한다, 끊임없이, 그렇지만 난 신경 쓰지 않는다

헬레나 본햄 카터 같은 사람에게는 특별히 거친 성질이 있다. 그녀는 패션 경찰이 뭐라고 지껄이든 전혀 신경쓰지 않는다. 패션 경찰이라 함은, 조안 리버스가 되살려낸 'E!' 쇼에 나와서 몇몇 꽥꽥 소리를 지르는 게이 남성 무리와 패션 '전문가'들을 말한다. 조안은 정말로 여전히 멋지다. 몇 년 전 에미상 시상식에서 조안이 내 드레스를 보고 최악의 졸업파티에 가는 듯한 스타일이라고 한 적이 있다. 일주일 내내 그 말이 트라우마가 되었지만 어쨌든 웃긴 농담이었다고 인정할 수밖에 없었다. 문제는 나에게 트라우마에 걸릴 만한 시간이 있었기 때문에 트라우마에 시달렸다는 것이다. 그러니까 내가 아주 유명하고 바빠진다면 이런 식의 모욕도 아마 즐겁게 받아들이고 웃음으로 온화하게 응할 수 있을 것이다. 그런 후에는 개인 제트기를 타고 UN 대사로 활동하기 위해 카메룬이라든가 그런 곳으로 떠나야지.

내가 입은 개똥 같은 옷도 입자 마자 패셔너블하다고 생각된다

위의 항목과 연결되는 것이기도 하다. 알라딘 바지나 검은 립스틱을 보면 그웬 스테파니를 떠올리는 것처럼 사람들이 "저건 완전 민디네"라고 말하며 따라하기 시작하는 아이템이 있었으면 한다.

늙어서도 TV 쇼에 나와 몸개그를 한다

하도 유명해서 TV에서 계속 보고 싶은 잘 보존된 늙은 여자로, 옛날 유행어를 흉내내고 다니는 말라깽이는 유일하기에 큰 웃음을 유발할 것이다. 게다가 나를 보면 옛날 생각에 향수가 느껴져서 마음이 뭉클해질 것이다. 아이러니하게도 미래의 힙스터들이 나에게 가장 많이 열광할 것이다.

감옥에 절대 가지 않는다

살인을 저질러도 절대, 절대, 절대로 감옥에 가지 않아도 된다면 아주 좋겠다. 세상 사람들이 내가 했다는 걸 아주 명백하게 아는데도 불구하고 말이다.

필명을 써야 한다

마이클 잭슨이 잭 런던이라는 가명으로 데메롤을 처방받는다는 글을 읽은 적이 있다. 마이클 잭슨의 삶 이야기는 비극적이고 기괴한 것 투성이지만 하나, 하나 살펴보면 그저 끝내줄 뿐이다. 나는 마이클 잭슨이 "보자, 보자. 어떤 인물로 마약을 청하면 좋을까? 이건 어때? 난 항상 <늑대 개>[9]가 참 좋았어. 잭 런던이 좋겠다."라고 말하는 것을 상상하기를 즐긴다. 내가 호텔을 이용할 때를 위한 가명은 '그웬돌린 트런들베드'이 될 것이다. 내가 가장 좋아하는 <오피스> 시즌 3을 찍을 때 동료인 마이크 슈어가 생각해낸 말도 안 되는 이름이다.

내 대역이 나와 똑같이 생기도록 성형수술을 받는다

영화에서 배우들은 가끔씩 대역을 쓴다. 대역은 원래 역할을 맡은 배우가 트레일러 안에서 낮잠을 자거나 마약을 하는 동안 연기를 하는 역할이다. 나는 주연 배우(매우 유명한 배우였는데 여기서는 토니 대시라고 부르겠다)가 자신의 개인 대역과 함께 여행을 다니는 영화에 참여한 적이 있었다. 둘은 아주 친한 친구였다. 자신과 비슷한 사람과 절친인 것도 이미 이상한데, 정말로 이상한 부분은 대역이 토니와 더 비슷

---

9 (옮긴이) 영화 <늑대 개>는 1991년에 개봉한 에단 호크 주연 작품. 원작 『White Fang』의 작가 이름이 잭 런던이다.

해지기 위해 대규모 성형수술을 받았다는 사실이었다. 아마도 토니가 만에 하나라도 다른 대역을 쓸 수 없도록 해서 평생 직업을 잃지 않으려고 그런 것 같았다. 그는 토니의 반쯤 녹아내린 버전 같았다. 매우 끔찍하면서도 동시에 자극적이었다. 유명세의 엄청난 힘을 증명하는 듯했다. 나는 아주 약간 그로테스크한 버전의 나와 전세계의 세트장을 돌아다니며 휴가도 같이 가고 싶다.

SNL에서 키넌 톰슨과 함께 호흡을 맞춘다

   이게 싫은지 좋은지 말하기가 어렵다. 둘 다 논쟁거리가 있기 때문에. 일단은, 좋다고 말해야 겠다.

노래방 에티켓

일본인 사업가를 제외하면, 나만큼 노래방을 좋아하는 사람도 없다. 대학을 졸업하고 스릴라 고모와 키스 삼촌이 준 선물은 내가 받아본 선물 중에 가장 좋은 것이었다. 바로 전문가용 노래방 기계였다. 두 분이 영원히 내가 가장 좋아하는 친척 어른으로 자리매김하려고 했던 건지는 모르겠다. 어쨌든 그렇게 되었다. 브렌과 조슬린과 브루클린에 도착하자 마자 우리는 침대나 소파보다 먼저 기계를 설치했다. 우리는 빈 방에서 돌아가면서 휘트니 휴스턴 노래를 불러재꼈다.

우리 모두 몇 달 동안 무직 상태였고, 싸구려스럽게 노래를 부르는 풋내기들이었기 때문에 노래방을 달고 살았다. 지금 LA에서 내가 가는 좋은 생일 파티는 다 노래방 기계가 있는 곳에서 열린다. 아니면 진짜 노래방을 경험하기 위해서 코리아타운의 한국 치킨 냄새가 희미하게 풍겨오는 창문 없이 어두운 방으로 가기도 한다. 노래방을 더 제대로 즐기기 위한 몇 가지를 정리해봤다.

노래를 고를 때는 세 가지를 염두에 둔다. 1) 이 노래가 나를 어떤 사람이라고 표현하는가? 2) 이 노래를 부르면 목소리가 어떻게 들릴까? 3) 사람들 기분은 어떻게 될까?

　세 번째 항목이 다른 것보다 몇 백배는 더 중요하다. 대부분의 사람들이 노래방에서 노래를 부를 때 <아메리칸 아이돌> 오디션을 본다고 생각한다. 그래서 절절하게 가슴이 터지도록 노래를 부른다. 하지만 나는 파티에 온 임시 DJ처럼 하는 게 좋다고 생각한다. 책임감을 부여하는 것이라고 보면 된다. 사람들의 분위기가 어떻게 될지는 바로 나에게 달려 있다. 같이 간 친구들의 기분이 좋아야 잘 놀고 잘 마시고 새로운 사람들과도 잘 어울릴 수 있다.

　그리고 짧은 노래를 고르는 것이 마땅하다. 돈 어쩌고 맥클린[10]이 빨강, 하양, 파랑 턱시도를 입고 등장하든 말든 상관 없다. 아무도 'American Pie'를 부르면 안 된다. 3분 이상 가는 노래를 고르는 것은 파티를 벌이는 사람들에게 아주 적대적인 짓이다.

　보태고 싶은 무작위 몇 가지. 나는 작은 사람들이 쉿소리 나는 거친 노래를 부르는 걸 좋아한다. 예를 들어, 엘리 켐퍼Ellie Kemper[11]가 울리는 목소리로 'Hey Big Spender'를 부르는 것처럼 말이다. 남자들이 여자 노래를 부르는 것도 좋아하는데, 대신 꾸며내는 식으로 하면 안 된다. 남자가 'Let's Give Them Something To Talk About'를 정직하게 부르는 쪽이 좋다. 남자들은 가끔 브리트니 스피어스나 리하나의 노래를 부를 때 가수를 흉내내며 꾸며내는데, 그건 정말 꼴보기 싫다. 다른 언어로 쓰여진 가사로 노래를 부르는 것도 재밌다. 섹시한 외국어로 허풍을 떨 수 있다. 내가 'La Isla Bonita'를 부르는 것도 그런 이유에서다. 남자가 집시 킹스의 노래를 부른다면 아주 죽을 것 같다. 당연히 좋아 죽겠다는 뜻이다.

10　(옮긴이) 돈 맥클린은 미국의 싱어송라이터이다. 'Vincent', 'American Pie'란 히트곡으로 잘 알려져 있다.

11　(옮긴이) <오피스>에서 에린 역을 연기한 배우. <언브레이커블 키미 슈미트>의 주인공 키미 역을 맡기도 했다.

본업

책의 다른 부분에서는 뉴욕에 살면서 쇼 비즈니스에 진출하기 위한 나의 부질없는 시도들을 볼 수 있다. 여기에서는 본업을 얻기 위한 시도들을 얘기하려고 한다. 처음에는 장 제목을 '엄마는 갚아야 할 카드값이 산더미야'로 지을까 했지만 그러면 꼭 스트리퍼나 애가 있는 사람이라고 오해할 수도 있을 것 같았다.

2001년 10월, 나는 뉴욕에 살고 있었고 스물두 살이었다. 다른 여자 친구들처럼 나도 9/11 테러에 따른 불안증과 <섹스 앤 더 시티> 불안증이 묘하게 섞인 감정으로부터 헤어나오지 못하고 있었다. 분명히 구분되며 무기력한 불안증이었다. 머릿속을 어지럽히는 질문들은 이런 것들이었다.

"부엌에도 방독면을 두어야 할까? 마놀로 블라닉 구두를 어떻게 감당하지? 바니스 뉴욕은 뭐지? '바니스'라고 불리는 곳이 고급 브랜드라고? 나랑 약속하기로 되어 있는 멋진 게이 친구들은 어디에 있지? 이게 탄저균일까 슈가파우더일까? 누가 좀 도와줘!"

뉴욕으로 온 지 3개월이나 되었지만 여전히 직업이 없다는 점이 가장 큰 스트레스의 원인이었다. 『노숙자에서 하버드대생이 되기까지』라든지 『감옥에서 예일대까지』라든지 『밑바닥에서 스키드모어 예술학교까지』 같은 책을 본 적 있을 것이다. 다들 젊은이가 절망적인 환경을 극복하고 대학에 합격하는 성공담을 담은 이야기들이다. 나는 내가 그와 정반대되는 사례가 될까봐 걱정되었다. 교육을 받은 여자가 브루클린에 있는 집 소파에 앉아서 드라마 <로 앤 오더>를 보면서 시간을 낭비하는 한심한 이야기 말이다. 『다트머스에서 극빈자가 되기까지』라고 불리겠지. 난 일이 필요했다.

아이들 돌보고 얘들 음식 먹기

백 장이 넘는 형광 녹색 전단지를 브루클린과 맨하탄에 있는 부유한 동네에 여기 저기 흩뿌리고 나서야 드디어 베이비시터 일을 구할 수 있었다. 내가 내야 할 집세 600달러를 벌기 위해 사랑스러운 두 여자아이 딜런과 헤일리를 돌봐야 했다. 딜런과 헤일리는 브루클린 헤이츠 지역의 부자집 아이들이었다. 단순히 '사립 학교에 간다'는 정도의 부자가 아니었다. '브루클린 헤이츠 지역에 있는 고풍스러운 고급 아파트에 층마다 자기 방이 있고 항상 유기농 제품만 사용하는' 정도의 부자였다. '미친듯이 빵빵한'이라는 표현이 더 정확할 것 같다. 두 소녀의 아빠가 넷게이프 네비게이터라나 뭐라나를 개발했다고 하던데 나는 파인애플 스트리트에 있는 그 아파트로 들어갈 때마다 항상 혼잣말을 했다. '넷스케이프 네비게이터 아빠가 세운 집이다.' 딜런과 헤일리의 부모님은 몇 년 전에 이혼한 상태라 그 넷스케이프 네비게이터 아빠는 한 번도 볼 수 없었다. 섹시한 넷스케이프 네비게이터 엄마하고만 봤는데, 아주 약간 나이 든 앨리샤 키스를 닮았었다. 넷스케이프 네비게이터 엄마는 데이트를 하러 가거나 쭉쭉빵빵한 흑인 친구들과 놀러 나가는 밤에 나에게 아이들을 맡겼다. 나중에 어디에서 읽어보니, 넷스케이프 네비게이터 아빠는 세계적으로 유명한 슈퍼모델과 진지하게 연애 중이라고 했다. 아주 크게 노는 사람들이었다. 요즘이었다면 브라보 채널에서 하는 리얼리티 쇼의 왕좌를 차지했을 테고 나는 닉스 농구팀 코트 사이드에서 아이들을 돌보는 보호자로 모자이크 처리되어 나왔겠지.

어느 날 넷스케이프 네비게이터 엄마가 나에게 클리니크에서 나온 '해피'라는 이름의 뜻도 않은 향수를 주었다. 선물 받았지만 안 쓸 것 같다며 나에게 주는 것이었다. "비싼 건 아니지만…" 그녀는 월마트에서 산 '레이디 머스크' 향수라도 건넨다는 듯이 겸연쩍어하며 말했다. 나는 속으로 생각했다. '대체 어떻게 된 세상이지? 클리니크가 안 비싸다고?'

처음에는 아이를 돌보는 일을 할 수 있을지 조금 걱정이었다. 나는 아이들과 잘 지내는 타입이 아니었다. 아이들이 다가오면 곧바로 녹아내리며 아이들 나이에 딱 들어맞는 질문들을 쏟아내는 여자가 아니었다. 항상 잘못된 말을 해서 누군가의 기분을 상하게 만들었다. "아직 화장실을 못 쓰나요? 그래요? 그게 정상인가요?" 게다가 나는 항상 내 손톱으로 아이의 얼굴을 긁을 까봐 두려웠다. 나는 아이를 보면 어색하게 미소짓고 로보트처럼 부모에게 말을 건넸다. "아이가 건강하고 잘 관리 받은 것 같습니다."

그러니 내가 베이비시터로 죽여줬다는 사실이 매우 놀라울 것이다. 음, '죽여줬다'는 표현이 좀 부적절하고 물의를 일으킬 가능성이 있겠다. 중요한 건 내가 끝내주는 베이비시터였다는 점이다. 아이들이 나를 천재라고 생각하게 만드는 것이 큰 도움이 되었다. 딜런과 헤일리의 숙제를 도와주면서 천재가 되는 건 아주 쉬웠다. 예를 들어, 어느 날 밤에는 <앵무새 죽이기>의 '앵무새'가 사실은 톰 로빈슨과 부 래들리의 상징이라고 설명해주었다. 딜런은 경외감을 가득 담은 눈으로 나를 바라보았다. "왜 베이비시터를 하고 있어요? 대학교에서 뭐라도 가르쳐야 하는 거 아니예요?"

나는 어린 소녀들이 얘기하기 좋아하는 주제에 대해서도 잘 알았다. 바로 남성 밴드였다. 헤일리와 나는 엔싱크의 누구와 결혼하면 좋을지에 대해 몇 시간이고 떠들었다. 오랜 숙고 끝에 답은 항상 J.C 샤세즈였다. 조이 패톤은 너무 멋졌지만 이름이 '뚱뚱이'가 될 만큼 살이 쪘고 아이들은 게이라는 것을 잘 몰랐을지 몰라도 랜스 베이스가 다른 친구나 연인을 찾고 있다는 느낌을 받았던 것 같다. 저스틴 팀버레이크로 말하자면, 흠, JT는 가장 쿨하고 핫한 멤버지만 너무 화려해서 믿음을 줄 수 있을지 확신할 수 없었다. J.C. 샤세즈는 똑똑한 타협의 결과였다. 우리는 완전히 아이러니하지 않은 진지함 속에서 이런 이야기를 하며 몇 시간을 함께 보내곤 했다. 다른 베이비시터보다 내가 나았던 점은 아이들을 재촉하지 않았던 것이다. 아이들은 열린 마음으로 엔싱크의 각 멤버와 남은 여생을 보낼 때의 장점과 단점에 대해 들어주었다. 오히려 내가 더 그 주제에 깊이 빠져들었던 것일지도 모른다.

아이들을 침대로 보낸 후에 진짜 재밌는 시간이 시작되었다. 나는 아이들의 비밀장소에 들어가서 <아폴로 극장의 쇼타임>[12]를 틀고 집 안에 있는 어린이 간식을 신나게 해치웠다. 어린이 간식은 정말 최고다. 어린이 간식은 다른 말로 '완전 쓰레기'라고 할 수 있기 때문이다.

---

12 (옮긴이) 1987년에 첫 방송을 시작한 음악쇼 프로그램.

동물 모양 냉동 치킨 너겟이나 과일 모양 과일 젤리, 시럽에 담긴 큐브 모양 과일을 먹었다. 먹다 보니 아이들은 원래 모양 대로 만들어진 음식을 싫어한다는 사실을 알아냈다. 어린이 간식은 정말 정신나갈 정도로 맛있었다.

나는 집주인의 캐시미어 기모노를 걸치고 어린이용 씹어먹는 비타민을 한가득 씹으며 <아폴로 극장의 쇼타임>에서 무대 위에서 거드름 부리는 모니크Mo'Nique를 보며 완벽한 토요일을 보냈다. 너무 마음껏 놀다 보니 나중에는 문제가 생겼다. 하루는 헤일리가 목욕을 하고 나와서 나를 불러세웠다. 죄책감에 짓눌린 표정으로 이렇게 말했다. "엄마가 거북이 모양 베이글 피자를 누가 다 먹었냐고 물어봤어요. 언니가 먹었다는 걸 알았지만 제가 먹었다고 거짓말을 했어요." 그러고는 눈물을 터트렸다. 나는 헤일리를 안아주면서 말했다. "절대 사실대로 말하지 않아도 돼." 그런 후 자기 전에 <리지 맥과이어>를 좀 더 보고 잘 수 있게 해주었다. 뇌물과 남성 밴드. 베이비시터가 되기 위한 비결은 그게 전부다.

베이비시터 일로는 생활비가 부족했고 건강 보험도 제공되지 않았다. 나한테는 다행인 게 만약 저런 조건이 충족되었다면 지금쯤 입주 베이비시터가 되었을지도 모른다. 다른 일을 구해야 했다.

방송국 페이지가 되는 꿈

TBN 방송국의 페이지 프로그램[13]은 무척 권위 있다. 아니, TBN은 방송국의 진짜 이름이 아니다. 하지만 이런 말도 있지 않은가. '밥 주는 손을 물지 말라.' TBN 페이지 프로그램은 매우 명망 있었고 하

---

13 (옮긴이) 방송업계에 관심 있는 청년들을 대상으로 방송국 내에서 경험을 쌓을 수 있는 기회를 주는 프로그램이다. 시트콤 <30 락>에서 케네스 캐릭터가 페이지로 일하는 모습을 볼 수 있다. 방문객들에게 방송국 투어를 하는 등의 일을 한다.

버드보다 들어가기가 힘든 것으로 유명했다. TBN 페이지 프로그램은 야망차고 고등 교육을 받은 이십대를 친근하게 제복을 입은 집사로 탈바꿈했다. 내 스타일이 맞는지 확신할 순 없었지만 방송국에서 일을 하려면 꼭 올라야 하는 사다리처럼 느껴졌다. 어린 방송 작가들은 모두 TBN 페이지가 되기를 염원한다. 투어를 진행하는 와중에 내 뱉은 위트 있는 말을 늦은 밤에 방송을 하는 크레이그 퍼거슨이나 코난 오브라이언이 지나가다 듣고는 "당신 정말 재치있네요! 제가 진행하는 쇼에 와서 일하면서 제 베스트 프렌드가 될래요?"라고 말하는 꿈을 품고 있다. 1년에 자그마치 4,200만 명의 지원자 중에서 70에서 80명만 고용된다. 나는 이상하게도 확률이 그렇게 바늘 구멍만한 것이 오히려 내가 될 것 같다는 기분이 들었다. 스포츠 영화를 너무 많이 봐서 그런지 상황이 불리할수록 성공할 확률이 커지는 것만 같다. 나는 내 기대감을 궁지에 몰아넣고 초과달성하기를 바라기보다는 과하게 희망적으로 생각하다가 산산조각나는 걸 지켜보는 타입의 사람이다. 이런 성향 덕분에 끊임없이 시도하며 항상 자신을 궁핍하게 만들었지만 반면에 특별히 드라마틱한 감정적인 삶을 살게 하기도 했다. 어쨌거나 나는 페이지 프로그램 면접을 보게 되었다. 나는 빅토리아 시크릿 카달로그를 보고 주문한 세로줄 무늬 치마 정장을 입었다. 왜, 카달로그에서 여자 모델들을 오버사이즈 케이블 니트에 코듀로이 바지를 입혀서 도발적인 자세를 취하게 한 섹션 있지 않은가? 그래, 아주 죽여주지.

난 내가 <앨리 맥빌>[14]에 나오는 친구들의 저렴이 버전으로 갖춰 입은 것처럼 꽤 멋져 보일 거라고 생각했다.

면접 보는 장소에 15분 일찍 도착했다. 이 날 내가 저지른 세 가지

---

14 (옮긴이) 대형 로펌을 배경으로 하는 1990년대 시트콤.

실수 중 하나였다. 나는 이름이 레온이고 배가 불뚝 나오고 대머리인 남자에게 면접을 봤다. 페이지 프로그램을 관리하는 사람 중 한 명이었는데 그가 야망에 가득 차고 건방진 문과 출신 젊은이들의 면접 줄에서 벗어날 수 있는 30분의 휴식 시간을 즐기는 중이었다. 밖에서 기다리라고 말해주는 비서도 없었다. 그 작은 사무실에는 '밖'이라고 할 만한 공간도 없었다. 대기실이라든지, 마땅히 있어야 할 것 같은 그런 공간 말이다. 그 작은 사무실 밖에 여분의 공간이 있을 만한 우아한 직업이 아니었다. 내가 일찍 도착했다는 것은 인터뷰를 하든가 아니면 나를 주변 길거리를 돌아다니게 해야 한다는 뜻이었다. 안타깝게도 그는 전자를 택했다. 면접관은 마지못해 퀴즈노스 샌드위치를 한쪽으로 치우더니 나를 향해 자리에 앉으라고 말했다. 스트라이크 원.

레온의 얼굴에 쌓인 삶의 무게감과 비만 정도와 머리 벗겨짐 때문에 그의 나이를 가늠하기가 어려웠다. 나는 책상 위에 있던 어린아이 둘이 찍힌 사진을 보고 물었다. "어머, 자녀분들이세요? 정말 귀엽네요."

그는 경악했다. "저 스물다섯 살이거든요. 제 조카들이에요. 제가 애가 둘이나 있는 걸로 보여요?"

나는 놀라움을 미처 감추지 못했다. "아! 그게 아니라, 그렇게 보이는 게 아니고, 음... 좀 성숙해 보이긴 해요."

레온은 나를 가리키며 말했다. "우린 거의 동갑이나 마찬가지거든요?"

생각도 하지 않고 즉시 이렇게 반응했다. "글쎄요, 제가 3살은 어린데요." 대체 그때 내가 무슨 생각으로 반문을 했을까. 아, 왜냐고? 내가 시건방진 바보새끼이기 때문이지. 스트라이크 투.

레온은 퀴즈노스 샌드위치에 갈망하는 눈빛을 보내며 나에게 왜 TBN 페이지에 지원했냐고 물었다. 나는 어릴 때부터 보면서 자라온

쇼들을 방영해온 멋진 회사에서 일할 수 있다면 정말 영광일 것이라고 대답했다. 페이지 프로그램에 들어가게 된다면 나에게는 정말 굉장한 기회가 될 것이라고도 답했다.

"잠시만요." 레온은 내 말을 끊더니 이렇게 물었다. "그러니까 지금 당신은 이 일을 다른 일을 할 기회로 생각한다는 건가요?" 나는 어리둥절했다. "제 말은, 지원 동기 중에 그런 이유도 있다는 겁니다. 네."

"이 일이 무슨 발판처럼 보입니까?" 레온은 내 이력서에 뭔가를 짧게 끄적였다. '싫다'나 '웩' 정도의 말 아니었을까.

세 번째 스트라이크였다. 이제 레온은 대놓고 역겨워하고 있었다. 대체 뭘 원했던 걸까? 내가 바라는 것은 오직 아침 토크쇼 투어를 돌면서 인생의 황금기를 보내는 일뿐이라고? 아, 그래. 맞다. 그게 바로 그가 원하는 대답이었다. 나는 면접에서 떨어졌음을 확신하며 면접장을 나섰다. 완전히 치명적인 상황이었기에 충격을 받기도 어려웠다.

요즘 <30락>[15]에서 NBC 페이지인 케네스를 완벽하게 연기하는 중인 잭 맥브레이어를 볼 때면 레온이 원했던 헌신이 어떤 것이었는지 알 것 같다. 레온은 지금쯤 쇼의 자문위원이 되었을지 궁금하다. 아니면 여전히 페이지로 일하고 있는지.

TV 심령술사를 위해 일하다

나는 베이비시터로 여전히 건강 보험이 없는 상태였다. 아파도 안 되고 병원도 갈 수 없었기에 점점 세균혐오자가 되어 갔다. 친구의 친구를 통해서, 한 쇼의 제작 보조 말단으로 들어가게 되었다. 쇼 이름

---

15 (옮긴이) NBC 방송국을 배경으로 코미디 스케치 쇼를 만드는 이야기를 담은 시트콤. 티나 페이, 알렉 볼드윈 등이 출연한다.

은 <맥 티가든과 함께 하는 지하세계 접속>이라고 부르고 싶다. 맥 티가든이라는 심령술사가 나오는 케이블 프로그램이었는데, 방청석에 있는 사람들의 죽은 친구나 가족들의 메시지를 전달해주는 사람이었다.

면접이 있는 날 일어나 보니, 이마 한가운데에 어마어마하게 큰 뾰루지가 솟아있었다. 거대한 뾰루지를 반가워할 사람은 없겠지만 어두운 갈색 피부에 이마 한가운데에 커다란 화이트헤드가 있는 상태라면 특히나 혐오스러워진다. 게다가 터트렸을 때 얌전히 가라앉는 그런 뾰루지도 아니다. 고름이 차 있는데다가 끔찍하게 아프고 뇌까지 뿌리가 뻗어 있는 듯한 지독한 뾰루지였다. 면접을 미룰까 했지만 너무 직전에 취소를 하는 거였고 나는 최대한 오래 내가 허영심 많은 괴짜라는 사실을 숨기고 싶었다. (재밌게도 내 향수의 이름이 '허영심 많은 괴짜^{Vain} ^{Flake}'이다. 가까운 드럭스토어나 해안가에 있는 케이마트에서 살 수 있다.) 결국 욱신거리는 뾰루지를 나이트클럽 조명마냥 이마에 달고 면접에 갔다.

게일이라는 이름의 보조 제작자와 샐리라는 이름의 제작자가 면접을 보러 나왔다. 샐리는 땅딸막하고 남자 같이 생긴 여성이었는데, 못생긴 쪽이 아니라 잘생긴 쪽이었다. 처음에 봤을 때는 남자로 착각하고는 '샐리'가 남자 이름인 '쌜^{Sal}'의 애정 어린 별명인가보다고 생각했다. 마치 키가 작고 금발인 로지 오도넬 같았다. 매력있고 자신감 넘치고 약간은 무뚝뚝한.

두 사람 다 매우 친절했고 급작스럽게 티치 포 아메리카로 떠난 비서 때문에 비어 있는 자리를 채우려고 매우 고심 중이었다. 고마워요, 티치 포 아메리카! 미국의 건실한 청년을 낚아가는 바람에 우리가 남는 일자리를 낚아챌 수 있었어요. 면접은 8분 정도 진행되었다. 내 이

마의 욱신거리는 양반이 아마 행운의 징표였나 보다!

심령술사 TV 일은 우리 부모님이 내 학자금을 투자하면서 기대한 일은 아니었다. 하지만 이 일을 하면 건강 보험을 들 수 있었고 그 점이 엄마 마음에 쏙 들었다. 우리 엄마는 의사다. 그래서 그런지 건강 보험이라는 주제가 나오면 어쩐지 전투적인 태세가 된다. 그래서 내가 그렇게 건강 보험에 살짝 집착하는지도 모른다. PPO[16]에 대한 설명은 일에 대한 얘기보다 더 신난다. 나는 방송국에서 일주일에 500달러를 벌어들이는 일을 하고 있었다. 마돈나의 '홀리데이' 큐! 마가리타 타임이다!

나는 영매라고 하면 영화 <드래그 미 투 헬>에 나오는 유리 눈알을 낀 노파들을 떠올렸는데, 맥 티가든은 몹시 평범한 남자였다. 삼십대 전직 채혈사이자 사교 댄스 강사로 롱아일랜드 억양으로 말을 했다. 마리오 로페스 같은 느낌의 매력이 있었는데, 올백 머리에 딱 맞는 긴 소매 티셔츠를 즐겨 입었다. 하루에 두 번씩 웨이트 운동을 하고 좋은 남편이자 저스틴 팀버레이크가 다녀간 지 4개월 된 클럽에 아내와 함께 찾아갈 법한 남자 같았다.

내 면접관이었던 게일은 내 바로 위 상사가 되었다. 게일은 40세 독신 여성으로 <섹스 앤 더 시티>가 만들어낸 세계를 내가 아는 그 누구보다 열정적으로 사랑했다. 만약 그 드라마 속으로 사라질 수만 있다면 그렇게 하고도 남을 사람이었다. (여기서 잠시 2002년에 <섹스 앤 더 시티> 문화가 뉴욕에 얼마나 많이 퍼져 있었는지 강조하고 가자. NYU 신입생, 뉴욕시교통당국의 노동자, 예시바에 사는 정통 유대교 여성까지, 모두 <섹스 앤 더 시티>를 봤다.) 나를 잘 알지도 못하는 상태에서 게일은 나를 '민즈'라는 별명으로 불렀다. 나는 사람들이 너무 과하게 친한 척 굴어도

---

16 (옮긴이) Preferred-Provider Organization, 진료 계약 기관. 보험 회사 같은 대규모 기관과 계약에 의해 의료 서비스를 제공하는 회사.

꽤 빨리 적응하곤 한다. 노력과 친절함을 보여주는 행동이시. 언제나 나는 그러려고 노력한다. 그러면 마치 내가 커다랗고 가족적이고 올리브 정원이 있는 커뮤니티에 속한 기분이 든다.

게일은 월요일마다(드라마가 방송하는 다음 날) <섹스 앤 더 시티>에 대한 이야기를 늘어놨다. 그 드라마가 얼마나 자신의 삶을 그대로 복사했는지 말이다. 그녀는 맨하탄에 실존하는 TV에 나올 법한 삶을 살고 있다는 것을 증명하고 싶어했기에, 내가 소수자이자 사랑스러운 그녀의 조수 역할에 못미치는 바람에 실망했을 터였다. 그나저나, 나에게 소수자 조수라는 재밌는 직업에 의문을 제기할 의도는 전혀 없다는 점을 알리고 가자. 항상 하와이안 셔츠와 테바 신발 같은 걸 갖춰야 한다. 나는 누구에게든 기꺼이 인도계 여성 버전의 롭 슈나이더[17]가 되어 아담 샌들러를 보조할 것이다.

"연애 생활은 어때? 민즈?" 그녀는 굶주린 눈빛으로 나를 보며 선정적인 사생활로 자신을 채워달라는 듯 물었다. 당연히 나에게는 줄 것이 아무것도 없었다. "음… 그게요, 남자 만나기가 참 힘드네요." 나는 말끝을 흐리며 부디 나의 부족한 성생활이 신비스럽거나 적어도 불쌍해보이지 않길 바랐다.

"넌 너무 보수적이야." 그녀는 다 안다는 듯 대답했다. 게일은 레몬을 찾아내서 레몬에이드로 만들어버렸다.

게일은 자신이 얼마나 스트레스를 받는지 말하기를 좋아했다. 우리가 복도를 걸을 때마다 그렇게 떠벌리다가 갑자기 멈추더니 검지와 중지로 양쪽 관자놀이를 문지르면서 연극 대사를 내뱉듯이 목구멍 저 아래에서부터 올라오는 듯한 소리를 냈다. "무우우그, 민즈. 스트레스가 너무 많아. 그냥 집에 가서 레드 와인 한 병 따서 따

---

17 (옮긴이) 롭 슈나이더와 아담 샌들러는 <SNL>에 함께 출연하며 호흡을 맞춘 후 서로의 영화에 까메오로 출연하는 것으로 유명하다.

뜻한 욕조에 들어간 다음 초에 불을 켜고 데이비드 그레이 음악을 듣고 싶어."

나에 대한 정보 하나. 내 생각에 '스트레스'는 공적인 자리에서 대화의 소재로 적당하지 않다. 다른 사람이 스트레스를 얼마나 받는지 듣고 싶어할 사람은 없다. 스트레스를 받지 않는 사람은 '아무도' 없으니까. 내가 얼마나 스트레스를 받는지 끊임없이 얘기하는 것은 대화가 아니다. 절대 상대방과 대화를 나누었다고 할 수 없다. "아이고, 민디! 넌 정말 특별히 스트레스를 많이 받는구나. 나도 스트레스에 대해 할 말이 있지만 너에 비하면 아무것도 아니네."라고 말할 사람은 없다.

우리 부모님이 이민자이자 전문직 노동자였기 때문에 누군가의 스트레스 등급에 대해 이야기하는 것은 아주 이상한 일이었다. 내가 세 살 때 엄마는 보스턴에서 의대 레지던트 과정을 밟고 있었다. 나이지리아에서 산부인과와 부인과 의사로 일했지만 미국에 오자 법적으로 레지던트 과정을 다시 밟아야 했다. 엄마는 새벽 4시에 일어나서 오빠와 나를 위해 아침, 점심, 저녁을 준비했다. 분명 저녁까지 집에 와서 우리와 함께 먹을 수 없다는 걸 알았기 때문이었다. 그런 후 5시 반에 집을 나서서 병원으로 갔다. 건축가였던 아빠는 (영화에서처럼!) 코네티컷 주에 있는 뉴헤이븐에서 건설 계약이 있었기 때문에 2시간 45분 걸리는 거리를 출퇴근해야 했다. 뉴헤이븐으로 이사를 간다면 아빠가 일하기가 조금 쉬웠겠지만 그러면 밤에 엄마가 병원에 가야 할 때 우리를 봐줄 사람이 없었다. 부모님이 상상했던 선명한 이민 생활에서 한 부모라도 지켜보는 사람이 없다면 마약, 납치, 너무 많은 텔레비전 시청으로 흐를 가능성이 컸다. 우리와 시간을 보내기 위해서, 그리고 돈을 아끼기 위해서 아빠는 우리를 학교에 데려다 주고 2시간 45분 걸리는 거리를 매일 아침 출근했다. 그리고 퇴근해서는 학교가 끝난 우리를 데리러왔다. 집에 와서 아빠는 핫도그를 방과후 간식으로 데워 주었다. 아빠는 채식주의자인 데다가 한 번도 핫도그를 먹어보지 않았는데도 말이다. 사는 동안 나는 한 번도 우리 부모님이 '스트레스 받는다'고 말하는 것을 들어보지 못했다. 내가 크면서 절대로 말해서는 안 되는 말이었다. '내 시간이 필요해요'와 함께.

내가 맥이 하는 일을 믿는지를 검증하지도 않고 <맥 티가든과 함께 하는 지하세계 접속>에서 일하게 된 것은 꽤 놀라웠다. 내가 맥 티가든과 교류한 것이라고는 그의 프로듀서 아래에서 일한다는 것뿐이었다. 이 쇼를 한 번도 보지 못한 사람들을 위해 설명하자면, 맥이 청중과 함께 방으로 들어가서 죽은 가족이나 죽은 친구에게서 받은 정보를 바탕으로 질문을 던진다. 그리고 죽은 자에게 다시 말을 걸어서 메시지를 전달하고 쇼가 끝난다. 그런 후에는 프로듀서가 청중을 몇 명 불러서 인터뷰하고 방송용 편집본을 만들었다. 나는 그의 어시스턴트 중 하나로 사람들 사이를 종종 거리며 사진을 찍고 서명을 받으러 다녔다.

사람들은 집으로 돌아가고 난 후에도 나에게 전화를 걸었다. 나를 메신저의 메신저쯤으로 생각한 것이다. 솔직히 인정하자면, 원래 나의 일이었던 하루종일 사진이나 스캔하는 것보다 심령술사의 전달자 연기를 하는 게 훨씬 더 재미있었다. 나는 몇 시간이고 사람들과 그들이 사랑했지만 세상을 떠나버린 사람들에 관한 얘기를 나눴다. 나에게는 새로운 심령적 정보가 없었지만 비밀을 털어놓을 새로운 사람이 되어줄 수 있었다. 나는 그런 일을 잘했고 내 일상에서 가장 좋은 시간이 되었다. 이상하게도 베이비시터 일과 매우 비슷했다. 사람들은 무엇이 흥미로운지 털어놓고 싶어했고 나는 그만하라고 말하지 않고 계속 말을 들어주는 데 매우 능숙했다. 이 능력은 나중에 <오피스>에서 프로듀서로 일할 때 매우 큰 도움이 되었다.

내가 선서를 하고 증언을 해야 한다면, 인정하겠다. 나는 맥 티가든이 심령술사라는 것을 믿지 않는다. 칼 세이건이나 리차드 도킨스 같은 사람들을 너무 많이 알게 되었다. 그렇지만 맥 티가든이 사랑하는 사람을 갑작스레 잃은 많은 사람들에게 굉장히 큰 위안이 되어주었다는 것만은 확신한다. 그게 심령술이었는지는 모르겠지만 사람들을 정화하고 치유하고 도와주었다.

민디 캘링, 성희롱범이 되다

브루클린에서 브렌다, 조슬린과 함께 살고 있을 때 <맥 티가든과 함께 하는 지하세계 접속>은 퀸즈에서 녹화를 했다. 더 좋은 지하철을 타면 매일 아침 맨하탄을 거쳐서 갈 수 있었지만 시간이 너무 오래 걸렸다. 빨리 가는 지하철 노선은 G선이었는데 브루클린과 퀸즈에서는 노선이었다. 당시에 G선은 그다지 인기가 많지 않았다. (열차에 심심한 사과의 말을. 지금은 공동 정원과 차터 스쿨이 있는 아주 멋진 노선이겠지만 그때는 아니었거든.) 역시 브루클린에 살았던 회사 동료 레이첼과 함께 G선을 타고 다녔다. 레이첼은 귀여운 유대인 아가씨로 L.A.에 있는 고급 유대인 절임음식 왕가의 상속인이었다. 직접 베이글이나 다른 요리들을 만들 정도로 대단한 요리사이기도 했다(뉴욕에서 하기에 지극히 거만한 일이었다). 언젠가 그녀의 집에 텔레비전을 보러 갔을 때 간식으로 홈메이드 루겔라흐[18]가 나온 적이 있었다.

레이첼과 나는 농담으로 (그리고 아주 쾌할하게) G선을 '강간 열차'라고 불렀다. 어느 날 아침, 우리는 회사 매점에서 농담을 하고 있었다. 우리는 몇 걸음 떨어진 곳에 있었던 친절하고 남성스러운 프로듀서인

---

18 (옮긴이) 크림 치즈 반죽이 채워져 있는 쿠키.

샐리를 보지 못했다.

"강간 열차에 새로운 정거장이 추가된다는 거 들었어?" 내가 레이첼에게 말했다.

"정말? 뭐, 뭐?" 그녀가 물었다.

"미행 역, 스토킹 역, 식칼 역, 버려진 시체 역." 나는 쾌활하게 대답했다. 레이첼은 웃음을 터트렸다. 우리는 하이파이브를 했다.

갑자기 샐리가 우리 뒤로 나타났다. 매우 화가 난 표정이었다. 잘생기고 튼튼한 샐리에 대해 알아둘 것 한 가지. 샐리는 지역 영웅 같은 사람이었다. 어릴 때 소프트볼 투수로 활동했는데, 실력이 프로 선수급이었다고 한다. 그녀가 살던 동네의 귀금속 가게에서 일어난 도난 사고에 휘말려 범인과 실랑이를 벌이다가 부상을 입는 바람에 소프트볼 선수의 꿈을 포기하고 말았다고 한다. 도둑이 야구배트로 공을 던지는 팔을 부러뜨렸고 샐리는 도둑에게 덜 센 팔로 펀치를 날려 정신을 잃게 만들었다고 한다. 그녀는 범인의 목에 발을 올려놓은 후 부러진 팔을 꽉 움켜잡은 채로 서서 경찰을 기다렸다고 한다. 샐리는 엄청나게 강하고 무시무시한 사람이었다.

"두 분 아침에 출근할 때 안전하지 못하다고 느끼나요?" 샐리가 물었다.

나는 누군가 우리 말을 들었다는 사실에 깜짝 놀랐다. 말단 사원으로 일하다 보면 가끔씩 내가 하는 말이 워낙 하찮아서 아무도 듣지 못할 것이라고 생각하게 된다. 투명인간이 된다는 감각 때문에 입이 가벼워지고 만 것이다.

우리는 우물쭈물하며 그저 우리끼리 경멸적인 별명을 기차에 붙여 부르는 것뿐이라고 설명했다. 그리고 지금까지의 경험에 비춰봤을 때, 진짜 강간마는 보통 아침 7시에 두 여자를 공격하지는 않으니, 결국 우리가 진짜 소름끼치게 이상한 인간이었고 그래서 우리는 죄책감이 들었다. 샐리는 무척 불쾌한 표정을 지었다.

"전혀 웃기는 농담이 아니네요. 아주 부적절한 말이에요."

샐리는 몸을 돌리더니 자리를 떠났다. 우리는 겁에 질렸다. 잠시 후에 레이첼과 나는 샐리의 사무실로 오라는 메시지를 받았다.

"성희롱으로 우릴 자르려나봐!" 레이첼의 얼굴에 걱정이 가득했다.

나도 눈앞이 캄캄했다. 성희롱은 진짜 범죄다. 회사에서 강간을 들먹이며 농담을 해서는 안 되는 것이다. 우리는 지루한 성희롱 세미나에서 어느 정도 행동이 해고할 만한 사유에 해당하는지 들었다. 사라 실버먼[19]은 강간에 대한 농담을 해도 된다. 그녀는 우리보다 훨씬 웃기고 귀여우니까. 이게 바로 후기-사라 실버만 세계에서 살아가는 것의 문제다. 많고 많은 젊은 여성들이 부적절함의 왕위를 차지하고 있지만 그 힘을 어떻게 휘둘러야 하는지 잘 모른다.

나는 부모님께 회사에서 잘린 것을 어떻게 말씀드릴지 걱정하기 시작했다. 마침 얼마 전에 받은 월급으로 엄마에게 드릴 비싼 어그부츠를 샀던 터라 말하기가 더 부끄러울 것 같았다. 그 부츠는 "내가 해냈어요!" 부츠였는데… 어떻게 말을 꺼내야 할지 알 수 없었다. 생각할 수 있는 바로는, 3주 정도는 말하지 말고 친척들에게 받은 졸업 축하 용돈으로 버텨야 겠다. 그 다음엔, 끝장이다.

사무실로 불려서 가보니 인사과 과장인 조엘이 함께 있었다. 공적인 이유로 인사과에서 누군가 나와있다는 건 정말 무시무시한 일이었다. 조엘이 아무 생각 없이 휴게실에서 커피나 한 잔 하자며 다가온다고 해도 누구든 조금이라도 움찔할 것이다. '아이고, 조엘이 건강 혜택이 줄어들 거라고 얘기하려나?' 내가 조엘을 감당할 수 있는 것도 처

---

19 (옮긴이) 미국의 스탠드업 코미디언이자 배우. 솔직하고 직설적이며 상당히 수위가 높은 농담을 잘하는 것으로 유명하다.

음 서류작업을 할 때 10분 정도였다. 그 다음에는 나시는 조엘을 보고 싶지 않았다. 마치 <오피스>에 나오는 토비 캐릭터 같았다.

상황이 아주 나빠보였다. 해고당하는 것뿐만 아니라 경비원에게 붙들려 나가게 생겼다. 게다가 이 이력은 영원히 파일에 남을 테고 다음 면접을 가도, 그 다음 면접을 가도 일을 구할 때마다 계속 따라다니겠지.

샐리가 입을 열었다. "여러분, 저는 아침에 말한 내용을 아주 심각하게 받아들였어요."

나는 벌써부터 레이첼과 거리를 두려는 몸짓을 했다. 혹시라도 우리 둘이 계속 내내 붙어있다고 생각할까봐 걱정됐다. 레이첼은 자르고 나는 냅두라고!

"여러분을 싣고 회사를 왔다 갔다 할 타운카를 시작할까 합니다. 여러분의 안전을 보장하지 않고 출퇴근을 시킬 수는 없습니다."

믿기지가 않았다. 잠재적으로 법적으로 문제를 일으킬 법한 젊은 여성이 됨으로써 무료 셔틀 서비스를 받게 된 것이다. 투자은행가도 아닌데 말이다. 나의 부적절하고 웃기지도 않는 발언 덕분에 해고는커녕 오히려 특별 취급을 받게 되었다. 나는 페리스 뷜러ferris bueller[20]가 된 기분이었다.

그 차를 운영하는 데는 우리에게 지급되는 임금보다 더 많은 비용이 들었다. 다들 우리를 부러워했다. 사람들은 우리에게 아부를 떨면서 차에 같이 타고 가려고 꼬드겼다. 나는 그 차를 친구들을 위한 도시간 셔틀버스처럼 사용했다. 이 사건을 통해 나는 범죄가 도움이 된다는 것을 배웠다. 다트머스에서 개차반이 되기까지!

---

20 (옮긴이) 1986년 개봉한 영화 <페리스의 해방>에 나오는 주인공 이름. 고등학생인 주인공이 친구들과 수업을 빼먹고 돌아다니며 생기는 에피소드를 그린 청춘 코미디 영화.

절친의 권리와 책임

나는 약 8년 동안 절친들과 비좁은 대학교 기숙사에서도 지내봤고 브루클린의 작은 아파트에서도 살아봤다. 좁은 집에 같이 산다는 건 같이 사는 게 너무 짜증이 나는 나머지 아무 남자나 만나서 약혼해버리도록 만들기 딱 좋은 조건이다. 다행히 우리는 다음 절친 행동 수칙을 잘 유지했기에 함께 잘 살수 있었다. 내가 절친의 권리와 책임이라고 믿는 것들을 추려보았다.

나는 네 옷을 다 빌려 입을 수 있어.
네 옷장에 있는 것이면 뭐든지, 얼마나 비싸든지 상관없이, 너의 절친인 나와 공동소유야. 내가 원하는 기간만큼 빌릴 수 있지. 뭘 묻히거나 잃어버리면 깨끗하게 만들기 위해 온갖 노력을 다할 것이며 아니면 새로 사주든지 해야 하겠지만 나는 그럴 필요가 없어. 그리고 그래도 너는 나를 사랑해야 해. 네 것을 내가 망가뜨리고선 새로 구해오지 않으면 다른 친구에게 1년 365일동안 온갖 욕을 해도 돼. 그거면 끝. 그후에는 깨끗하게 잊어버려야 해. 옷을 빌려줄 때 단 한 가지 규정은 내가 빌리기 전에 적어도 한 번은 네가 입어야 한다는 것. 이래뵈도 나 인간적이거든?

우린 같은 침대에서 잘 수 있어.
　여행 중이거나 각자의 남자친구가 멀리 있을 때, 그리고 트윈보다 큰 침대가 있을 때 우리는 동반자가 되는 거야. 침대를 같이 쓰지 않으면 엄청 이상할 걸? 안 그러면 잠들 때까지 어떻게 수다를 떨겠어?

네 겉모습이 어떤지 100% 솔직하기. (되도록이면 친절하게)
　네 남자친구는 네 치마가 너무 꽉 낀다거나 너무 짧다는 말은 절대 안 해줄 거야. 실은, 남자친구한테 절대 물어봐선 안 돼. (불쌍한 남친) 네가 얼마나 통통하든 남자친구는 너랑 자고 싶을 뿐이거든. 너네 엄마 빼고 제대로 된 말을 해줄 사람은 나뿐이지. 네가 어울리지 않는 옷을 입었다고 해서 심하게 말을 하는 건 절대 안 돼. 네가 마음이 엄청 여리다는 거 알거든. 나도 그렇고. 그러니 아주 부드럽고 모호한 표현을 쓸 거야. "내 마음에 쏙 드는 옷은 아니네." 이 말의 의미는 "미친! 당장 벗어, 끔찍해!"라는 뜻이지. 소몰이용 전기막대 같은 피드백은 고통스럽지만 빨라. 하지만 내가 직접 해주긴 힘들겠지.

이유가 있다면, 친구를 바람맞힐 수 있어.
　남자와 데이트하기 위해 바람맞힐 수 있지만 그럴 가능성이 있음을 미리 얘기했어야 해. 그리고 그 전에 집에 돌아올 수단에 대해 계산해 놓았어야 해. 돌아올 때 그 남자한테 내 얘기를 엄청 많이 해야 해. 그래야 내가 널 얼마나 사랑하는지 이해하겠지.

네가 먼저 죽으면 네 아이는 내가 돌볼게.
　이 얘길 쓴다는 게 너무 힘드네. 생각만으로도 너무 슬퍼. 하지만 그래. 난 그렇게 할 거야. 네가 남긴 멋진 아이는 네가 얼마나 멋지고 아름답고 완벽했는지 끊임없이 듣게 될 거야. 여담이지만, 네 아이는 인도 음식을 매우 좋아하게 될 거야.

너를 간호해 줄 거야.
　네가 요로감염의 고통 때문에 발을 절게 된다면 약국으로 달려가서 재빨리 널 위한 약을 얻어올 거야. 네가 좋아하는 패션 잡지랑 주전부리도 사와야겠지. 네가 겪고 있는 고통을 분산시키는 것도 간호하는 데 꼭 필요하니까.

외출할 때 귀찮은 일을 돌아가며 하기.
　같이 여행을 갈 때, 가끔씩은 렌트카 운전을 책임진다고 약속할게. 아니면 내 신용카드로 계산하고 나중에 돈을 받는다거나. 누군가는 옐프[21]를 확인해서 브런치가 맛있는 가게가 어딘지 알아보는 일도 해야 하지. 항상 공주 노릇을 할 순 없잖아? 이해한다고.

네가 좋아하는 여성용품을 구비해둘게.
　아무도 너처럼 괴짜 같이 맥시패드를 쓰지 않는다고 해도 나는 항상 우리집에 놀러올 너를 위해 박스 하나씩은 준비해둘게.

콘택트 렌즈도 준비해둘게.
　아직도 라식 수술을 받지 않았다니 믿기지가 않는다. 수술 비용을

21　(옮긴이) 미국 최대의 지역 리뷰 사이트.

감당할 정도는 되잖아. 어딘가에서 라식 수술을 받고 눈이 멀었다는 글을 읽었나본데 그건 20년 전 일이라고. 요즘에 라식 수술을 받지 않는 건 2006년에 핸드폰이 없는 여자가 되는 거라니까.

다섯 번까지는 네 남자친구를 좋아하도록 노력해볼게.
 네 남자친구와 어울리면서 판단은 뒤로 미루기에 아주 공정한 숫자라고 봐.

너네 집에서 샤워를 할 때 바닥에 수건을 떨어뜨리지 않을게.
 너네 집은 호텔이 아니니까. 가끔씩은 네가 너무 편하게 해주는 바람에 그 사실을 까먹지만 말이야.

네가 우울할 때 곁에 있어줄게.
 다들 알다시피 우울한 사람들은 세상에서 가장 지루한 사람들이지. 나도 우울해봐서 잘 알아. 사람들이 다 도망가더라고. 절친 빼고 말이야. 네가 끔찍한 이별을 겪었거나 직장에서 짤렸거나 그저 운나쁜 한 해나 한 달을 보내고 있을 때 곁에 있어줄게. 아주 따분하고 미칠 것 같겠지만 널 버리진 않을 거야.

통화하다가 끊겼을 때는 다시 걸지 않아도 돼.
 나도 알고 너도 알지. 전화는 언제나 끊기는 거니까. 오히려 축복일 거야.

널 위해서 사람들을 싫어하거나 다시 좋아하거나 할 수 있어.
 하지만 바로 바로 알아채지 못한다고 화내진 마. 로비? 우리 걔 싫어하는 거 아니었어? 아니구나, 좋아하는구나. 알았어. 알았다고. 미안해.

나를 당연하게 여겨도 괜찮아.
　네가 사랑에 빠졌을 때 나를 완전히 까먹을 수도 있다는 걸 알아. 기분은 나쁘지만 괜찮아. 가능하다면, 내 삶에 승진 같은 일이 생겼다는 걸 알고 있다면 문자 보내는 정도는 챙겨줄래?

　어떤 콤비도 우리만큼은 안 될 거야
　우리는 졸라 끝내주니까. 우리가 다 이기지.

맷&벤&민디&브렌다

드디어 생활비를 벌 수 있게 되었지만 브렌다와 나는 여전히 창조적인 일을 해내지 못하고 있었다. 전문 보모가 되려고 뉴욕에 온 것처럼 될까봐 점점 걱정되기 시작했다. 아무도 우리를 연기자나 작가로 고용하지 않았기 때문에 우리는 공연할 무언가를 직접 만들어보기로 결심했다. 하지만 우리 둘의 일정이 맞지 않았다. 같이 쓸 수 있는 시간은 하루에 딱 한 시간뿐이었다. 브렌다는 아침 일찍부터 초등학교 임시 교사로 일한 후 오후 3시에 집으로 돌아왔다. 나는 오후 4시에 베이비시터 일을 위해 나갔다가 밤 12시에서 새벽 1시 사이에 들어왔다. 그러니 우리는 오후 3시와 4시 사이에 아파트에서 만나 글을 써야 했으니 함께 작업할 수 있는 시간은 딱 한 시간이었다.

안타깝게도 우리는 우리에게 주어진 한 시간을 유용하게 활용하지 못했다. 소파에 누워서 '판사 주디'가 사람들에게 소리 지르는 장면을 보며 시간을 보낼 때가 잦았다. 50분이 지난 후 아무것도 안 한 채 일하러 가야 한다는 사실만 깨닫곤 했다.

거의 대부분 한 시간 스터디는 이런 결과물을 내곤 했다.

INT. 윈저 테라스 아파트 거실, 오후 3시 10분

내 침실 컴퓨터 앞에 브렌이 앉아서 박스에 든 허니넛 치리오스를 먹고 있다. 나는 그녀 곁에 있는 침대에 앉아서 수퍼마켓에서 사온 커다란 생연어 조각을 먹고 있다. 내가 직접 만든 연어 '회'였다. 일식당에서 파는 것보다 훨씬 저렴하고 맛있었다! 뭐, 그만큼 안전하진 않겠지만. 진짜로 내가 만들어 먹었다니까! 브렌이 컴퓨터 화면에서 고개를 돌려 나를 보았다.

브렌 : 우리가 하고 싶은 게 뭐지? 우리가 말하고 싶은 게 뭘까?

나 : 캐릭터는 딱 두 사람만 있는 게 좋겠어. 돈을 쓸 필요가 없을 테니까.

브렌이 내 말을 타이핑한다. 잠시 조용.

브렌 : <제이미 케네디 실험 쇼 Jamie Kennedy Experiment>[22] 볼래?

나 : 좋지.

이런 식으로 몇 개월을 보냈다. 한 시간 내내 『해리 포터』시리즈가 개연성이 있는지 논쟁하며 글은 한 줄도 안 쓰기도 했다.

2000년대 초반, 우리의 삶에서 맷 데이먼과 벤 애플렉은 큰 붐이었

---

22 (옮긴이) 배우 제이미 케네디가 매회 다른 사람으로 분장해 일반인을 놀라게 하는 몰래 카메라 형식의 코미디 프로그램.

다. 사실 모든 이의 삶에서 큰 붐이었다. 베니퍼^{Bennifer23}만큼이나 컸다. 미안, 언론들이 다행스럽게도 침대로 보내버린 그 용어를 다시 소생시키기는 정말 싫지만 어떤 현상이었는지 기억하는 건 중요하니까. 마치 피파 미들턴[24]에 비욘세의 다리에 슈퍼볼 중간 광고 시간과 맞먹는 정도였다. 베니퍼는 너무 화제가 되어서 그 전에는 사랑에 빠진 사람이 아무도 없는 것만 같았다. 베니퍼가 최초의 연예인 이름을 섞어 만든 별명이었다는 걸 많이들 잊은 듯하다. 베니퍼가 없었다면 브란젤리나[25]나 톰캣[26]이나 별 인기가 없었던 제브라브라(제임스 브롤린과 바바라 스트라이샌드)까지도 없었을 것이다. 벤 애플렉과 제니퍼 로페즈가 실험 기간을 거친 후에 우리에게 선물한 별명들이라는 뜻이다.

 브렌다와 나는 사람들이 '퍼포먼스'라고 부른다는 것을 알기도 전부터 퍼포먼스를 해왔다. 퍼포먼스는 결국 허튼수작을 하는 시간이다. 좀 더 경멸적인 표현을 쓰자면 '개수작'이라고 할까나. 지하철을 타러 갈 때나 나갈 준비를 하면서 캐릭터를 맡아서 그들처럼 행동하곤 했다. 무슨 이유에서인지, 이때쯤 우리가 가장 자주 반복하던 퍼포먼스는 브렌이 맷 데이먼을, 내가 벤 애플렉을 연기하는 것이었다. 우리는 '남자들'을 아주 자연스럽게 연기했다. 운동광처럼 군다거나 남자들이 취하는 자세나 살짝 낮은 목소리 같은 것들이 필요했다. 잠깐, 내가 우리 레즈비언 이웃들과 얼마나 잘 어울렸는지 강조했던가? 얼마 후, 우리가 만든 <맷&벤>은 풍부하고 완성도 높은 배경 이야기와 동력을 갖추게 되었다. 개인적인 농담과 함께 한 기억들이 담겨 있었다. 다시 한 번 강조하지만 모두 지어낸 이야기다. 실제 인물들에 대해 조사

---

23 (옮긴이) 2002년 벤 애플렉과 제니퍼 로페즈가 교제를 할 당시 불렸던 커플 별명.
24 (옮긴이) 영국의 칼럼니스트, 작가, 사교계 명사이다. 케임브리지 공작 부인 캐서린의 여동생.
25 (옮긴이) 브래드 피트와 안젤리나 졸리 커플을 지칭했던 별명.
26 (옮긴이) 톰 크루즈와 케이티 홈스 커플을 지칭했던 별명.

하지 않았다. 그들의 진짜 과거에 대해서는 궁금하지 않았으니까. 진짜 맷 데이먼과 벤 애플렉은 단순히 우리의 <맷&벤>을 위한 도약대일 뿐이었다. 두 명의 절친이 또 다른 두 명의 절친을 연기하는 아주 특별한 종류의 즐거움이었다.

일단 아이디어가 확고해지자, 좀 정신 나가 보이긴 했지만, 집중할 수 있는 힘이 생겼다. 드라마 전공자, 고등학교 연극부 학생, 감옥 도서관의 수감자 연극에서 배역을 맡을 것을 꿈꾸며 이 책을 읽고 있는 사람에게 줄 수 있는 한 조각 조언이 있다면 바로 이것이다. 직접 자신의 역할을 써라. 이게 내가 배역을 얻은 유일한 방법이다. 생각보다 어렵지만 자신의 손으로 운명을 만들어야 할 때도 있는 법이다. 그렇게 하려면 어쩔 수 없이 자신의 강점이 정말로 무엇인지 생각해보아야 하고 그것을 찾아내면 공개적으로 사람들에게 알릴 수 있으며 그렇게 하는 순간부터는 아무도 여러분을 말릴 수 없다. 오프오프브로드웨이 연극인 <우리 동네>에서는 내가 사람들에게 보여줄 수 있는 최고의 역할이 없었다. 벤 애플렉을 연기함으로써 내가 하고 싶은 배역을 보여줄 수 있었다.

<맷&벤> 제안서는 이상하지만 단순했다. <호밀밭의 파수꾼>을 영화로 각색하던 중이던 스물한 살 먹은 벤 애플렉의 아파트 천장에서 <굿 윌 헌팅>의 대본이 떨어지는 것이다. 둘은 작업을 멈추고 방금 일어난 일이 대체 무슨 의미인지 파헤치기 시작한다. 대사 톤은 <엑스파일>과 <오드 커플 the odd couple>[27]의 중간쯤이다. 다음 사진이 우리가 쓴 첫 장면이다. 맷이 늦게 도착하는 바람에 벤은 짜증이 나 있다. 맷이 늦은 이유는 오디션을 보고 왔기 때문이다.

---

27 (옮긴이) 2015년 방영된 시트콤으로 드라마 <프렌즈>에서 챈들러 역할을 했던 매슈 페리가 주연을 맡았다. 이혼한 남성 두 사람의 기묘한 커플 생활을 그린 이야기.

대본의 10~11쪽을 다시 인쇄했다.

맷 : 갔다가, 이 일 먼저 해결해야 하니까, 다시 여기로 왔어.

벤 : 무슨 일?

맷 : 아무것도 아니야. 그냥 오디션 일.

벤 : 무슨 오디션?

맷 : 아무것도 아니야. 셰퍼드 몰라? 샘 셰퍼드.

벤 : 물론, 알지.

맷 : 안다고?

벤 : 그래, <펠리칸 브리프>에 나왔던 사람이잖아. 엄청 좋아하는데. 주름도 멋있고? 그 사람이 나오는 연극이야?

맷 : 음, 아니, 그 사람이 쓴 연극이야. <매장된 아이>라는 연극. 퓰리처상도 받았지. 아무튼, 아무것도 아니야. 안 됐어.

벤 : 뭐가 안 됐다는 거야? 오디션이?

맷 : 아니, 모르겠어. 봐야지.

벤 : 무슨 역할인데?

맷 : 빈스.

벤 : 아니, 어떤 유형의 역할이냐고? 좋은 역할이야?

맷 : 응. 금발을 찾는다고 하더군.

벤 : 어두운 금발? 넌 금발 아니잖아.

우리는 뉴욕 국제 프린지 페스티벌에 이 연극을 출품했다. 조슬린과 또 다른 친구 제이슨이 프로듀싱을 해주었고 모든 쇼가 매진되었다. 내 생각에는 대부분 우리가 지치지 않고 풀뿌리 마케팅을 했던 덕분인 것 같다. 풀뿌리라 함은, 물론, 맨해튼과 브루클린 구역을 온통 광고지로 도배했다는 뜻이다. 환경보호의 입장에서 보자면 매우 파괴적인 짓이었다. 우리는 홍보엽서를 각각 샌더미처럼 들고 식당, 인디 레코드 가게, 감자튀김집 등 닥치는 대로 붙이고 다녔다. (2002년이었으니 감자튀김이 상당히 인기있을 때였다.)

감독에게 돈을 주고 싶지 않았기 때문에 브렌과 나는 직접 감독을 맡았다. 우리가 직접 출연까지 하기 때문에 재밌어서라기보다는, 다시 한 번 말하지만, 더 이상 돈을 들일 수가 없었다. 우리의 궁핍함이 독창적인 의사결정을 되풀이하는 요인이었다. 세트는 단순했고 의상으로는 브렌다의 형제인 제프와 테리로부터 빌려온 옷을 입었다. 당시에는 우리가 뭘 하고 있는지 알 수 없었다. 다만 목적만은 있었다. 뉴욕에서 2년을 살면서 가져보지 못한 것이었다. <맷&벤>은 무력감의 지혈제였다.

프린지 페스티벌은 2002년에 선보인 500개의 쇼 중에서 우리 쇼에 '최고의 연극'이라고 이름 붙였다. <뉴요커>는 쇼에 대해 이렇게 썼다. "우스꽝스럽고, 웃기고, 가능할 것 같지 않은 그럴듯함… 캘링과 위더스는 다몬과 파티아스[28] 혹은 오스카와 펠릭스 때부터 전해져 온 남성들의 유대에 대한 아주 매력적인 이야기를 창조했다." 이 인용구는 언제든지 찾아볼 수 있다. 내 삼각근에 타투로 새겨 놓았거든.

이때부터 우리의 삶이 변화하기 시작했다.

---

28 (옮긴이) 다몬과 핀티아스는 고대 철학자로, 디오니시우스 1세에게 사형을 선고 받은 핀티아스가 일시 말미를 얻어 귀향하자 다몬이 자처하여 직접 감옥에 갇히게 되는데 핀티아스가 약속한 시간에 돌아옴으로써 왕이 둘의 우정에 탄복하여 두 사람을 방면했다는 이야기가 있다. '죽마고우'처럼 깊은 우정 관계를 가리킬 때 쓰는 표현이기도 하다.

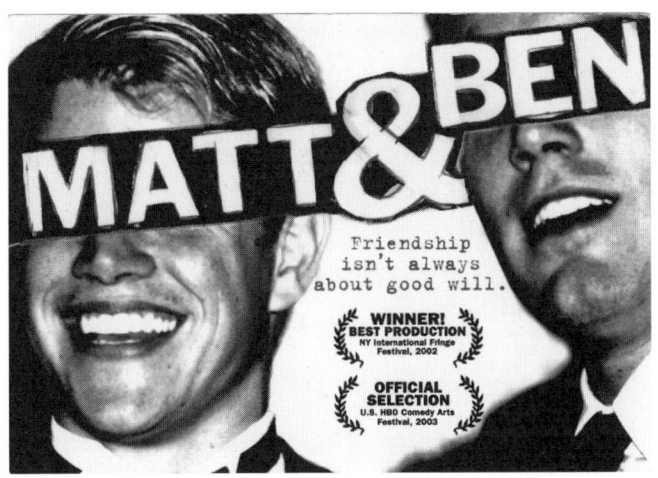

처음 공연했을 때의 엽서다. 대체 법적으로 이 이미지를 어떻게 사용했는지 알 수가 없다. 아마 개정된 헌법 덕분에 괜찮았던 게 아닐까.

프로듀서들은 오프브로드웨이[29]로 쇼를 각색하기 위해 우리에게 연락을 취해왔다. 감독도 있고, 예산도 있고 마침내 브렌다의 형제들에게 옷을 돌려줄 수 있었다. 쇼는 이스트빌리지의 아름다운 극장인 P.S 122에 올라가게 되었다. 지금은 공립학교로 바뀌었다. 맨해튼의 건물들에는 쿨함을 측정할 수 있는 특별한 등급이 있는데, 그 건물이 예전에는 어떤 용도로 쓰였냐는 것이다. 누군가 이렇게 아는 척을 할 것이다. "아, 이 극장이 예전에는 지퍼 공장이었던 거 알았어요?" 또는 "이 클럽이 교회였던 건 당연히 알죠? 그렇죠?" 또는 "우리가 예전에는 장티푸스 방재 센터였던 레스토랑에서 밥을 먹고 있네요."라고 말이다. 내가 뉴욕을 좋아하는 이유다. 라이커스 섬[30]이 가라앉는다면 안드레 발라즈[31]가 그

---

29 (옮긴이) 맨해튼에 있는 비교적 작은 극장에서 공연되는 연극. 브로드웨이 연극보다 규모가 작고 실험적인 작품을 선보인다.
30 (옮긴이) 미국 뉴욕주 뉴욕 이스트 강에 있는 섬으로 미국 뉴욕시에서 가장 큰 교도소가 있는 곳.
31 (옮긴이) 샤토 마몽 호텔, 머서 호텔, 호텔 랄레이 등 유명한 호텔을 만든 호텔리어. 배우 우마 서먼의 전 남편이기도 하다.

자리를 도시의 메트로섹슈얼들이 몰려들 만한 호텔로 바꿔 놓을 것이다. 길어 봤자 한 달 안에. 사람들은 자기 방에 처박혀서 이렇게 말하겠지. "그거 알아? 여기가 방화범이 살던 감옥이었대." 독방은 허니문 스위트룸이 될 것이다.

공연 길이가 짧아서 하루에 두 번을 할 수 있었다. 나에게는 매우 도전적인 일이었는데, 극중에서 스물 한 살 벤이 맷에게 강한 인상을 주려고 사과주스 한 병을 벌컥벌컥 단숨에 들이켜는 장면이 있었기 때문이다. 희석되긴 했어도 어쨌든 사과주스 한 병을 실제로 매일 밤 마셔야 했다. 이 책에서 지금까지 매우 구체적으로 적어왔듯이 써보자면, 내가 앙증맞은 소녀는 아니지만 낙타인 것도 아니라고! 그러니 하루에 두 번씩이나 그 짓을 한다는 건 꽤 토 나오는 일이었다.

프린지 페스티벌에서 시작된 입소문 덕분에 표는 꽤 잘 팔렸다. 니콜 키드먼과 스티브 마틴이 동시에 같은 날 오는 바람에 금방 공연이 매진되었고, 덕분에 우리는 하루에 세 번까지 공연을 추가해야 했다. 그럼 사과 주스 세 병이라는 소린데… 세 번째 커튼 콜을 할 때는 인사할 때 방귀가 나오지 않도록 내 의식을 단단히 붙잡아야 했다. 토하지 않도록 참는 일이 그렇게 신났던 적은 처음이었다.

유혈 사태

<뉴욕타임즈>의 사진작가 브루스 웨버가 리뷰를 쓰기 위해 공연장을 찾은 날, 나도 모르게 브렌다의 얼굴에 주먹을 날려 코를 부러뜨렸다.

대체 어떤 인간이 자기도 모르게 절친의 얼굴에 골절을 입히냐고? 글쎄, 변명을 좀 하자면, 공연 중에 싸우는 장면이 있었다. 싸움이 끝날 때쯤 사고가 터졌다. 맷이 벤의 미성숙함에 대한 반감이 극에 달한

나머지 벤에게 재능이 없다고 말을 하고 만다. 발끈한 벤이 맷에게 주먹을 날린다. 우리가 지난 몇 주동안 안무처럼 맞춰본 주먹질이었다. 그런데 어찌된 일인지, 어쩌면 사과주스에 취했는지도, 내 주먹이 브렌다의 코에 닿고 말았다. 우스꽝스럽기까지 느껴지는 빠지직 소리가 작게 났고 브렌다는 맞은 직후에도 알아채지 못했다. 브렌다는 피를 흘리느라 바빴다. 셔츠가 피로 젖어 들기 시작했다. 코에서는 피가, 공식적인 말로, 미친듯이 흘렀다. 마치 내가 브렌다의 얼굴을 찌르기라도 한 것 같았다. 관객들은 단체로 헉 하는 소리를 냈다. 브렌다가 자기 손에 묻은 피를 보고 나를 올려다보기까지 혼란스러운 침묵이 흘렀다. 극장 관리자가 급하게 조명을 끄자, 브렌다는 무대 아래로 달려갔다.

브렌다는 키친타월을 얼굴에 대고 있었고 나는 내가 한 짓의 충격에 빠진 채 말없이 그 옆에 서 있었다. 잠시 후에 데이비드가 왔다. 마치 폭발물을 해체한 군인 같은 침착함과 냉정함을 풍기며 우리 곁으로 다가왔다. "공연은 마쳐야지. 쇼는 계속 돼야 해." 우리의 안정 수준을 가늠하거나 간 볼 수단은 없었다. 우리는 그저 해야만 했다. 나는 누군가 "쇼는 계속 돼야 해"라는 말을 비유적인 표현이 아니라 실제로 썼다는 사실이 믿어지지 않았다.

브렌다는 대충 붕대를 코 주위에 감싸고 용감하게 무대 위로 돌아갔다. 우리는 남은 10분 정도의 공연을 끝까지 마무리한 후, 깊은 인상을 받아 (혹은 겁에 질려) 일어나서 박수를 치는 관객석으로 인사를 했다. 그리고 나서 재빨리 택시를 잡아서 세인트 빈센트 병원 응급실로 향했다. 브렌다의 코는 공식적으로 부러졌다. 몇 년 후, 브렌다는 그 주 주말이 지나서 바로 나에 대한 화가 풀렸다고 했지만, 내가 봤을 때 나를 완전히 용서하는 데 꼬박 일주일은 걸린 것 같다. 그녀를 원

망할 순 없다. 브렌다의 코는 완벽했으니까. 지금도 꽤 완벽하지만 아주 작은 요철이 생겼는데, 마음씨 착하게도 브렌은 그게 마음에 든다고 해준다. 이 일에서 내가 얻은 교훈은 누군가의 얼굴에 주먹을 날릴 거라면, 가장 친한 친구에게 날리는 것이 가장 낫다. 직관적이진 않지. 나도 안다.

브루스 웨버는 〈더 타임즈〉에 훌륭한 리뷰를 써주었고 주먹질 사고에 대한 기사도 따로 짧게 실어주었다. 언론의 관심을 받자 표는 더 팔리기 시작했다. 〈롤링스톤즈〉와 〈타임〉 같은 대형 매체 덕분에 프로듀서는 자신감에 가득 차 로스앤젤레스에서도 공연을 시작했다. P.S. 122에서 공연을 진행하는 동안 L.A.에서도 또 공연을 하게 되었다.

감정적 유혈 사태

〈맷&벤〉이 애스펀 코미디 아트 페스티벌의 초청을 받았다. 매우 큰 사건이었는데, HBO가 그 페스티벌을 후원했고 강력한 할리우드 간부들이 모두 모이는 곳이었기 때문이었다. 나중에야 단순히 '간부'라는 직함을 지니고 여행경비를 지원받는다고 해서 강력한 사람이 되는 게 아니라는 사실을 깨달았다. 알고 보면, 로스앤젤레스에서 배를 타고 와서 일주일 동안 머물러야 한다는 것은 오히려 덜 강력하다는 뜻이라는 사실도 알게 되었다. 그때는 몰랐지만. 애스펀은 내가 상상속에서 그리던 스위스의 모습이었다. 아름다운 금발 여성들이 털방울이 달린 양털 코트를 입고 걸어다니고 있었다. 애스펀은 시골스러운 투박한 모습을 하고 있지만 모든 게 넌더리 나게 비싼 그런 도시 중 하나였다. 뉴욕과는 완전히 다른 수준이었는데, 여기에 비하면 뉴욕은 그냥 평범하게 전통적으로 불공평하게 비쌌다. 아스펜의 물가가 어찌나 비쌌던지 나는 그곳 아이들 대부분이 중동 오일 거물들 집안 자녀들이 아니라는 사실에 놀랐다. 우리는 마을 가장자리에 있는 데이즈 인 스타일 모텔에 묵었지만 머리를 굴려서, 아침에 일어나면 화려한 호텔까지 걸어가서 그곳 로비에서 빈둥거렸다. 우리는 헬스장에 슬쩍 들어가서 타원형 운동기구와 함께 짜릿하고 격정적인 시간을 보냈다.

밥 오덴커크Bob Odenkirk와 데이비드 크로스David Cross가 <Mr.Show>에 기반한 라이브 스케치 쇼를 하고 있었는데, 절대로 들어갈 수가 없었다. 그들을 영웅으로 삼은 사람들이 많아서 대기열에서 한참을 기다렸지만 한번도 볼 수 없었다. 어느 날 아침, 브렌과 함께 메인스트리트에 있는 ATM기에서 돈을 찾으려고 하고 있었다. ATM 수수료는 무려 10달러였다. 이게 바로 애스펀이었다. 수수료가 너무 비싸서 돈을 뽑을까 말까 고민하고 있는데 갑자기 누군가 "맷 하고 벤!"하고 소리쳤다. 데이비드 크로스였다. 건너편에서 걸어가고 있는 중이었다. 그는 손을 흔들면서 계속 걸어갔다. 그건, 지금까지 우리에게 일어난 최고로 멋진 일이었다. '데이비드 크로스가 어떻게 우리 이름을 알지? 왜 잠깐 커피 한 잔이라도 하자고 말하지 않았을까? 밥에게 우리를 본 얘기를 할까? 아마 안 하겠지만 그게 어디야!' 데이비드 크로스가 우리에게 인사했다는 사실 덕분에 우리는 하루 종일 흥분 상태로 지낼 수 있었다. 이게 이번 여행의 가장 영광스러운 순간이었다는 것을 그때는 몰랐다.

어떻게 말하면 내가 과장하는 게 아니라 진짜로 애스펀 사람들이 우리를 진심으로 싫어했다는 걸 설명할 수 있을까? 사람들은 정말로 우리 공연을 싫어했다. 원래 이 페스티벌은 스탠드업 코미디나 스케치 위주로 짜여져 있어서 공연을 준비한 건 우리뿐이었고, 우리의 공연은 30분에 달하는 가장 긴 시간으로 이루어져 있었다. 엎친 데 덮친 격으로 공연장 크기가 NFL 드래프트 공연장의 두 배는 되어 보였다. 오프브로드웨이의 아담한 공연장에서 친밀함으로 작용했던 매력이 휑뎅그렁한 공간에 오니 완전히 사라지고 말았다. 마치 로즈볼 스타디움에서 벼룩 서커스를 하는 꼴이었다. 상상해보면 차라리 벼룩 서커스가 우리 관객들의 관심을 더 많이 끌었을 것 같다. 공연 중에 계속해서 일어나서 밖으로 나가는 사람들이 있었다. 문이 열리는 소리와 밖에서 들어오는 빛이 자꾸만 신경 쓰였다. 마침내 우리 다음 공연을 기다리는 사람들이 나누는 대화까지 들려왔다. "이거 언제 끝나는 거야? 왜 이렇게 길어? 이거 다음에 남자들이 고환 가지고 노는 스케치 쇼 한단 말이야!"

위로 실패하다

우리의 에이전트 마크 프로비시에로의 훌륭한 능력 덕분에 <맷&벤>의 파일럿 계약을 따낼 수 있었다. 마크는 젊고 멋진 에이전트로 열정적이었으며 코스타리카로 여행을 가서는 택배로 핫소스 병을 선물로 보내는 재미있는 행동도 했다. 마크는 우리가 일에 대해 가진 극심한 긴장감을 흔들림 없는 푸른 눈동자로 바꿔 놓는 능력도 있었다. 아론 소킨[32] 작품 속 모놀로그가 실제 삶으로 만들어진 사람 같았다. 만약 연예계 일을 그만둔다면 거대한 종교집단의 교주가 될 법했다.

브루클린에서의 삶을 바탕으로 만든 우리의 첫 파일럿은 지금은 존재하지 않는 방송국에서 구성되었는데, 여기서는 SHT라고 부르겠다. 제목은 <민디와 브렌다>였다. 섹시한 버전의 <라번과 셜리 Laverne & Shirley>가 되어야 했다. 혹은 외계인 캐릭터를 분별력 있는 지구인으로 대체한 <모크와 민디 Mork and Mindy>가 목표였다.

---

[32] (옮긴이) 아카데미상, 에미상을 받은 미국의 제작자, 각본가. 작품으로는 <어 퓨 굿 맨>, <대통령의 연인>, <웨스트 윙>, <소셜 네트워크>, <머니볼>, <뉴스룸> 등이 있다.

이 프로젝트에는 여러 명의 프로듀서가 함께 했는데, 지금까지도 정이 가는 사람이 몇 명 있다. 한 명은 <코스비 가족>, <로잔느 아줌마>를 프로듀싱한 전설적인 프로듀서 톰 웨너다. 톰은 어제 위대한 야구 경기를 봤다고 무심하게 말을 했는데 나중에 알고 보니 자기가 소유한 메이저리그 야구팀인 보스턴 레드삭스를 펜웨이파크 박스석에 앉아 봤다는 뜻이었다. 나는 톰이 무척 좋았는데, 허둥거리는 법이 없었기 때문이다. 그는 언제나 무엇이 쿨하고 그 순간 통하는 것인지를 알고 싶어했다. 우리가 낸시 그레이스[33]급 화를 가지고 사무실을 박차고 들어가면 톰은 의자에 뒤로 기대 앉아서 빌 코스비에 관한 재밌는 일화를 들려주며 우리의 주의를 돌렸다. 그는 마치 현명하고 공정한 삼촌 같았다.

각본을 쓸 때는 우리가 직접 민디와 브렌다를 연기할 거라고 생각했다. 알고 보니 잘못된 추정이었다. SHT는 그럴 생각이 전혀 없었던 것이다. 우리 보고 민디와 브렌다 역을 맡을 사람들을 뽑는 오디션을 보라고 했다. '민디'와 '브렌다'를 말이다. 지금 와서는 왜 그렇게 놀랐는지 모르겠다. 그 당시 SHT 방송국은 모델들을 캐스팅해서 시청자들이 예쁘고 잘생긴 출연자가 대사를 발음대로 읽는 것을 좋아해 주길 바라는 것으로 잘 알려져 있었으니까. 내 말이 씁쓸하게 느껴진다면, 아마 지금까지도 내가 살짝 씁쓸함을 느끼고 있어서일 것이다. 누군들 안 그럴까?

만약 오디션장에 나와 닮았지만 나보다 훨씬, 훨씬 마르고 매력적인 배우들로 가득한 방에 앉아 있는 것을 상상하고 있다면, 그러지 말기를. 난 나의 성형 '애프터' 사진에 가까울 듯한 여자아이들이 가득한 오디션장에 앉아 있었다. <봄베이 드림즈> 오디션은 이 오디션에 비하면 크리스마스 아침이나 마찬가지였다. 이러니 내가 민디 캘링이 아니

---

33 (옮긴이) <낸시 그레이스 토크쇼>의 호스트. 지독한 독설 앵커로 유명하다.

라 벤 애플렉을 연기한 것도 다 설명이 된다는 걸 깨달을 수밖에.

방송국은 두 명의 멋지고 완벽하게 아름다운 여배우를 캐스팅했다. 파일럿을 찍기 시작했는데 대본이 거의 이해가 가지 않았다. 매일 SHT 경영진 때문에 바뀌는 것 투성이었다. 그들에게는 "요즘은 잘나가는 게 뭐지?와 '핫한 것'이 되는 것이 가장 큰 판단 기준이었다. 웃기는 점은 그것이 아마도 의상이나 헤어스타일 다음으로 한 네 번째쯤 중요한 요소였다. 아, 사운드 효과도 빼먹을 수 없지. 결국 쇼를 촬영할 때가 되자 민디와 브렌다에는 우리를 닮은 요소가 하나도 없었다. 상징적으로도, 실제적으로도. 촬영 대본에서는 두 캐릭터가 컵케이크 가게에서 일하며 지속적으로 아이팟을 들먹이는 패션 블로거들로 바뀌었다. (2004년이었으니 아이팟이 '오늘의 핫아이템'이었던 때다.) 난 이 대본이 창피했다.

파일럿은 결국 채택되지 못했다. 에이전트는 실망했지만 나는 정말, 정말 행복했다. 할리우드 경험이 워낙 없어서 큰 기회를 놓친 것인 줄도 모르고 좋아한다고 할 수도 있을 것이다. 나는 그저 그 쇼가 내 이름을 달고 나가지 않아서 다행이라고 생각했다. 이제 내가 로스앤젤레스에 붙어있어야 할 이유는 단 한 가지였다. NBC에서 새롭게 영국 드라마를 리메이크한 쇼가 방영될 예정이었는데, 나는 그 쇼의 6개 에피소드를 쓸 전속작가로 고용되었다. 쇼의 이름은 <오피스>였다.[34]

---

34 내가 극적인 아이러니를 어떻게 쌓아왔는지 알아챘는가? <타이타닉>에서 케이트 윈슬렛이 연기한 캐릭터가 거의 알려지지 않은 피카소라는 이름을 가진 예술가의 괴상한 작품을 좋아한다고 말하는 장면이 나온다. 그 장면에서 극장에 있던 관객들은 피카소가 이미 대단한 인물이라는 사실을 알기에 웃음을 터트리지 않는가? 나는 지금 내가 피카소라고 말하려 하고 있다.

할리우드 :
좋은 친구긴 한데 조금 창피하기도 한

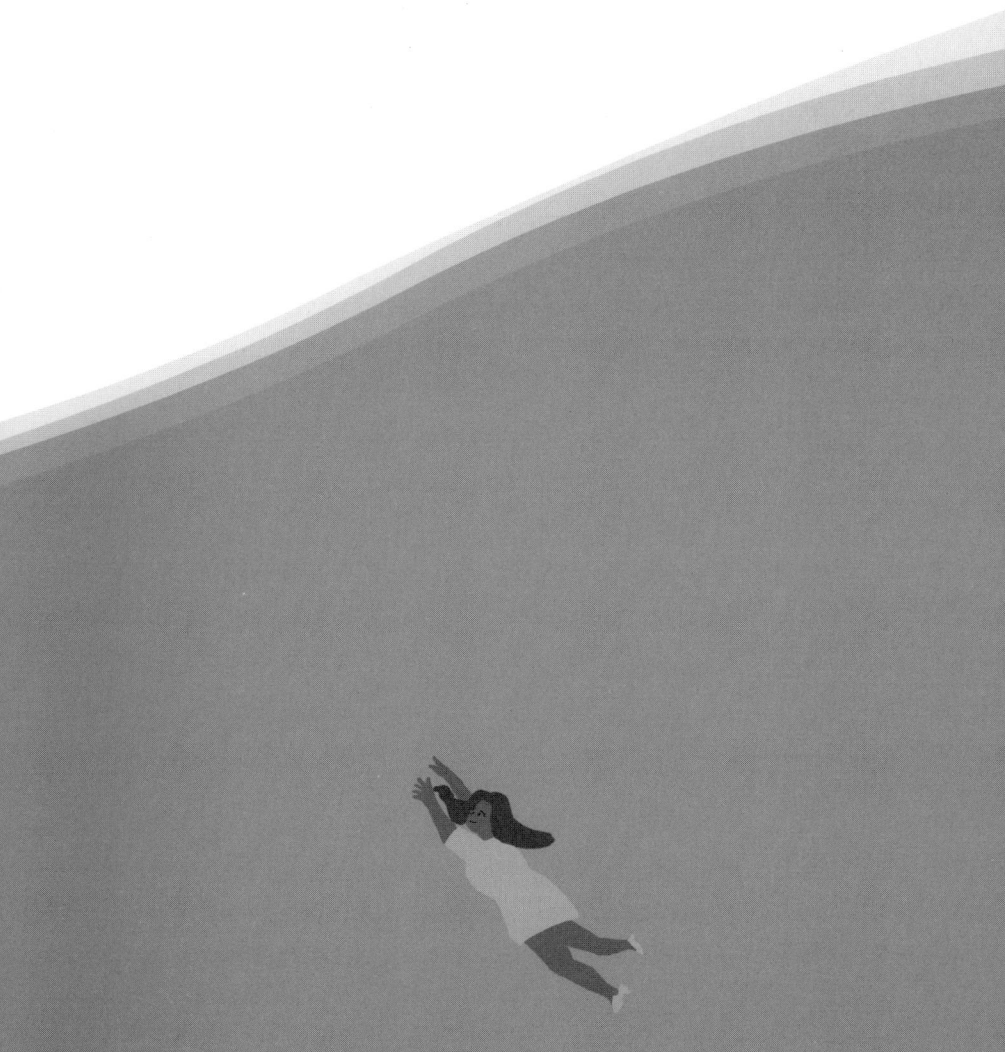

현실에는 없지만
로맨틱 코미디에만 나오는 여성 캐릭터

어릴 때, 크리스마스 연휴만 되면 비디오 대여점에서 로맨틱 코미디 영화를 빌려와 부모님과 함께 보곤 했다. <시애틀의 잠 못 이루는 밤>도 엄청났고, <해리가 샐리를 만났을 때>도 대단했지. 맥 라이언이 식당에서 오르가즘 흉내를 내는 장면에서는 다른 사람들과 함께 배꼽을 잡고 웃었다. 오르가즘이 뭔지도 모르면서 말이다. 어린 내 눈에는 맥 라이언이 사람들 많은 식당에서 시끄럽고 우스꽝스러운 짓을 하는 것 같았고 그것만으로도 나는 충분히 웃겼다.

나는 로맨틱 코미디를 정말 좋아한다. 이 말을 글로 쓰는 게 좀 무안하다. 이 장르가 지난 20년 동안 매우 비하를 당해왔기 때문에, 마치 이 장르를 좋아한다고 인정하면 내가 멍청하다는 것을 인정하는 듯 느껴지기 때문이다. 하지만 그런 오해를 받는다고 해서 내가 그런 영화를 안 보게 된 건 아니다.

나는 스크린 속에서 두 사람이 사랑에 빠지기 위해 설정된 상황들이 과장된 로맨틱 코미디 세계에서만 일어나는 일이라는 나의 불신을 유예하는 것을 즐기고 있다. 나는 평범한 남자 주인공이 비싼 웨딩 케이크 위로 미끄러져서 엎어지는 장면을 즐긴다. 야구장에서 대형 스크린이 여자 주인공을 비추고 있을 때 그녀의 드레스가 찢어지지 않으면 도둑맞은 기분이 든다. 나는 단순히 로맨틱 코미디가 공상과학의 서브장르라고 생각한다. 나의 평범한 인간 세상과는 다른 규칙들이 창조되는 세상 아닌가. 나는 냉큼 이 이론을 받아들인다. 리플리와 에일리언과 캐서린 헤이글^{Katherine Heigl}[1] 캐릭터나 별 차이가 없다. 다 동급의 지어낸 환상의 세계에 참여하고 있고, 나는 그 모든 순간, 순간에 매료된다.

로맨틱 코미디 세계에는 내가 현실에는 존재하지 않는다고 생각하는 여성 견본이 아주 많다. 살펴보자.

백치미 캐릭터

영화 속에서 아름다운 여성 배우가 나올 때, 감독들은 그녀의 흠결을 찾아서 입맛에 맞게 만들기 위해 자신의 뇌를 고문한다. 배우는 체중이 많이 나가서도 안 되고 빈틈없이 아름답지 않으면 안 된다. 안 그러면 대체 누가 보고 싶어 하겠어? 머리끝부터 발끝까지 100% 완벽하게 생기지 않은 여자? 해변 어딘가에서 죽은 오징어를 2시간 동안 찍는 게 나을지도 모른다.

그래서 감독들은 여배우를 백치로 만들었다. 머리끝부터 발끝까지 100% 완벽하게 생긴 여자는 어디에서나 완벽하다. 딱 한 가지, 걸핏하면 넘어진다. 자꾸만 머리를 부딪친다. 발을 헛디뎌 넘어지거나 상냥한 데이트 상대(조시 루카스. 이게 남자 이름인가? 실은 두 이름을 합친 거다.

---

[1] (옮긴이) 드라마 <그레이 아나토미>에 이지 스티븐스 역으로 출연한 배우. 주로 로맨틱 코미디 영화에 많이 출연했다.

조시 조지? 브래드 마이크? 프레드 톰? 그래, 프레드 톰이다)에게 수프를 엎지른다. 우리의 백치미 캐릭터는 자전거를 타다가 꽈당 소리를 내며 정지 표지판에 부딪치고, 값비싼 도자기가 가득한 진열대를 쓰러뜨린다. 키 180센티미터에 몸무게 45킬로그램임에도 불구하고 그녀는 인간 사회에 속한 적 없었던 물소 마냥 행동한다. 하지만 프레드 톰은 무조건 그녀를 사랑한다.

종 잡을 수 없는 괴짜

똑똑하고 재밌는 작가 나단 라빈Nathan Rabin은 매니 픽시 드림걸Manic Pixie Dreamgirl이라는 캐릭터 용어를 만들었는데, 영화 <엘리자베스 타운>에 나오는 커스틴 던스트를 본 후 유사한 캐릭터를 이렇게 부르기로 했다. 영화 속 캐릭터는 도무지 행동을 종 잡을 수 없고 약속을 못 박았어도 나타날지 안 나타날지 알 수 없다. 얇은 거즈 블라우스를 입고 땋은 머리를 하고 다닌다. 그녀는 빗속에서 춤을 추거나 보고싶은 개나 고양이를 떠올리게 하는 것을 보면 걷잡을 수 없이 울음을 터뜨린다. 지구본을 돌려서 손가락으로 아무 곳이나 찍고 그곳으로 이사를 간다. 이 종 잡을 수 없는 괴짜는 영화에서는 쌔고 쌨지만 현실에서는 찾아보기 힘들다. 만약 현실에 있었다면 사람들은 노숙자로 생각하고 길 건너로 피했을 것이다. 하지만 이 캐릭터는 남성 판타지에 꼭 필요하다. 지루한 남자일지라도 얼마나 매력적인지 따라다니며 깨닫게 해주고, 남의 집 수영장에 알몸으로 다이빙을 하도록 강요하거나 익명으로 슬픔에 잠긴 그녀의 옆집 아줌마에게 꽃다발을 보내도록 하는 여자 판타지 말이다.

자기 경력에만 집착하고 재미라고는 하나도 없는 여자

나, 민디 캘링은 기본적으로 두 가지 풀타임 일이 있다. 하루에 16시간씩 꼬박 일을 한다. 하지만 나와 비슷하게 바쁜 다른 사람들과 마찬가지로, 나는 유쾌하고 귀엽고 평범한 사람이다. 나는 영화에서 나와 비슷한 나이의 바쁜 여성을 표현하는 방식이 언짢다. 난 그렇지 않으니까! 아무 때고 전화기에 대고 사람들에게 "나 이럴 시간 없거든!"이라고 소리를 지르다니. 직업이 있다고 해서 어떻게 남자를 만나는지 까먹거나 여자가 되는 걸 까먹지는 않는다고. 게다가 대체 언제부터 일을 하려면 머리를 한 가닥도 남김없이 뒤로 넘겨서 꽉 묶어야 했지? <치어스>에 나오는 릴리스 스터닌[2]이나 그랬겠지. 이런 식의 꼬장꼬장한 여성은 남자를 유혹하는 방법을 '다시 배워야' 하고 핫도그를 섹시하게 먹는 법 같은 헛짓거리를 해야 한다. 전문적인 직업을 갖는다는 것이 배려심도 없고 따뜻하지도, 섹시하지도 않게 된다는 뜻은 아니다.

30살 먹은 남자 주인공의 42살 먹은 엄마

현재 십대 출산률을 봤을 때 이 캐릭터가 실제로 미래에 대세가 될지도 모른다.

대담한 절친 캐릭터

항상 주인공의 연애에 대해 묻고 자기 인생이라곤 전혀 없어 보이는 심하게 발정 난 우스꽝스러운 절친 캐릭터를 말한다. 항상 카페에서 만나자고 하고 샘플 향수를 뿌리러 블루밍데일에 가자고 한다. 그리고 웨스트 빌리지에 있는 세련된 딜도 가게로 달려간다. 모른다고? 바로 이런 게 그런 캐릭다.

---

2 (옮긴이) 드라마 <치어스>에 나오는 정신분석학자 캐릭터로, 항상 분석적인 태도로 사람을 대하는 냉정한 인물.

아름답고 분위기 있으며 마른 동시에 뚱뚱하고 역겨운 여성

다시 한 번, 나는 꿈 같은 로맨틱 코미디와 환상적인 영화 배경에 대한 나의 불신을 미루고 싶은 마음이 굴뚝 같다. <사랑은 너무 복잡해> 같은 낸시 마이어스[3] 영화에 나오는 아주 깨끗한 부엌은 다섯 명의 다이앤 키튼이 정원수 속에서 반쯤 벗은 채로 걸리거나 그녀의 캐릭터가 기꺼이 할 수 있는 상황과 맞먹는 가치가 있다.

하지만 가끔은 나의 미루는 능력도 충분치 않다. 아름답고 마른 여배우가 음식 앞에만 가면 역겨운 돼지가 되는 걸 말하는 것이다. 영화에 등장하는 다른 인물들(부모님, 친구들, 상사)은 커다란 거짓말을 한다. 다들 지속적으로 그녀에게 그만 먹고 식충이 같이 굴지 말라고 한다. 그럼 이 영화에 출연하기 위해 살을 뺐을 것이 분명한 불쌍한 말라깽이 여배우는 이렇게 말해야 한다. "시끄러워! 난 치즈케이크가 좋단 말이야! 내가 치즈케이크를 통째로 먹고 싶다면 난 다 먹을 거야!" 자세히 들여다보면 그녀가 입고 있는 드레스 위로 갈비뼈가 도드라져 보인다. 이렇게 빼빼 마른 치즈케이크 중독 뚱뚱보라니.

아마 앉아서 이 영화를 보다 보면 이 캐릭터가 현실의 평균적인 미국 여성과 대면하게 되면 어떻게 할지 궁금해진다. 아마 역겨움에 겨워 자살을 하지 않을까.

아트 갤러리에서 일하는 여성

대체 아트 갤러리 나부랭이가 왜 이렇게 많은 걸까? 사람들이 전부 주기적으로 예술 작품을 사기라도 하는 걸까? 이 호화롭고 똑똑하고 고귀한 직업은 영화에서 아주 사랑받는다. 접근하기 쉽다는 면에서 유

---

3 (옮긴이) 미국의 영화 감독, 영화 각본가, 영화 제작자. 작품으로 <왓 위민 원트>, <인턴>, <러브, 어게인> 등이 있다.

치원 선생님과 같은 직업 영역이라고 할 수 있다. 남자들이 실제로 얻지 못하지만 뭔가 수월해 보이고 위협적이지 않다는 면에서 그렇다.

　　아트 갤러리 여성 : "로스코의 작품을 꺼내야겠어. 정말 중요한 바이어가 온다고 하네. 내 경력에 아주 결정적인 거래가 될 거야."

　　이건 여성 캐릭터에게선 아주 보기 힘든 클리셰다. 남성 배역에게는 흔하지만. 로맨틱 코미디에서 잘생기고 매력적이며 성공한 남자가 나오면 여주인공의 친구는 항상 똑같이 말한다. "엄청 잘나간대. 저 남자…" (같이 말하자.)

　　"…건축가래!"

　　세상에는 건축가가 9명 정도 있고 그중 하나가 우리 아빠다. 패트릭 뎀시[4] 같이 생긴 사람은 하나도 없다.

4　(옮긴이) <그레이 아나토미>, <연애학 개론>, <발렌타인 데이>, <브릿지 존스의 베이비> 등의 영화에 주연으로 출연한 배우.

<오피스>에 관한 모든 것

<오피스>는 내 인생의 커다란 전환점이다. 그러니 당연히 내 책에서도 큰 장이어야지. <오피스>는 나를 알린 가장 큰 쇼이자 사람들이 내게 가장 많이 물어보는 쇼이기도 하다. 제니퍼 로페즈가 자기 엉덩이에 대해 이제 그만 말하고 싶다고 하는 것처럼 이제 말하기가 지겹다고 할 정도로 쿨했으면 좋겠지만 <오피스>는 여전히 내 인생의 커다란 일부분이다. 그리고 나는 그게 정말 끝내준다고 생각한다. 그러니, 가보자.

사람들은 항상 나에게 <오피스>의 출연자들에 대해 묻는다. 스티브 카렐은 정말로 그렇게 멋진지? 존 크라신스키는 실제로도 짐처럼 쿨한지? 레인 윌슨은 정말로 드와이트처럼 극단적으로 자기중심적인지? 대답은, 그렇다, 그렇다, 훨씬 훨씬 심하다.

나는 도시별로 나온 <리얼 하우스와이브즈>[5]를 정말 좋아한다. 여기에 나오는 미치광이 디바들이 얼마나 재밌는지. 그러니 우리 쇼에 그런 사람이 하나도 없다는 사실이 살짝 실망스럽기도 하다. 물론, 가

---

5 (옮긴이) 실제 주부들의 일상을 담은 리얼리티 쇼.

끔찍 짜증나는 상황이나 논쟁이 있긴 하지만, 내가 말했듯이 레인이 최악이다. 하지만 그것말고는 딱히 털어놓을 이야기가 별로 없다. 예를 들어, 케이터링 업체에서 연예인의 샐러드에 병아리콩을 넣는다고 해도 큰 사건이 일어나지 않는다. 잠깐만, 사실은 내가 그런 사람일지도. 내 샐러드에 병아리콩이 있으면 방 건너편으로 내던져 버릴 거다. 정말이다.

세트장에 있는 사람들은 너무나 평범해서 난 보통 그들에 대해 이야기를 털어놓는 것이 매우 즐거웠다. 하지만 점차 이런 물음들을 피하게 되었는데, 아무도 내가 실제로 어떤 사람인지 궁금해하지 않으며 다들 나를 켈리 카푸어라는 캐릭터와 동일시해버린다는 걸 깨달았기 때문이다.

분명히, 이런 혼란은 내가 맡은 배역이 라라 크로프트나 수프림 코트 저스티스나 세레나 윌리엄스 같은 역할이었다면 일어나지 않았을 것이다. 하지만 맡은 캐릭터가 무척 이기적이고 남자에 미친 나르시스트라면 신경이 쓰일 수밖에 없다. 내가 이 시리즈의 작가이고 프로듀서였는데도 사람들은 켈리와 내가 둘 다 쇼핑을 좋아한다는 사실 앞에 서면 그런 정보를 다 까먹는 것 같았다. 명확히 하기 위해 나와 켈리의 차이에 대해 적어 보았다.

켈리는 할 법하지만 나는 하지 않을 일들
> 관심 받기 위해 임신한 척 하기
> 관심 받기 위해 강간당한 척 하기
> 샤워하면서 문자하기
> 뺑소니 현장에서 차 타고 달아나기
> 남자친구와 맞짱 뜨려고 남자친구가 바람 핀 것처럼 증거 심기

› 연예인 커플의 이별 소식에 엉엉 울기
› 제니퍼 애니스톤에게 응원의 편지 쓰기
› 랜스 암스트롱에게 짓궂게 익명의 편지 보내기 (re: 셰릴 크로)
› 저주 인형 사용하기
› 거식증에 시달리는 소녀에게 악플 달려고 온라인 인격 만들기
› 남자친구가 자신을 저녁 식사에 데리고 가게 하려고 협박하기

켈리와 내가 둘 다 할 것 같은 일들

› 뮤직 비디오에 출연해서 춤추기
› 연쇄살인마를 잡기 위해 죽은 척하기
› 회사에서 간혹 울음 터트리기
› 온라인 쇼핑을 쉽게 하기 위해 신용카드 번호 외우기
› 브레이크를 밟고 운전하기
› 매일 goop.com[6]에 들어가기
› 몇 시간씩 어려운 레시피를 따라하다가 맛이 없어서 버리려고 맥도날드에 가기
› 파티에 초대받지 못하면 화내기
› 트렌디하고 살짝 위험한 다이어트 시도하기
› 왕실 결혼식처럼 보이는 파티 열기

우디 알렌, 티나 페이, 레이 로마노, 래리 데이비드 같이 세계적으로 유명한 몇몇 코미디언들은 자기 자신을 연기하는데 성공했지만 나는 켈리 역할로 그렇게 할 수가 없다. 아마 내가 직접 만든 <민디 캘링: 탈출한 전쟁 범죄 헌터>에서 아주 끝내주게 나 자신을 연기하는 모습

---

6 (옮긴이) 기네스 펠트로가 2008년 런칭한 라이프스타일 사이트.

을 보게 될지도 모른다. 이게 바로 아주 전형적인 나다.

내게 켈리를 위한 대본을 쓸 기회가 있기도 했지만 대부분 그렇게 하지 못할 때가 많았다. <오피스>의 에피소드를 쓸 때는 내가 쓴 에피소드를 촬영할 때 세트장에서 꼭 지켜봐야 했다. 내가 켈리를 연기할 때는 프로듀서로서 촬영하는 장면을 지켜볼 수 없었다. 연기를 해야 하니까 어쩔 수 없이 그 에피소드에는 감독에 참여하거나 전체적인 에피소드의 퀄리티를 조절하기가 어려웠다. 내 진심을 말해볼까? 쇼의 이름이 <내 이름은 켈리>나 <ABCDEFGHJKElly!>가 될 때까지 주연 배우들의 방송 시간을 서서히 잠식하면서 방송에 켈리가 더 많이 나왔으면 좋겠다. 하지만 우리에게 있는 캐릭터 수를 생각하면 켈리 같은 주변부 캐릭터는 한 에피소드에서 좋은 대사를 한, 두 개정도 쓸 수 있다. 잠깐만, 주변부를 쫓아가는 게 뭐라고? 바로 켈리지.

존 크래신스키와 나. 전문 배우들이 웃음이 터져서 한 장면도 완전히 끝내지 못하고 있다

그렉 다니엘스의 오랜 침묵, 그리고 작가로 합류한 첫 번째 시즌

사람들은 항상 내게 어떻게 <오피스>에 들어가게 되었는지 묻는다. 또다른 흔한 질문으로는 그렇게 엄청난 성공을 이루고도 어떻게 그렇게 현실에 발을 붙이고 생활을 하고 있냐는 것이다. 이건 나도 설명할 길이 없다. 아마도 타고난 재능 같은 게 아닐까.

할리우드에서 내가 일을 시작하게 된 것은 그렉 다니엘스 덕분이다. 그와 그의 부인 수잔이 <맷&벤>을 보고 얼마 후, 내 에이전트 마크에게서 그렉이 나를 '일반'에서 보고 싶어한다는 연락이 왔다.

'일반'은 '일반 미팅'의 줄임말로, 할리우드의 발명품 중 가장 모호하고 두려운 것이었다. 결국 이 미팅이 뜻하는 바는 "나는 네가 궁금한데 너랑 밥을 먹기는 싫고 우리 미팅에서 뭔가 구체적인 게 나올 거라는 기대를 아주 조금 했으면 해."였다. 대부분 '일반'은 두 사람 다 왜 상대방을 만나는지 정확한 이유를 알지 못한다. 그러니 만나서 LA 교통체증에 대한 얘기나 어떤 연예인이 요즘 너무 말라보이는지에 관한 대화를 한다. 나처럼 수다 떠는 걸 좋아한다면 재밌지만 앞으로 나아가려고 하고 있다면 실망스러울 수 있다. 역시 나처럼. 그래도 공짜 물 한 병을 얻어갈 수 있긴 하다.

나는 그렉의 명성 때문에 무척 긴장했다. 우리 아빠도 그렉을 알 정도였는데 <킹 오브 더 힐 King of The Hill>[7]의 오프닝 크레딧에서 본 것이었다. 아빠가 생각하기에 미국 청소년들의 마음을 망가뜨리지 않는 유일한 애니메이션이었다. 그렉은 하버드 램푼 Harvard Lampoon[8]에 있었고 <SNL>코난 오브라이언과 파트너로 일했던), <심슨 가족>, <사인펠드>

---

7 (옮긴이) 미국의 성인 애니메이션 시트콤으로, 텍사스주 알런이라는 가공의 도시에 거주하는 감리교 신자인 중산층 가족의 이야기를 다룬 작품.
8 하버드대학 내의 유머 잡지. 하버드 램푼 출신으로는 코난 오브라이언, B.J. 노박, 마이클 슈어, 그렉 다니엘스 등이 있다.

의 작가였다. 그리고 '킹 오브 더 힐>의 제작자였다. 만약 그렉이 여기까지 하고 세상을 떴다면 사람들은 여전히 그의 부고를 읽으며 슬퍼했을 것이다. 나와 만났을 때 그는 막 40세가 된 참이었다.

나는 미팅 시간에 일찍 도착했다. 미팅은 센추리 시티에 있는 <킹 오브 더 힐> 사무실에서 열렸다. 센추리 시티는 광고 비즈니스 지역으로 반짝거리는 고층 건물이 줄서 있는 곳이었다. 여러분의 상상을 돕기 위해 더 설명하자면, 영화 <다이하드>에서 알란 릭맨이 그 많은 사람들을 인질로 잡고 있던 빌딩이 있는 곳이다. 안내 데스크에는 스물 몇 살쯤으로 보이는 남자가 지루한 표정으로 인사했다. 사실은, 내게 인사를 한 게 아니었다. 그 남자가 컴퓨터 게임에서 눈을 떼고 데스크 앞에 초조하게 서 있는 나를 알아차리기까지는 1분이 넘게 걸렸다. 사람들이 나에게 흥미를 보이지 않으면 나는 상대방을 사정없이 칭찬하면서 공격을 한다. 이번엔 잘 정리된 책상에 초점을 맞췄다.

나 : 책상이 어쩜 이렇게 깔끔해요? 나였으면 쑥대밭이 됐을 텐데… 하하.
남자 : 제 책상 아닌데요? 기간이 끝나니까 여기로 가라고 하더라고요. 이 책상에서는 말 그대로 아무것도 할 게 없네요.

잠시 서로를 뻔히 쳐다보고 있었다. 남자가 실물 사이즈 페기 힐 입간판 옆에 앉아 있으라고 하기에 가서 앉았다.

마크는 그렉이 '조용히 생각에 잠길 때가 가끔 있다'고 미리 경고해주었는데, 아무도 '얼마나 오래' 조용히 생각에 잠기는지 경고해주진 않았다. 그렉은 대화 중에 몇 분씩 미친듯이 긴 정적을 저지르는 범죄자였다. 미팅은 2시간 반 정도 진행되었는데 그동안 나눈 대화를 옮겨

적는다면 아마 15분 정도 분량밖에 나오지 않을 것이다. 그렉은 온갖 종류의 책과 기사를 인용했고 보통 사람처럼 이해하기 쉬운 말로 바꿔 말하는 게 아니라 굳이 인터넷에서 정확한 문장과 인용문을 찾는 수고를 했다. 그럼 인터넷을 검색하느라 말없이 지나가는 5분의 정적이 추가되는 것이었다. 나중에는 이게 그렉만의 특징적인 스타일임을 깨달았다. 그는 사람들이 꾸며내는 모습이 벗겨지는 시점까지 기다렸다가 사람을 받아들였다. 혹은, 이건 나 혼자만의 추측이지만 그냥 멍 때리다가 내 존재를 잊었을지도 모른다.

그렉은 예의 바르고 운동 신경이 좋은 과학자를 품고 있는 매우 목석 같은 남자다. 우리는 뉴햄프셔에 대해, 서로의 아버지에 대해, 책에 대해, 그리고 정교한 인디언 결혼식에 대해 얘기를 나눴다. 즐거웠고 예상치 못했던 지식도 아주 많이 얻었다. 손에 인쇄물 몇 장을 들고 미팅을 끝내고 나오던 때가 기억난다. 하나는 그렉이 저녁을 즐겨먹는다는 존 오그롯츠라는 식당이 나와있는 지도였고 다른 하나는 그렉이 다니던 고등학교에 있는 건축학적으로 흥미로운 도서관의 역사에 관한 기사였다.

이쯤에서 그해에 방송가의 상황을 설명할 필요가 있겠다. NBC는 세 가지 코미디 쇼에 매우 큰 기대를 걸고 있었다. 뉴욕에 모여 사는 괴짜 친구들이 등장하는 <커미티드Committed>가 있었고 애니메이션 쇼인 <파더 오브 더 프라이드>가 있었다. 그리고 <프렌즈>의 스핀오프인 <조이>까지. 나는 이 인기 있는 세 쇼에 미팅할 기회를 얻지 못했다. 그러니까, 택도 없을 정도였다. 마크가 어떻게든 해서 따온 미팅은 딱 하나, <네버마인드 너바나>라는 쇼였다. 다른 인종간 결혼을 한 커플의 이야기였는데 파일럿이었다. 나는 버뱅크까지 차를 끌고 가서 제작자와 미팅을 했다. 대기실 의자에 앉아있는데 프로듀서에게서 전화가 왔다. 쇼가 채택되지 않았다는 내용이었다. 접수원이 그 소식을 내게 전해주더니 곧바로 자기 짐을 박스 안에 싸기 시작했다. 나는 주차권을 끊어서 바로 차를 끌고 나왔다. 말 그대로 방 안에도 들어가보지 못하고 끝났다. 그러니까, 말하자면, 그렉과의 미팅은 나의 처음이자 유일한 스태프 미팅이었다.

일주일쯤 지났을까, 마크에게서 그렉이 나를 시즌 1의 스태프 작가로 채용하고 싶어한다고 연락이 왔다. 내가 심하게 흥분하기 전에, 마크는 미드 시즌에 방영 예정인 쇼의 6개 에피소드에만 채용되었다고 말했다. 작가가 계약하기에 가장 적은 양이면서 작가 길드에 가입할 수 있는 최소 조건인 양이었다. 나는 신경 쓰지 않았다. 내가 방송 작가가 되다니! 건강 보험까지 있다고!

친구 없이, 내가 할 수 있는 한 최고의 축하를 하기로 했다. 곧장 캔터스 델리 식당으로 가서 부스를 하나 잡은 다음 살얼음 낀 커다란 콜라와 브루클린 에이브라고 불리는 샌드위치를 시켰다. (루벤 샌드위치보다 살짝 덜 건강한 샌드위치라고 보면 된다, 그게 가능하다면 말이지.) 그리고 친한 친구들과 엄마에게 전화를 걸어 수다를 떨면서 두 시간을 보냈다. 근처 테이블에서 부인과 함께 식사를 하던 나이 든 남자가 내 부스로 왔다. "너무 시끄럽고 예의가 없군요. 당신 목소리, 너무 높고 날카로워요."

7월부터 일을 시작했다. 그때쯤, 나는 페어팩스 길과 파운틴 대로에서 찾은 작고 눅눅한 아파트에 살았는데, 웨스트할리우드에서 복장 도착자들이 전부 여기에서 생활하며 교류한다는 사실은 몰랐다. 하다 못해 주차장은 집주인에게 물어봐야 한다는 기본적인 LA 상식도 몰라서 몇 블록이나 떨어진 곳에 주차를 하고 늦은 밤 밸리까지 좀 태워 달라고 하는 펠리스나 비비카라는 이름의 이상하게도 키가 크고 가슴이 납작한 여성들과 인사를 나눴다. 그때의 내 삶이 시트콤이었다면 술에 취한 성전환자가 걸걸한 목소리로 "헤에에에이, 거어어어얼!"이라고 하는 말이 내가 "노멀이에요!"라고 하는 것과 같았겠지.

게이 섹스 상대를 찾는 커다란 게시판이 우리 아파트 문에서 6미터 정도 거리에 있었다. 알아 둬야 할 사실은, 이때는 내가 지금처럼 국제적으로 멋있는 게이 아이콘이 되기 전이기 때문에 꽤 불편했었다. (지금의 나는 기본적으로 레이디 가가와 개빈 뉴섬보다 백만 배는 더 앞서가는 게이 아이콘이지.) 부모님이 처음 우리 집에 왔을 때 나는 길 건너편 러시아 농산물 마트(범죄 모의하는 장소를 위장한 거라고 70% 확신하고 있었던)를 가리키며 그 게시판에서 시선을 분산시키려 애썼다. "엄마, 아빠! 완전 좋지 않아요? 바로 집 앞에서 농산물을 살 수 있어요."

부모님은 이 집에 자주 오셨다. 외로운 시기였다. 나는 점점 펠리스나 비비카와 마주치는 것을 기대하게 되었다. "헤에에에이 커리 스파이스! 헤에에이 거어어어얼!"

하지만 대부분의 시간 동안 나는 그저 일을 시작하고 싶을 뿐이었다.

스태프 작가로 일하는 것은 매우 스트레스 받는 일이었다. 내가 재밌는 사람이라는 걸 알고 있었음에도 그 분위기에 적응할 수가 없었다. 브루클린에 있던 우리 집 거실 바닥에서 브렌다와 농담을 하며 대본을 쓴 것은 매우 친밀하고 안전했고 우정으로 엮여 있었다. 하지만 여기서는 다른 사람들과 친구가 아니었다. 나는 쇼에서 유일한 스태프 작가였고(나보다 신입인 사람은 없었다) 작가실에서 지낸 적도 한 번도 없었다. 가장 스트레스를 많이 받았던 이유는, 솔직히 말하자면, 다른 작가들이 경력도 많고 웃겨서 내가 계속해 나갈 수 있을지 걱정되었기 때문이다. 그렉이 나의 재능 부족을 알아차리고 2시간 안에 나를 자르기 위해 침묵이 가득한 미팅에 부를까봐 두려웠다. 나는 해고보다 그 침묵이 더 끔찍했다.

시즌 1의 전업 작가는 그렉, 폴 리버슈타인, 마이크 슈어, B.J. 그리고 나였다. 래리 윌모어와 레스터 루이스는 컨설턴트로 일했기 때문에 5일 중 3일동안 글을 썼다. 어떤 이유에서인지 나는 그렉, B.J., 마이크가 절친이라고 생각해버렸다. 셋 다 하버드를 나왔고 <하버드 램푼>을 거쳐서 일까? (물론 학교에 다닌 시기는 전혀 겹치지도 않지만) 내가 잊지 못하는 점심시간이 있다. 마이크가 B.J.에게 레드삭스 대 다저스 경기를 보러 가자고 했다. 나는 작가실 한 구석에서 찌그러져 있었다. 버려진 기분이 들었다.

'내가 다 이길거야, 이 개자식 패거리들아.' 속으로 생각했다.

그래서 어떻게 됐냐고? 난 그들을 이길 수 없었다. 지금에서야 깨닫고 있다. 여전히 그들을 따라 잡아야 한다는 것을.

하지만 함께 오랜 시간을 지내면 으레 그렇듯이 그들은 점점 나의 좋은 친구가 되어갔다. 코미디 작가의 일이란 결국 앉아서 가상의 상황에 대해 끊임없이 웃기는 수다를 떠는 것이다. 그러면 보상으로 구체적인 독창성을 얻는다. 정말 짜릿한 일이었고 절대 그만두고 싶지 않았다. 얼마 후 나는 주말을 두려워하게 되었다. 주말에는 이 창조적이고 활기 넘치는 분위기와 작별해야 했기 때문이다.

<데이브 샤펠 쇼>[9]는 내 기억에 언제까지고 따뜻하게 남을 것이다. 최고로 웃긴 쇼이기 때문만이 아니라 그 당시 나의 좋은 친구가 되어주었기 때문이다. 나는 매 에피소드를 다 본 후 농담을 다시 듣기 위해 같은 날 또 돌려봤다. 가끔씩 금요일 밤에는 쇼를 보다가 소파에서 골아떨어지기도 했다. 데이브 샤펠과 내가 절친이라도 되어서 수다를 떨다

---

9 (옮긴이) 데이브 샤펠은 그래미상과 2번의 에미상을 수상한 미국의 스탠드업 코미디언이다. 사회적 이슈나 문화에 대한 편견을 유머러스하게 비트는 코미디를 추구하며 국내에서는 유튜브나 넷플릭스에서 그의 스탠드업 코미디를 볼 수 있다.

가 잠에 스르륵 든 것처럼 말이다. 그때 나는 스물 네 살이었다.

그때는 그렉, 폴, B.J., 마이크와 함께 한 그 해에 내가 코미디를 쓰는 일에 대해 중요한 건 다 배운 해라는 사실을 몰랐다. 이 작은 그룹이 <오피스> 첫 시즌의 첫 6개 에피소드를 썼다. 이 네 명은 내가 세상에서 가장 좋아했던, 그리고 좋아하는 사람들이다. 그리고 내가 아는 사람 중 가장 웃긴 네 사람이기도 하다. 가끔은 그들과 격렬하게 싸우기도 했다. 내 말은, 인정사정없이 때려 눕히는 식의 진짜 싸움을 뜻한다. 그게 그들이 나의 진짜 친구라는 의미라고 합리화해야지. 그 넷 중엔 자신감이 결여된 사람이 없으니 칭찬은 그만하기로 하자. 솔직히 말해서 그들은 괴물이 되는 것을 피한 세 개의 선물과 같다.

그렉 다니엘스와 싸우거나 싸우지 않거나

작가 싸움은 항상 흥미진진하며 트라우마를 남긴다. 나는 항상 싸움에 뛰어들었다. 나는 자신만만한 작가이고 성미가 급하며 어떤 비판도 막지 못하는 매우 얇은 껍데기를 갖췄다. 이런 매력적인 성격이 합쳐져서 나는 논쟁 기계가 되었다. <오피스>의 프로듀서이자 내 친구인 폴 리버스타인[10]이 반쯤은 칭찬으로 이런 말을 한 적이 있다. "네가 쓴 초안이 괜찮아서 다시 쓸 필요가 없겠어." 고마워, 폴! 내가 들은 버전은 "민디, 너는 최고의 작가야. 내가 정말 아껴. 우리 모두 그래."이다.

나는 그렉과 가장 많이 싸우는 편이다. 내 친구이자 동료이자 오피스 작가인 스티브 헬리는 내가 감정적이고 직관적인 반면에 그렉은 이성적이고 논리적이기 때문이라고 믿는다. 아니면 내가 생각하기에는 나는 세심한 시인인 반면에 그렉은 얄미운 로봇이기 때문이다. 우리의

---

10 (옮긴이) <오피스>의 작가이자 시트콤 내에서 토비 플렌더슨 역을 맡은 배우.

싸움은 전설이다. 한번은 아주 늦은 밤 스크립트 코디네이터인 션과 헤드 라이터인 대니가 각자의 개를 데리고 왔다. 개들은 서로를 보자 마자 무섭게 짖어 대며 싸웠다. 폴 리버스타인이 힐끔 보더니 이렇게 말했다. "아, 난 또 그렉이랑 민디인 줄 알았네."

뭘 가지고 싸우냐고? 코미디나 글에 대한 아주 대단하고 지적이며 철학적인 주제로 싸운다고 말하고 싶지만 종종 우리는 아주 사소한 것을 가지고 싸운다. "케빈이 칠리 그릇을 뒤집어엎는 장면에서 콜드 오픈을 하면 나 쇼 그만 둘 거야." 우리는 그 콜드 오픈을 했다, 어쨌거나, 히트를 쳤고, 나는 여전히 일하고 있다. 내가 좀 연극조로 얘기할 때도 있긴 하다. 당연한 것이, 결국에는, 내가 연극을 통해 올라왔으니까(라고 나의 오만하기 짝이 없는 마스터피스 연극 목소리가 말했다).

한번은 정말 심각했다. 특별히 열기가 뜨거웠던 시즌3 에피소드 "그리프 카운슬링"을 고쳐쓰기하는 시간이었다. 그렉과 심하게 논쟁을 하던 중에 그가 열두명의 작가들 앞에서 이렇게 말했다. "계속 그렇게 우길 거면 그냥 집에 가는 게 좋겠어, 민디."

그렉은 결코 누군가를 집에 보낸 적이 없었고 넌지시 그런 뜻을 비춘 적도 없었다. 그렉은 너무 착해서 영화 촬영소에서 지나가던 사람에게 붙잡혀 이야기를 들어주느라고 포장해온 음식이 식어가는 것도 그대로 두는 그런 사람이었다. 그리고 그는 나의 상사였다. 내가 만약 상사라면 난 아무하고도 얘기를 하지 않을 것 같았는데 말이다. 변호사나 상담사랑만 얘기하지. 그러니까 지금 나의 매우 착한 상사는 나를 매우 심하게 질책한 것이다. 내 태도를 수정할 것이 아니라면 집에 가라는 그렉의 제안은 지난 3년간 내가 지켜봤던 조치 중에 가장 혹독한 것이었다. 침묵이 흘렀다. 아무도 나를 쳐다보지 않았다. 다들 각자의 핸드폰 속으로 빨려 들어갈 듯했다. 핸드폰이 없었던 한 작가는 자기 손에 빨려 들어갈 듯 아래를 쳐다보았다.

나는 너무 창피하고 화가 나서 자리를 박차고 일어나 문을 쾅 닫고 나갔다. 사무실에서 24개들이 생수를 훔친 다음 그렉의 차 범퍼를 발로 차고 스튜디오를 나왔다.

'이게 쇼를 더 낫게 만들려고 노력한 대가야? 내가 거기 있는 작가 나부랭이들보다 훨씬 더 웃기고 더 잘난 작가라고.' 나는 화를 내며 생각했다. 나는 내 자신이 케네디 센터에서 마크 트웨인 상으로 미국 유머 부문을 수상하는 장면을 상상했다. 다른 작가들은 집에서 그 모습을 보면서 내가 자기들을 알아주길 바라겠지. 나는 대놓고 무시할 것이다. 그리스 신화의 코미디 뮤즈인 탈리아에게 감사해야지. 그래, 그 인간들이 아니라 탈리아에게 미친듯이 감사할 거야. 나는 차를 몰고 1마일 정도 떨어져 있는 네일샵으로 가서 화가 난 상태로 매니큐어를 받기 위해 자리에 앉았다.

"세뇨라, 쉬는 날이에요?" 내 손톱을 칠하던 여자가 붙임성 있게 물었다.

"아뇨! 방금 회사에서 쫓겨났어요!" 내가 대답했다. 그녀는 하던 일을 멈추더니 "어머, 잘렸어요?"라고 걱정스러운 얼굴로 물었다.

그녀의 입에서 나온 "잘렸다"는 말이 귀에 들어오자 뾰족한 바늘에 찔린 듯 척추에 찌릿한 고통이 왔다. 나는 물에 담긴 내 큐티클을 바라보았다. 진짜로 고된 하루라곤 알지도 못하는 갓난아기 같은 코미디 작가의 말랑말랑한 손이 눈에 들어왔다. 내가 정말로 백수가 되고 싶나? 내가 정말로 열세 살 때부터 꿈꿔왔던 이 멋진 직장을 잃고 싶은 걸까? 내가 정말로 우리 엄마의 산부인과에서 접수 담당자로 일하고 싶은 걸까? 스페인어도 배워야 하는데?

나는 벌떡 일어서서 손을 말리고 어리둥절해 있는 직원에게 돈을 건네고 경주하듯 차를 몰고 스튜디오로 돌아갔다. 그리고 조용히 작가실에 들어가서 앉았다. 내 친구이자 동료 작가인 리 아이젠버그가 나를 보더니 짓궂은 표정으로 문자를 보냈다. '어디 있었어?' 나는 '화장실'이라고 적어 답장을 보냈다.

그렉은 내가 없어졌던 것을 모른 척했고 내가 그의 차를 찬 것도 알아차리지 못했으며 그렇게 그 일은 조용히 지나간 듯했다. 생수통들은 내가 처참히 대패한 치욕스러운 전쟁의 작은 전리품으로 남았다. 그날 저녁, 퇴근하는 길에 항상 그렇듯이 엄마와 수다를 떨다가 실수로 그날 일어난 일을 말하고 말았다. 나는 엄마가 직장에서 힘든 일을 겪은 나를 위로해줄 거라 기대했다. 대신 엄마는 소리를 질렀다. "너 미쳤니? 넌 그렉 다니엘스한테 인생을 빚졌어!" 엄마는 항상 마치 직장에 이름이 그렉인 사람이 여러 명 있기라도 해서 내가 누구인지 헷갈릴까봐 그런다는 말투로 "그렉 다니엘스"라고 불렀다. (물론 직장에 그렉은 오직 한 사람뿐이었다.) "그렉 다니엘스가 너한테 기회를 줬지, 네 인생을 바꿔준 사람이야! 그렉 다니엘스랑 싸우지마!" 위층에 있던 아빠가 항상 그렇듯이 전화를 받았다. 아빠는 엄마의 말에 동의를 표했다. "네가 화난 건 알겠는데, 민디야. 그래도 프로답게 굴어야지." 나는 5년이 지난 지금도, 어느 정도 성공적인지는 모르겠지만, 여전히 이 끔찍한 조언을 따르려 노력하고 있다.

스티브 카렐은 친절하지만 그게 더 무섭다

매우 많은 사람들이 말했지만, 정말이다. 스티브 카렐은 정말 좋은 사람이다. 그가 얼마나 성격이 좋은지는 불평을 절대 하지 않는다는 사실을 보면 알 수 있다. 로스앤젤레스의 40도가 넘는 스모그 가득한 날씨에 촬영을 망친다고 해도 열사병으로 쓰러지기 직전의 스티브 카렐의 입에서는 친근하고 희망찬 말이 튀어나올 것이다. "어이, 벌써 다 찍은 것 같다고?"

스티브는 항상 신사적이고 조용했다. 마치 제인 오스틴의 책에 나오는 캐릭터처럼 말이다. 스티브의 주목할 만한 매력 중 하나는 바로 그가 매우 똑똑하다는 것인데 그의 그런 점이 나를 긴장시켰다. 영리한 사람이 친절하다는 것은 그들이 항상 모든 것을 머리로 생각하고 잠재적으로 판단하고 있다는 뜻이기 때문에 매우 신경이 쓰인다. 스티브에게 인간의 결함에 대한 극도로 예리한 감각이 없었다면 그렇게 재밌지도, 그렇게 비관적이고 관조적인 연기자도 될 수 없었을 것이다. 결국 나는 항상 그에게 좋은 인상을 주려고 애를 썼다. 스티브가 집에 가서 아내인 낸시에게 "오늘 촬영장에서 민디가 얼마나 웃겼는지 몰라. 뭔가 아는 사람이라니까."라고 말하기를 기대하면서.

스티브에게 'shit'을 내뱉게 하는 것은 7년간 가장 어려운 도전이었지만 나는 꼭 그렇게 하리라고 결심했다. 작가 무리가 음… 예를 들어 도미니크 스트로스칸Dominique Strauss-Kahn[11]에 관해 웃기고 조롱하는 대화를 하고 있다고 해보자. 그때 스티브에게 '여기, 여기 좀 봐. 지금 들어올 타이밍이라고! 지금 친목 도모를 위해 도미니크 스트로스칸을 쓰레기로 만들고 있잖아.'라는 듯한 부추기는 표정을 짓는다. 그럼에도 스티브가 하는 말이라고는 고작 "와, 그게 정말 사실이라면 제정신이 아니네요."정도일 것이다. 그러고는 정중하게 실례를 구하고 자신의 트레일러로 돌아갈 것이다. 그게 다다. 스티브에게서 얻을 수 있는 건. 믿

---

11 (옮긴이) 프랑스의 경제학자, 변호사, 정치인으로 프랑스 사회당의 구성원이다. 종종 머리 글자를 따서 DSK라고 불리기도 한다. 파리정치대학 경제학과 교수를 역임했으며, 2007년부터 국제 통화 기금의 총재를 맡아 왔다.

거지는가? 전혀 끼어들지 않는다. 엄청난 자제력이다. 내가 누군가 레인에 대해 언급하는 걸 듣는다면 곧바로 "어머나, 레인 완전 끔찍해."라며 달려들었을 것이다. 하지만 카렐은 그저 정말 짜증나게 품격 있는 제인 오스틴 소설 속 남자처럼 굴 뿐이다.

나중에 나는 아무도 모르게 그가 가십에 엮이지 않는 이유를 설명하는 이론을 세웠는데, 99% 확신하건데, 스티브가 페레즈 힐튼[12]이라는 가설이다.

내가 일하는 곳

사람들은 대부분 <오피스>가 펜실베이니아 스크랜턴에 있을 줄 아는데 그 이유는 동부 해안가의 청정한 느낌이 나는 곳에서 촬영하려고 수고를 들였기 때문이다. 어떤 사람들은 유니버설 스튜디오 투어를 할

---

12 (옮긴이) 미국의 블로거, 방송인이다. 힐튼의 블로그는 배우, 음악가 등의 유명인사의 가십을 전문으로 취급하고 있으며, 유명 인사의 사진에 선정적인 낙서를 넣는 것으로 알려져있다.

때 볼 수 있는 커다란 세트장에서 촬영한다고 생각한다. <위기의 주부들>의 막다른 길 근처에 <분노의 역류> 속 불타는 차가 있고 그 옆에서 <죠스>가 행복하게 헤엄치고 있는 그런 세트 말이다. 전혀 그렇지 않다.

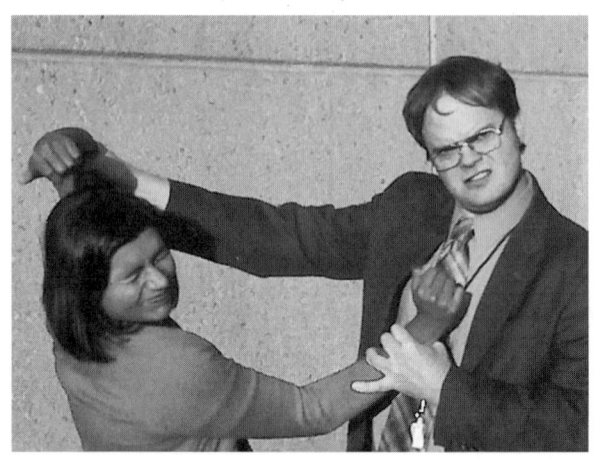

<오피스> 세트장을 방문하는 사람들은 누구든 떠날 때 항상 같은 말을 한다. "아이고, 미친! 여기 완전 무섭네요!" 우리가 산페르난도 밸리의 파노라마 시티 산업 지구의 끝 중에서도 끝에 있는 막다른 길에서 촬영을 하기 때문이다. 좋은 곳 같이 들린다. 대체 누가 파노라마를 안 좋아 하겠어? 하지만 속지 말자! 이름은 속임수일 뿐. 한때 파노라마 시티는 밴나이즈에 속했지만 밴나이즈가 분리 독립과는 반대되는 일이라면 무엇이든 했다. 추방했냐고? 이렇게 설명해볼까 한다. 밴나이즈는 파노라마 시티를 한 번 보더니 이렇게 말했다. "으휴, 네 이름은 따로 해. 너랑 같은 건 아무것도 하기 싫어."

우리는 총기 부품 창고, 네온사인 가게, 폐차장이 있는 지역 끝에서 일했다. 게다가 같은 길목에 경쟁심 많고 따분해 하는 맥시칸 아이들

에게 인기있는 드래그 레이스[13] 경기를 하는 장소가 있었다. 우리는 항상 폐차장의 개들이 짖는 소리나 부품에 드릴질하는 소음이 가라앉을 때까지 기다렸다가 촬영을 하곤 했다. 생각해보면, 실제로 가끔씩은 불태워지는 차가 있었을 법하다. 참고하세요, 유니버설 스튜디오!

나는 우리 세트장이 좋다. 다른 쇼들로부터 격리되어 있기 때문이다. 산만해질 위험이 없다는 뜻인데, 믿을지 모르겠지만, 난 참 잘 산만해진다. 멋진 쇼핑몰이나 식당 따위가 근처에 없으니 그저 쇼를 만드는 데에만 집중할 수 있다. 매우 한적하고 외딴 곳에 있다는 느낌은 내 생각에 창의력에 매우 좋은 듯하다. 게다가 아무 때나 빠져나가서 총기 부품을 살 수 있었으니까.

켈리 카푸어, 기프트백을 받다

<오피스> 관련 행사에 참석하기 시작하면서 기프트백도 받기 시작했다. 나는 잡지에서 본 숨이 멎을 듯한 선물들을 떠올렸다. 사파이어 귀걸이, 고급 헬스클럽 평생 멤버십, 종합 얼굴 재건 성형 수술 상품권, 사자를 만져볼 수 있는 야생 숙박 일주일 예약권, 태반으로 만든 500달러짜리 기적의 얼굴 크림… 정말 세상에서 가장 멋진 꽁돈 같았다. 2006년부터 나는 이 세계에 뛰어들었다.

이 세계가 어떻게 돌아가는지 살펴보자. 미친 듯이 비싼 드레스를 차려 입고 시상식에 간다. 그 다음에 상을 타거나 못 탄 다음 참석했던 사람들을 모두 몰아넣은 저녁 이벤트가 열리는 커다란 창문 없는 방으로 간다. 이곳은 텔레비전에 방영되지 않는다. 성년식 파티 정도 수준의 뷔페를 차린다. 중요한 건, 음식이 미친 듯이 맛있다는 건데, 하루 종

---

13 (옮긴이) 미국에서 인기있는 모터 스포츠의 한 형태로, 2대~4대 정도의 자동차가 평탄한 직선 코스를 나란히 출발하여 결승선에 먼저 도착하는 순서대로 순위를 매기는 레이스.

일 아무것도 안 먹었으니 당연하다. 어느 정도 사람들과 뒤섞이면서 마음속으로 다른 여배우들의 옷차림에 순위를 매기면서 엄마에게 전화해서 알려줄 이야기를 모은다. 그 다음 출구에 있는 스트레스로 가득 찬 얼굴을 한 여자에게 주차 티켓을 주면 물건들이 들어있는 검은색 캔버스 가방을 받는다. 잔뜩 신이 나서 가방을 열어본다.

1년 동안 내 기프트백에 들어있던 것들은 다음과 같다.

› 프로틴 바
› 엉덩이 프레시너로밖에 표현하기가 힘든 개인용 청결 스프레이
› 발가락 양말
› '여성의 이'를 위한 여행용 사이즈 치약
› 스폰지밥 스퀘어팬츠 열쇠고리
› 샤프 (굉장히 좋은 거였는데 회사에 가져가고 얼마 안 가서 없어졌다)
› 사용할 수 있는 커피 머신을 사야 쓸 수 있는 이상한 커피 캡슐
› 실제 가슴에 붙일 수 있는 황갈색 실리콘
› 등살을 잡아 주기 위해 고안된 가랑이 없는 거들
› 당뇨 환자를 위한 요리책 (난 이게 꽤나 좋았다)

기프트 백은 쓰레기더미다. 불평하려는 게 아니라 여러분이 가지고 있을 달콤한 상상을 덜어주려는 것이다. 그 달콤한 상상은 다른 데다 쓰는 게 낫다. 화폐의 중요성과 위엄에 쏟는 건 어떨까. 이런 쓰레기에는 돈을 절대로 쓰지 않을 뿐더러 사이 좋지 않은 친척에게라도 주고 싶진 않을 것이다. 우리 쇼에도 괜찮은 특전이 하나 있기는 하다. <오피스>에 합류한 후로 공짜 휴지, 페이퍼클립, 종이봉투 등 사무용품은

펑펑 써왔다. 정기적으로 소품을 훔치기 때문이다.

조금 유명해진다는 것

여러분이 내가 아는 한 나만큼 인기가 있다면, 그 멋진 행운을 누릴 시간이 거의 없다. 언제 그게 다 없어질지 걱정하느라 바쁘기 때문이다. <오피스>의 첫 시즌이 끝난 후 제나 피셔[14], 안젤라 킨지[15]와 함께 유명 잡지에서 선셋 대로에 있는 고급 호텔에서 연 파티에서 거절당한 적이 있다. 파티 코디네이터들은 <오피스>에 참여했다고 해서 들여보낼 수는 없다고 생각했던 것 같다. 우리는 멀뚱이 서서 <원 트리 힐>의 배우들이 문제 없이 당당히 걸어들어가는 걸 지켜보았다. 파티의 홍보 담당자들은 보통 우리를 업신여기며 아역 배우 튜터들을 위한 자리에 앉혔다. (참고로, 세트장에서 가장 이상한 사람은 대부분 아역 배우 튜터다. 대부분 곤란할 정도로 긴 머리를 지저분한 쥐색 수술로 요염하게 꼰 나이 든 히피족 여성들로, 제이 레노도 창피하게 할 정도로 머리부터 발끝까지 청으로 된 옷을 입고 있다.)

다행히 나이 든 아역 배우 튜터 구역에 오래 머물진 않았다. 시즌 2를 진행하면서 12개의 에피소드가 성공적으로 방영되고 나니 드디어 사람들이 우리를 알아보기 시작했다. 정말 영광스러웠다. 그 중에서도 백미는 게이 프라이드 퍼레이드가 한창이던 토요일, 산타모니카 대로에 있는 주유소에서 차를 청소하고 있을 때였다. 코스튬을 한 게이 한 무리가 "오 마이 갓, 켈리 카푸어잖아!!"라고 소리를 질렀다. 주유소에 있던 사람들은 내가 거물이라도 되는 줄 알았을 것이다.

시즌 2에 이르러 '인기있는' 쇼가 되자 그건 또 그거 대로 도전 과

---

14 (옮긴이) <오피스>의 팸 헬퍼트 역을 연기한 배우.
15 (옮긴이) <오피스>의 안젤라 마틴 역을 연기한 배우.

제가 생겼다. 흔하게 듣는 말로는 "첫 시즌은 별로였어요. 두 번째 시즌에서 진가를 발휘했어요."가 있다. 아무래도 사람들은 모욕을 주는 말을 먼저 해야 칭찬이 제대로 먹힐 거라고 생각하는가 보다. 마치 이렇게 말해야 하는 것처럼. "처음 봤을 때는 못생긴 줄 알았는데 가까이서 보니까 예쁘시네요." 나는 첫 시즌을 좋아한다. 조금 어둡지만 정말 재밌다. "진가를 발휘했다"는 표현은 정말 이상하다.

우리가 두려워 해야 하는 것

방송 세계에서 계속 반복되는 두려움이 다가올 차례다. 방송 일을 하는 몇몇 사람은 자신 있게 새롭게 시작되는 모든 좋은 쇼를 무시한다. "좋은 프로그램을 위한 자리는 많으니까. 우리한테는 별 영향 없을 거야." 하지만 이건 진실이 아니다. "조금 괜찮은 프로그램과 아주 아주 많은 체중 감량 리얼리티 프로그램을 위한 자리는 있다. 만약 과학이 발전해서 질리언 마이클스[16]를 복제할 수 있었다면 방송국에는 그저 서로 다른 비만인들이 살을 빼는 비슷한 프로그램이 하루 종일 방송되었을 것이다. 친구인 찰리 그랜디는 언젠가 에미상에 '최고 극적으로 체중을 감량한 프로그램' 부문이 생기는 건 시간 문제라는 농담을 한 적도 있다.

봄이 되어 방송국에서 새로운 프로그램 일정표를 내보내면 한가하게 이렇게 생각할지도 모른다. "지루하네, 이걸 볼까, 아니면 저걸 볼까." 하지만 나는 살짝 편집증적으로 어떤 새로운 프로그램이 황금시간대에 편성되어 우리를 쫓아 오려고 할지 알아내려 애를 쓴다. 시청률이 우리보다 높아질 가능성이 있는 프로그램 리스트를 만든다.

---

16 (옮긴이) 미국의 유명 퍼스널 트레이너.

<결혼식 할 때 걸어서 들어가고 싶어!>

질리언 마이클스가 소파에 앉아 누운 끔찍하게 살찐 커플을 도와 살을 빼고 결혼할 수 있게 하는 프로그램.

<결혼식을 주례할 때 걸어서 들어가고 싶어!>

질리언 마이클스가 교구에 앉아 누운 비만인 사제를 도와 결혼식 주례를 할 수 있게 하는 프로그램.

<비만인 사제>

디저트를 너무 많이 먹는 사제가 위험한 환경에 있지만 유쾌한 십대들을 돕는 프로그램.

<싱싱송!>

싱싱 감옥에서 여는 가수 오디션.

<주말 행오버>

영화 <행오버>에 나오는 것처럼 세 명의 친구를 클로로폼으로 기절시킨 뒤 아무 곳이나 위험한 상황에 데려다 놓은 다음 무슨 일을 겪든 무사히 다시 돌려놓는 리얼리티 쇼.

    나는 실제로 <종간 우정>이라는 프로그램을 만들까 생각했다. 똑똑한 소규모 관찰 프로그램으로 두 동물이 여러 불가능한 확률을 뚫고 친구가 되는 것을 지켜보는 것이다. 처음엔 팔기 어렵겠지만 시즌 2에서는 진가를 발휘할 것이다. 하지만 영국 버전인 <종간 친구>만큼 잘되진 않겠지.

내가 리메이크하고 싶은 시리즈

지금쯤이면 내가 얼마나 요령 있는 할리우드 인간인지 알아챘을 텐데, 내가 언제쯤 TV 프로그램에서 영화로 큰 도약을 하는지도 궁금할 것이다. 이번에는 그에 대해 모든 것을 설명하고 한창 진행 중인 내가 가장 신난다고 생각하는 영화 프로젝트에 관해 얘기해볼까 한다.

사람들은 할리우드에서 인기 있는 시리즈를 리메이크하는 걸 좋아하지 않는다. 나는 NBC에서 전통적인 BBC 프로그램인 <오피스>를 리메이크하기 위한 작가로 고용되었고 다들 근처에 있던 누군가가 방귀라도 뀐 듯 즉각적인 반응을 보였다.

그래도 우리는 훌륭한 콘텐츠를 리메이크라도 했지. 이미 끔찍하다고 판명난 것을 리메이크한다고 하면 절대 이해가 안 간다. 예를 들어 <해저드 마을의 듀크 가족>을 보자. 이 쇼는 두 가지 위대한 명성을 얻었는데 첫째, 결정적인 순간이면 어김없이 커다란 물체를 뛰어넘는 자동차, 둘째, 미국에 데이지 듀크[17]의 엉덩이가 드러나는 반바지를 소개

---

17 (옮긴이) 코미디 영화 <해저드 마을의 듀크 가족>에 등장하는 캐릭터로 제시카 심슨이 연기했다. 아주 짧은 핫팬츠를 입고 나와서 유행시키는 바람에 이 바지를 '데이지 듀크'라고 부르기도 한다.

해 몇 년 간 단독으로 이 나라의 첫 성교를 하는 평균 연령을 낮췄다. 내가 4살일 때는 <해저드 마을의 듀크 가족>을 좋아했지만 그 나이에도 이건 어린이용이라는 사실을 알고 있었다. 나는 이렇게 생각했다. "나한텐 재밌네. 다섯 살까지도 괜찮을지도." 그래서 이게 영화로 다시 만들어진다고 했을 때 좀 이해가 가지 않았다.

하지만 그 쇼가 돈을 얼마나 많이 버는지 듣고는 생각했다. "나도 올라타야 겠어, 지금 당장." 그래서 내가 리메이크 하고 싶은 시리즈를 적어 보았다. 시리즈에 대한 사랑과 돈에 대한 사랑을 살짝쿵 담아 만들어보고 싶다.

그들만의 리그

안타깝지만 이건 좀 힘든 투쟁이다. 영화가 웃기고 허황된 만큼 이 영화는 실제 역사적 사건을 바탕으로 하고 있다. 미국 여성으로만 구성된 프로 야구리그는 진짜 있었다. 한 가지, 내가 로지 오도넬이 맡은 역할을 연기할 수 있다는 조건으로 리메이크를 할 것이다. 당시에는 미국에 인도계 여성이 분명 많지 않았을 것이다.

헐크

어차피 2~3년에 한 번씩 다시 만들 거라면 나도 한 번 시도해 보고 싶다.

오션스 5

현실적으로 생각하자. 첫 번째 시리즈인 <오션스 11>(1960년대 <오션스 11>말고. 대체 내가 몇 살이라고 생각하는 거야?)는 괜찮았지만 그 다음에 또 남자가 4명인가 추가되다니 너무 많지 않나. 돈 치들은 영화 내

내 대사가 세 줄인가 그랬다고. 다시 나올 때마다 사람을 더하다니 정신만 사나워지고 말이야. 마치 영화 만드는 사람이 정신이 나가서, 막, 어떻게, 이 사람을 멈추지 않으면 영화배우 길드가 모두 대니 오션의 무리가 될 거야라고 생각하게 만든다. 그러니까 프리퀄을 만들어서 오합지졸을 좀 쳐내야 할 필요가 있다. 벤자민 버튼의 시간이 거꾸로 가는 것처럼 조지 클루니한테 특수 효과를 쓰는 거지. 그럼, 짠! 여름 블록버스터 탄생!

반 헬싱

이 영화가 그렇게 별론가? 좋은 영화의 요소는 다 갖추고 있는데 말이야. 주제(잘생긴 유럽 교수가 뱀파이어를 몰살시킨다)는 꿈으로 이루어져 있지. 반 헬싱 때의 휴는 한창 때의 잭맨 모드였다. 사랑스러운 케이트 베킨세일도 창백하고 아름다운 여성 친구인가 그런 역할로 나왔고. 왜 이 영화가 대작에 클래식이 되지 않았을까? 꼭 다시 만들어야지. 똑같은 출연자로. 더 낫게 만들 것이다.

그나저나 평범한 사람들이 마법 생물을 때려잡는 영화라면…

고스트 버스터즈

나는 예전부터 <고스트 버스터즈>가 네 명의 여성 고스트 버스터즈로 리메이크 되었으면 했다. 뉴욕에 사는 평범한 네 명의 용기 있는 여성들이 일자리를 찾고 멋진 연애를 꿈꾸며 멋있어지고 싶어하면서 귀신도 잡는 거지. 내가 바보는 아니거든, <고스트 버스터즈>의 주요 시청자가 십대 소년인 건 알고 있다고. 걔네들은 고스트 버스터 두 명이 화장품 가게에서 변신을 하면 죽을라고 하겠지. 난 그저 예전부터 멋있는 소녀가 짝사랑하던 남자와 첫키스를 하고 트라이앵글 의류 공장 화재 현장이나 어딘가의 열받은 고스트들을 잡으러 가야 한다고 변명하는 것을 보고 싶었다. 내 상상 속에서 나는, 당연히, 고스트 버스터 중 하나였고 음… 나머지는 에밀리 블런트, 나탈리 포트만, 타라지 헨슨 정도면 되겠다. 내가 전에 판타지 영화 리메이크라고 말했지 않나?

<새터데이 나이트 라이브>에 전혀 일조하지 않다

<SNL(새터데이 나이트 라이브)>에서 나는 정말 특별할 것 없는 게스트 작가였다. 특별히 나쁘거나 하지 않고 그냥 그럭저럭 친근하지만 햄버거를 공짜로 먹는 쓸데 없는 짐짝일 뿐이었다. <뽀빠이>에 나오는 윔피처럼. <오피스>가 시즌 2에서 3으로 넘어가는 사이에 <SNL>에 참여했다. <오피스>에서 만나 친구가 된 마이크 슈어가 <SNL>로 가더니 나를 프로듀서인 마이크 슈메이커에게 추천했다. 마이크 슈메이커를 포함한 몇몇 사람이 내가 쓴 <오피스> 에피소드인 'The Injury'를 좋아했다고 한다. 마이클이 조지 포맨 그릴에 자신의 발을 익히는 사고가 나오는 에피소드다. 마이크는 고맙게도, 몇 주간 와서 작가로 있어 달라고 나를 초대했다. 나중에 알았는데 게스트 작가들은 대부분 상근직으로 고용되기 위해 '오디션' 같은 걸 봤다고 한다. 오디션에는 아주 웃긴 스케치들을 잔뜩 준비해왔다고 한다. 나 같은 경우는 <오피스>에서 바로 <SNL>로 왔으니 준비할 시간도 없었지만 있었다고 해도 아마 안 했겠지.

아마 이게 모두 진실은 아닐 것 같다. 나는 내 나름대로의 방식으로

준비를 했다. 다시 말해서 노드스트롬[18]에서 엄마랑 같이 샀던 유행에 한 발 앞선 옷들을 챙겨갔다. 사자 마자 쓸모 없어졌지만. SNL의 작가들과 배우들은 멋있었지만 편안한 차림이었다. '뉴욕에서 방송 작가로 일한다'는 말을 들었을 때는 <가십걸>에 나오는 스타일을 상상했는데 말이다. 세스 마이어스의 절묘한 회색 티셔츠와 리바이스 옷 앞에서 단추 달린 셔츠에 아이러니한 브로치, 남자 넥타이, 격자무늬 치마에 금색 하이탑 운동화는 정말 어리석어 보였다.

여기서 교훈 하나. <SNL>에서 일을 할 때 패션은 상대적으로 덜 중요한 역할을 맡는다. 좋아, 알았어. 이제 작가들이 어떻게 일하는지 보자. 작가들은 혼자 스케치를 쓰거나 정기적으로 공동 작업을 하는 사람과 짝을 지어서 스케치를 썼다. 문제는, 내가 아는 사람이 아무도 없었다는 사실이다. 나는 누군가에게 내 아이디어를 가지고 다가가기가 부끄러웠다.

나는 크리스틴 위그와 함께 창문이 없는 작은 사무실을 사용했다. 이건 물론 여러분도 상상할 수 있겠지만 엄청나게 신나는 일이었다. 우리에겐 사생활도 없었는데, 사무실 분위기가 대학 기숙사 같은 분위기였으면 하고 바랐기 때문에 나는 오히려 좋았다. 물리적 벽이 없으니 더 친밀하게 지낼 수 있었다. 이런 식이었다.

조니 미첼 Joni Mitchell의 <Blue>가 컴퓨터에서 재생되고 있다.

크리스틴 : 와, 나 이 앨범 정말 좋아해.
나 : 나도. 이 노래 들으면 우드스탁 시대에 살고 싶어지지 않아?
크리스틴 : 맞아! 이 노래 들을 때마다 그 생각 해!

---

18 (옮긴이) 미국의 고급 백화점 체인. 신발 소매상으로 시작하여 의류와 액세서리, 핸드백, 쥬얼리, 화장품, 향수 그리고 가정용품까지 취급한다.

나 : 완전 웃긴다. 저기, 나가서 점심 먹고 크랩트리 앤 에블린 들릴래?
크리스틴 : (나를 바보처럼 취급하는 표정으로) 뭘 물어! 우리가 이 코딱지만한 사무실에서 나갈 문만 생기면 말이야.
나 : 너 좀 나빴다.

우리는 계속해서 웃는다.

크리스틴 : 우리가 같이 우드스탁에 갈 수 있었다면 좋았을 텐데…

이런 대화는 실제로 이뤄지지 않았다. 알고 보니 크리스틴 위그는 <SNL>에서 꽤나 바쁜 사람이었다. 우리 사무실에서 그녀를 본 적은 거의 없었다. 세트장에서 리허설을 하거나 의상을 입어보거나 다른 사람들과 스케치를 쓰고 있었다. 당연한 일이었지만 나에게는 실망스러운 일이었다.

저녁 시간에는 한 제작사의 직원이 메인 작가 회의실 테이블에 커다란 봉투에 든 음식을 차려놓았다. 사람들이 식사를 하기 위해 각자 사무실에서 빠져나왔다. 나는 지난 4시간 동안 빌 헤이더가 임신한 암컷 고양이가 되는 스케치를 쓰느라 애를 썼다. 아주 잘되어 가고 있어서 기분 좋게 저녁을 먹을 수 있었다.

작가들 중에는 에이미 폴러, 세스 마이어스, 레이첼 드래치, 티나 페이도 있었다. 아주 대단한 무리였다. 티나가 드라마(당연히 <30 락>을 말한다) 파일럿을 편집하는 중이라 그녀를 볼 수 있는 건 정말 드문 일이라서 특히 더 대단한 광경이었다. 다들 수다를 떠는 와중에 나는 얘기를 들으며 미소만 지은 채 영어를 잘 못하는 낙천적인 외국인 교환학생인 양 아무 말 없이 테이블에 앉아 있었다.

이런 기분을 느꼈던 건 중학교 때 학교가 끝나고 상급생들 사이에서 오빠에게 물건을 전해주기 위해 기다리던 때가 마지막이었다. 그저 멋지고 잘난 사람들과 함께 섞여 있다는 사실에 신나서 멀뚱히 서서 바보처럼 웃고 있었다. "그만 웃어." 오빠가 나를 보자 마자 말했다. "미치광이처럼 보여."

내가 공동 작가로 참여한 퍼포먼스가 방송된 적이 있다. 채드 마이클 머레이(윌 포르테가 감탄이 나올 정도로 연기한)가 <위크엔드 업데이트>에서 세스에게 왜 자신이 데이트만 하는 대신 꼭 결혼을 해야 했는지 설명하는 내용이었다. 비록 채드 마이클 머레이가 누구에게도 조금도 영향을 끼치지 않지만 그래도 나는 그저 그를 풍자할 필요가 있다고 생각했다. 아마 <SNL>을 장식한 코미디 중 가장 불필요한 스케치였을 것이다.

나의 빌 헤이더 임신 고양이 스케치가 너무 안 좋은 평을 받는 바람에 뇌수막염에 걸렸다고 뻥을 치면 그렇게 구리고 괴상한 글을 쓴 것에 대해 변명을 할 수 있을지 고민했던 기억이 난다. 나는 에이전트에게 그냥 첫 일주일만 보내고 그만둘 수 있을지 이메일을 쓰기 시작했다. 말 그대로 한창 메일을 쓰는 도중에 나와 크리스틴이 사용하는 사무실의 방문을 누군가 두드리는 소리가 들렸다. 에이미 폴러였다.

나 : 안녕하세요. 크리스틴은 아마 무대에 있을 거예요. 전할 말 있으세요?

에이미 : 아, 난 민디랑 얘기하려고 왔어요.

에이미는 일 끝나고 다른 작가나 배우들과 외식을 하려고 하는데 같이 가겠냐고 물었다. 나는 고개를 끄덕였지만 사실은 거짓말을 하고 있었다. 원래 계획은 재빨리 소피텔(몇 블록 떨어진 방송국에서 내게 제공한 숙박이었다)로 돌아가서 <요절복통 70쇼>를 보며 잠에 들 예정이었다. 뉴욕에 와서 매일 밤 하던 일이었다. 하지만 에이미가, 따뜻하고 선견지명 있고, 어머니 같은 에이미가 다 알고 있다는 듯이 이렇게 말했다. "여기서 기다려 줄게요. 같이 걸어갈까요?"

에이미 폴러에 관한 한 마디. 사람들에게는 자신이 에이미 폴러를 사랑한다는 사실을 깨닫는 순간이 찾아온다. 대부분 <SNL>에 출연하는 그녀를 보면서 그런 순간을 맞이한다. 어떤 사람들은 2009년 임신 9개월 상태로 <위크엔드 업데이트>에 돌아와 복잡하고 하드코어한 사라 페일린 랩을 하는 순간일 것이다.

내가 처음 에이미를 알게 된 것은 고등학교 때였는데 코난의 첫 번째 토크쇼에 출연한 모습이었다. 앤디 리치터의 여동생 스테이시를 연기했다. 스테이시는 양 갈래 머리에 커다란 교정기를 차고 코난에게 집착하는 캐릭터였다. 연기자로서, 그녀는 귀엽고 작은 그렘린이었다. 금발에 미치광이 눈빛. 십대였던 나는 인터넷 없이 할 수 있는 한 최대로 그녀의 커리어를 지켜봐 왔다. 그리고 그녀가 <SNL>의 캐스트 멤버가 되었을 때는 정말 미칠 듯이 기뻤다. 그녀의 쿨한 양아버지 릭과 함께 케이틀린을 연기할 때 얼마나 좋았던지.

그런데 이 인기있고 귀엽고 천재적인 사람이 이렇게 다정한 행동을 하다니? 그 순간부터 나는 에이미 폴러를 사랑하기 시작했다. 그녀는 내가 겁쟁이가 되어가는 것을 알아차리고 부드럽게 내가 사람들과 섞일 수 있도록 배려해주었다. 사람들과 49번가를 걸어가는데 에이미가 나에게 LA에서의 생활은 어땠는지 물었다. 나는 긴장해서 눈치를 너무 본다고 말했다. 이 여성이 바로 10년 전 나에게 영감을 주는 바람에 우리 부모님을 새벽 1시까지 못 자게 해서 <코난 오브라이언의 레이트 나이트>를 보게 한 바로 그 여성이었다. 내가 조금이라도 재밌는 말을 하면 에이미는 따뜻하게 키득거렸다. (좀 이상한 표현이지만 실제로 에이미 폴러의 웃음소리를 묘사하는 데는 가장 적절한 표현이다. 따뜻하고 중독성 있는 키득키득 웃음소리.)

그날 저녁의 일이 정확히 기억에 남지는 않았다. (많은 사람들이 에이미와 얘기하고 싶어했으므로 나는 에이미와 일대일로 얘기할 수 있는 귀중한 시간을 얻지 못했다.) 게다가 나는 현금을 못 챙겨가서 잘 모르는 작가에게 20달러를 빌려야 했다. 그래도 나는 <SNL>의 두 번째 주에도 남았다. 안토니오 반데라스가 호스트를 하는 회였고 대본 읽기 시간에 나의 새로운 스케치를 선보였다. 이 웃기는 스케치는 베를린 장벽이 무너졌을 때 부모님이 돌무더기에 깔려 죽는 상황에서 일란성 쌍둥이가 재회하는 내용이었다. 거의 웃음기 없는 대본 리딩이 끝나고 안토니오가 자신의 매니저를 보더니 당황스러운 표정으로 말했다.

안토니오 : 뭐지? 하나도 이해가 안 되는데?

모든 수치스러움은 그럴 만한 가치가 있었다. 에이미 폴러가 권해서 함께 걸었던 그 빛나는 순간으로 충분했다. 2006년 뉴욕에서 늦은 밤을 보냈으므로.

할리우드: 좋은 친구긴 한데 조금 창피하기도 한

조롱은 끔찍해

조직적인 난투는 제외하고 '영혼 지우개Mind Eraser'라는 이름의 롤러코스터도 빼고, 텔레비전에 나오는 프로그램 중에서도 나는 현대판 조롱을 가장 싫어한다.

나는 창의적이고 웃기고 무자비하기까지한 놀림이 웃음을 끌어내고 사람들에게 공감을 이끌어내는 매우 카타르시스적인 방식이라고 생각하기 때문에 이 이야기를 하는 것은 조금 안타깝다. 내 관점은 마치 음주 라인 댄스를 뺀 결혼식 파티의 관점이라고 할까?

나는 60년대 프라이어 클럽을 열광적으로 포장하진 않을 것이다, 정말로. 1970년대의 <SNL>만이 진짜라고 말하는 몇몇 사람처럼 무슨 품격 있는 조롱의 황금시대로 돌아가기를 갈망하거나 한다는 게 아니니까. 다만 내가 오래 전 프라이어 클럽의 조롱 개그를 존경하는 이유는, 프레디 프린즈가 새미 데이비스 주니어를 조롱했을 때는 a)서로를 정말 잘 알았고 b)조롱 하는 사람이 모욕 전문가가 아니었다는 사실이다. 그들은 코미디언, 배우, 정치가 같은 직업을 가지고 있었다. 그건 그냥 그들이 매우 잘하는 즐길 거리 중 하나였다. 매우 애정 어린 행위이기도 했다.

코미디언들이 피해자를 괴롭힐 때, 잔인하게 그들의 단점을 가볍게 다룰 때, 나는 데이비드 하셀호프의 어깨에 손을 올리고 이렇게 말하고 싶다. "데이비드, 괜찮아질 거야." 대체 이게 혐오 범죄가 아니라면 뭔가? 무엇보다 나는 조롱가에 대해 더 자주 생각해본다. 그들은 흥분하여 부모님께 전화를 걸어 "엄마 봐봐! 내가 해냈어! 내가 오늘 방송에서 파멜라 앤더슨을 성병으로 조롱해서 아주 혼을 빼놨다고!" 제프 로스는 매우 큰 재능을 지닌 코미디언 중 하나다. 내 판단으로는, 그는 항상 조롱을 하니까, 매우 실망스러운 일이다. 제프의 스탠드업 코미디는 정말로 재밌다. 그에게서는 조롱 개그보다는 친근한 매력과 관찰 능력이 돋보인다. 그는 자신이 잘나갔을 때 자신만의 쇼를 만들었어야 했다. <저지 쇼어>[19]에서 출연자들을 조롱하지 말고. 조롱을 일삼는 제프를 보는 것은 마치 앤디 로딕[20]이 우리 할아버지댁 지하실에서 탁구대를 파괴하는 걸 보는 것과 같다.

사람들이 리사 람파넬리가 오직 흑인 남성하고만 섹스하는 걸 좋아한다고 공격하는 소리를 나는 정말 듣고 싶지 않다. 이게 그녀의 가장 유명한 개그라는 사실이 정말 슬프다. 내가 이제야 이걸 알아차렸다는 사실도 슬프다. 그리고 타인에 대해 비열한 말을 쓰는 것이 코미디를 만들어가는 사다리의 합법적인 단계라는 사실도 슬프다. 모르겠다. 나는 오사마 빈 라덴의 시체 사진도 보고 싶지 않다. 그 모든 게 관련되어 있다고 생각한다.

조롱 개그를 볼 때 난 실제로 육체적인 불편함을 느낀다. 다람쥐를 잡아먹던 까마귀가 차에 치였는데도 꿈틀대는 모습을 목격했을 때와

---

19 (옮긴이) 미국의 리얼리티 쇼. 8명의 젊은이가 한 집에서 생활하는 일상을 적나라하게 보여주는 인기 프로그램.
20 (옮긴이) 전 세계 랭킹 1위였던 미국의 은퇴한 프로 테니스 선수.

같다. 자칭 빗장을 풀고 수단과 방법을 가리지 않고 어떤 제약도 없는 개그를 주장하는 분위기는 "여기 미친 여자들이 있어요. 무엇이든 한답니다!"라고 외치는 할리우드 대로의 스트립 클럽 사인을 떠올리게 한다. 이제 빗장을 좀 잠그자.

코미디 세계에서 내가 가장 좋아하는 순간 11

어릴 때부터 나는 내가 좋아하는 것들을 목록으로 만드는 일에 집착했다. 혹시 누군가 좋아하는 음식이 뭐냐고 물을 때를 대비해서 '좋아하는 음식' 목록을 카드로 만들어서 지갑 안에 넣고 다녔다. 그걸 보여주면 사람들이 나를 만나고 가면서 이렇게 말하리라고 상상했다. "와, 민디 캘링은 정말 멋있어. 자기가 좋아하는 걸 확실히 아는 애야. 맥도날드의 팬케이크를 가장 좋아한대. 그걸 바로 말할 수 있더라니까, 글쎄!" 나는 어쩌면 일어날지도 모를 재밌는 상황에 대해 만반의 준비를 하곤 했다. 언제 수영장이 있는 곳에 갈지도 모르니 백팩에 수영복을 챙겨 놓았다. 내가 자란 이스트 코스트는 수영장을 그렇게 자주 접할 수 없었지만 그래도 나는 만약의 경우를 준비하는 게 좋았다. 코미디 세계에 들어섰을 때 내 목록은 더욱 중요해졌다. 내가 좋아하는 코미디 목록은 나에 대해 정말 많은 것을 말해준다고 생각했기 때문이다. 내 목록을 공유한다면 정말 재밌을 거라고 생각했다. 한 가지 주의사항을 말해두자면, 여기 언급한 것들은 10년에서 15년 전쯤부터 추린, 꽤 최근 작품이다. 나의 상사인 그렉 다니엘스는 내가

<오피스> 작가로 일하기 전에 잭 베니나 어니 코박스를 들어보지 못했다고 하자 화들짝 놀랐다. 미안하지만 나는 <허니무너스>나 <위대한 독재자>나 <캐디색>을 비롯한 60년대, 70년대, 80년대 클래식 코미디에 열광하지 않는다. 이 목록은 꽤 주류 코미디이기도 하다. 그러니 다른 코미디 덕후들이 내가 다양한 코미디 작품을 포함시키지 않았다고 화를 낼지도 모르겠다. 그리고 스탠드업 코미디도 포함하지 않았는데, 그것만 해도 루이 C.K, 완다 사이키스, 모니크, 제리 사인펠드를 포함한 엄청나게 긴 목록이 있으니까. 너무 뻔하게 빠진 게 보일지도 모르겠지만, 좀 봐줘라. 나는 목록 만들기 전문가가 아니라고!

<앵커맨>에서 윌 페렐이 영화 <폰 부스>의 비명 장면을 연기할 때

<앵커맨>은 영화계의 이상하고 소소한 기적이며 코미디 영화에 의미있는 족적을 남긴 작품이기도 하다. 이 영화는 윌 페렐, 폴 러드, 스티브 카렐, 데이비드 코흐너를 포함한 코미디 배우들로 올스타팀을 만들었다. 이 배우들로 어떤 조합을 만들든 이 영화만큼 웃길 수 없다. 분명 다음 영화가 무엇이든 <앵커맨>을 볼 때처럼 내 입을 벌어지게 만들지는 못할 것이다.

론 버건디(이 영화에 등장하는 놀라운 이름이다)는 자기 개가 화가 난 운전자(잭 블랙, 완벽하게 활용된 이름)에게 죽임을 당했다고 믿고는 슬픔에 북받쳐서 그날 밤 뉴스를 진행할 수 없었다. 론은 폰 부스에서 전화를 걸며 내가 본 것 중에 가장 웃기고 가장 연극적인 슬픔 연기를 표현해냈다. 마치 슬픔이 아니라 **슬픔** 같았다.

윌 페렐과 아담 맥케이가 영화에서 보여준 감정을 고조시키는 연기 스타일은 표현하기가 엄청나게 어렵다. 어설프게 하면 마치 어린이 영화에 나오는 과장되고 억지스러운 느낌이 난다. 하지만 이런 연기는 윌 페렐의 특기다. 그는 불가능해 보이는 일을 해낼 뿐만 아니라 가장 재미있게 만들어낸다. (물론 여기서 내가 말하는 것은 줄거리가 미치광이 어린애가 만들어낸 것 같은 영화 <엘프>다.)

<30락>에서 리즈 레몬이 비명을 내지를 때

이 장면은 정말 미쳤다. 알렉 볼드윈이 연기하는 잭 도너히가 리즈가 토크쇼에서 좀 더 예뻐 보이도록 눈 수술을 받도록 설득하는데, 수술 도중 리즈가 비명을 질러댄다. 이 개그는 정말 완벽하다. 이론적으로도, 이성적으로도, 그리고 결말은 더 웃기다. 게다가 시각적으로까지 우스꽝스럽다. 나는 정말로 이 농담을 쓴 사람에게 질투가 난다.

크리스 팔리가 맷 폴리를 연기할 때

톰 셰일즈가 쓴 『라이브 프롬 뉴욕』에서 가장 좋아하는 부분은 크리스 락, 데이비드 스페이드, 아담 샌들러 같은 연기자들이 크리스 팔리에 대해 언급한 부분이다. 다들 자신의 친구를 숭배심이 넘치는 말로 표현한다. 크리스 락은 어딜 가든 누가 제일 웃기냐고 묻는다면 그건 언제나, 언제나 크리스 팔리라고 말한다. 나도 십분 이해한다.

강연가 맷 폴리는 내가 보고 또 보며 가장 좋아하는 SNL 캐릭터일 것이다. 크리스 팔리의 몰입이 어찌나 실감나는지 캐릭터의 행동이 진짜로 거슬릴 정도다. 크리스가 킹콩이 하듯이 데이비드 스페이드를 번쩍 들어올리는 장면과 커피 테이블 위로 몸을 던져 박살내는 유명한 장면은 내가 정말 열광적으로 웃음을 터트리는 장면이다.

에이미 폴러가 케이틀린을 연기할 때

지난 10년 동안 에이미 폴러는 일생을 바칠 만한 가치가 있는 존경스러운 퍼포먼스를 선보여 왔다. 11살짜리 활동 과잉 캐릭터 케이틀린은 그녀가 만든 캐릭터 중 내가 가장 좋아하는 캐릭터다. 천진난만함이 살아있다는 것이 이 개그의 놀라운 점이다. 우울하고 친절하고 혹사당하는 케이틀린의 양아버지 릭(완벽하게 적당한 무관심을 지닌 호라시오 산즈가 연기했다) 사이에서 벌어지는 사건은 큰 웃음을 만들어내는 한편 케이틀린을 돌보고 싶은 마음이 들게도 했다. 나의 큰 불만거리 중 하나는 여성이 자신을 어린애 취급하는 것인데, 다만 어린 여자애를 정말로 잘 표현하는 여성을 위한 특별한 자리가 내 마음속에 존재한다. 에이미는 여성이든, 뭐든, 누구를 연기하든 정말 끝내준다.

<샤펠 쇼>의 인종 개그 초안

만약 이 스케치를 봤다면 이게 정말 방송이 되었다는 사실을 믿지 못할 것이다. 이 스케치는 모든 인종을 전문 팀으로 묘사했는데, 인종 드래프트 풀에서 유명인을 뽑아서 더 강한 인종이 되는 과정을 보여주는 것이었다. <샤펠 쇼>는 정치 문제나 인종 문제에서 한계에 도전하는 아슬아슬한 코미디 스케치를 지속적으로 시도해 왔는데, 너무 웃겨서 문제가 생긴 적이 한 번도 없었다. 웃기기만 하면 얼마나 많은 것들이 허용되는지. 사라 실버먼이 얼마나 드문 재능을 지녔는지 보여주는 예이기도 하다. 나는 인종 개그를 1센치 정도 더 나아가볼까 한 적이 있는데, 너무 어설퍼서 바로 왕따가 되고 다들 내가 잘리길 바랐다.

<웻 핫 아메리칸 섬머>에 나온 폴 러드

폴 러드는 언제나 멍청한 남자친구 역할을 가장 웃기게 소화한다. 이 영화에서 그가 쟁반을 주우라는 요청을 거절하는 장면을 보는 순간 내 마음속 폴 러드의 이미지가 코미디 영화에 나오는 잘생긴 이성애자 남성에서 끝내주는 코미디 영화에 나오는 잘생긴 남자 몸을 가진 괴짜 생성기로 탈바꿈했다. <클루리스>나 <로미오+줄리엣> 등에서 훈남으로만 등장했었다는 사실이 이 장면을 더욱 인상적으로 만들었다.

리키 저베이스가 데이비드 브렌트를 연기할 때

영국판 <오피스>를 본 사람들만이 데이비드 브렌트가 자신이 연 감수성 훈련 세미나에서 "아무래도 위에서 강간이 일어난 것 같은데."라고 말한 순간을 기억할 것이다. 내 친구인 B.J. 노박이 설명했듯이 그건 정말 혁신적으로 웃긴 방송 장면이었고 덕분에 코미디계에 패러다임 전환이 일어났다. 데이비드 브렌트의 캐릭터를 연기한 리키 저베이스는 판테온에서 영원히 살 수 있도록 보장받았다. 그가 아무리 끔찍하고 별로인 것을 해도 말이다. (그가 그럴 것이라는 뜻이 아니다. 다만 그가 원한다면 그렇게 할 수 있을 거다.) 그는 마치 우디 앨런 같다. "위에서 강간이 일어난 것 같은데."는 그의 <애니 홀>이다.

<소프라노스>에서 크리스토퍼 몰티산티의 마약 문제 가족 회의 장면

<소프라노스>는 정말 재미있는 쇼로, 모든 코미디언들이 죽고 못 사는 수준의 관찰 코미디다. 마약 문제가 있는 사람이 사랑하는 사람들로부터 두드려 맞는 걸로 끝나는 가족 회의는 이 드라마에서만 나오는 장면일 것이다.

영화 <올드 스쿨>에서 프랭크가 목에 진정제를 맞는 순간

일단 미안하다. 또 윌 페렐이다. 이 장면들의 연속은 감독인 토드

필립스의 훌륭한 연출 감각과 마스터피스급 편집 기술의 결정체다. 장면을 설명하자면 이렇다. 프랭크는 동물원 동물을 진정시키기 위한 진정제를 목에 맞는다. 약에 취해 몸을 가누지 못해 마당을 휘청거리던 프랭크는 어린아이를 위한 정성스럽게 만들어진 생일 케이크 위로 쓰러진다. 그리고 즉시 수영장으로 굴러떨어진다. 그 순간 영화에서는 우울하고 구슬픈 사이먼 앤 가펑클의 'Sounds of Silence'가 흘러나온다. 영화 <졸업>에 나왔던 음악이다. 이 장면은 정말이지 맛깔나는 코미디의 정수를 담아낸 밀도 높은 브라우니다.

<내 여자친구의 결혼식>에 나오는 멜리사 맥카시

가끔 너무 웃긴 걸 보면 그 장면이 끝나고 난 후에야 숨을 멈추고 있었다는 사실을 깨달을 때가 있다. 실제로 숨이 막힌 것이다. 내가 처음 멜리사 맥카시를 봤을 때가 그랬다. 영화에서 그녀는 크리스틴 위그를 만나서 잘 지내지 못했다며 "유람선에서 떨어졌"고 "온갖 난간에 부딪혀"서 결국 "다리에 철심을 여러 개 박았다"고 말한다. 보통 '매혹적인 것'과 '역겨운 것'을 동시에 듣기는 쉽지 않은데 이 캐릭터는 그 두 가지를 앞세워 소개된다. 하지만 멜리사 맥카시는 그 두 가지를 모두 성공적으로 끌어냈으니 그녀에게서 눈을 뗄 수 없는 건 당연한 일이었다.

<오피스>에서 마이클 스캇이 차로 메러디스를 칠 때

<오피스>를 하는 동안 가장 웃겼던 장면을 꼽으라면 마이클 스캇이 메러디스 팔머를 그의 차로 치는 장면이다. 그것도 자신이 직원들을 얼마나 사랑하는지 말하면서 말이다. 우리에겐 최고의 작가진이 있었고 끝내주는 대사들을 쓰기도 했다. <오피스>를 하면서 깜짝 놀

랄 정도로 웃기고 영리한 연기를 본 적이 몇 번 있었지만 메러디스가 차의 전면 유리로 굴러왔다 떨어지는 순간 나는 이렇게 순수하게 웃기는 건 절대 없을 거라고 생각했다. 밀림 지대에 사는 콩고의 부족민도 이 장면을 보고 웃음을 터트리지 않을까.

몇 가지 더 추가하자면:

› <다 알리 지 쇼 Da Ali G Show>에서 러닝머신 위의 보랏 : 스타 탄생!

› 영화 <완다라는 이름의 물고기>에서 마이클 팔린의 초조한 어택 : 뚜르 드 포스. 모두가 자신이 가장 잘하는 걸 동시에 제대로 해냈다.

› <오피스>에서 드와이트 슈루트가 메러디스의 머리 근처에서 쓰레기 봉지로 박쥐를 잡았을 때 : 아주 사소하게 웃긴 폭력의 순간

› <SNL>에서 크리스틴 위그가 뷔욕을 흉내냈을 때 : 워낙 과장된 바람에 한눈에 들어와서 보는 즉시 웃음이 터지고 말았다. 다시 보고 싶어서 실제 뷔욕이 뉴스에 나오길 바라게 된다.

내가 글을 쓰는 방식

나는 지금 로스앤젤레스의 더 그로브 쇼핑몰 근처에 있는 스페인 스타일로 지어진 집에 산다. 더 그로브는 호화로운 야외 쇼핑몰로 '쿨 앤드 더 갱'의 노래에 맞춰 물을 뿜어내는 분수가 있는 곳이다. 사람들은 더 그로브를 줄기차게 비난하지만 미친듯이 인기가 많은 곳이다. 카다시안 가족과 맞먹을 정도였다. 그게 우리 동네였고 작고 귀여운 집이 그 안에 있었다. 정말 마음에 쏙 들었다.

나는 그 유명한 2007년 할리우드 작가 파업 기간에 집을 샀다. 워낙 뜨거운 쟁점이었던 데다 온라인 미디어에서 발생해 국가적으로 양극단의 의견이 첨예하게 대립하게 되었던 사안이어서 다들 기억하고 있을 것이다. 그때는 내가 노마 레이[21]화하기 전이어서 피켓 라인에 서는 대신 남는 시간에 집을 꾸며서 <건축 다이제스트>에서 나오는 집처럼 만들기 위해 공을 들였다. 산타 바바라가 예술적인 노년의 싱글 여성을 만난 분위기였다. 그럭저럭 적절한 정도로 꾸몄는데 특별히 'LA 하우스' 스타일의 함정은 피하려고 노력했다. 나는 오래된 프랑스 제품이

---

21 (옮긴이) 영화 <노마 레이>에 등장하는 주인공의 이름. 부당한 노동현실을 개선하고자 노동조합 건설을 위해 노력하는 캐릭터로 샐리 필드가 연기했다.

있는 빈티지 포스터나 부처 조각상을 들이지 않았다고 자랑스럽게 얘기할 수 있다.

내가 가장 자랑스러운 건 바로 나의 아름다운 사무실이다.

나는 사무실을 만들고 꾸민 직후부터 절대 사용하지 않았다. 박물관 수준의 사무실을 꾸며 놓으면 사람들이(추후에 내 자서전을 쓰게 될 사람들도) 왔다가 내가 이곳에서 글을 쓴다고 생각하지 않겠는가.

땡, 내가 진짜로 글을 쓰는 곳은 여기다.

할리우드: 좋은 친구긴 한데 조금 창피하기도 한

보다시피 나는 글을 쓸 때 폐결핵에서 회복 중인 것처럼 보이는 걸 좋아한다. 침대에 앉아서 노트북을 담요나 노터데임 대학교 후드티 위에 놓는다. 2006년에 그 학교에 가서 스탠드업 코미디를 할 때 얻은 후드티다. (그나저나 완전 한 방 먹은 경험이었다. 학생들은 나를 싫어했고 로우라이즈 청바지에 대한 나의 길고 긴 잔소리도 싫어했다. <오피스>에 같이 출연했던 크레이그 로빈슨과 함께 3개의 대학에 코미디 투어를 했는데 크레이그는 대학교에서 공연하는 일에 아주 전문가였고 웃기기도 엄청 웃겼다. 연기를 하며 피아노로 유명한 팝송 메들리를 결합해서 치고는 자신이 쓴 오리지널 곡인 '팬티 벗어'를 연주했다. 굳이 그 공연이 엄청 웃겼으며 대학생 무리들을 압살했다는 사실은 덧붙이지 않아도 되겠지.)

담요나 후드티는 노트북이 너무 뜨거워지거나 내 난소에 열을 방출하는 것을 막아준다. 다들 알다시피 난소가 열을 받으면 주의력 결핍증에 걸린 아이가 태어날 확률이 높아진다. 나는 거의 언제나 혼자 집에서 글을 쓴다. 음악을 튼 적도 없다. 넬리 퍼타도의 리믹스가 우리집에 울리면 집중을 할 수가 없기 때문이다. 안타깝게도 그 노래가 내 아이팟에 있는 유일한 댄스 음악이인지라, 내가 어쩌다가 그렇게 위대한 춤꾼이 되었는지 설명해준다.

내가 방송 작가로 일하는 것을 즐기는 주된 이유는 직업의 사회적 본성 때문이다. 좋게 말하자면 나는 매우 말이 많고 사교적인 사람이다. 덜 좋게 말하자면 나는 산만하고 엉뚱한 수다쟁이다(레인 윌슨이 나를 이렇게 부른다). 나에게 글을 쓰는 일은 언제나 엄청나게 도전적인 일이다. 왜냐하면 글쓰기의 본질은 결국 홀로 계속하는 것이고 사람들을 우울증 환자, 약물 중독자, 인간 혐오자, 사회부적응자로 만드는 일이기 때문이다. (봐라, 모든 성공한 작가들을. 주디 블룸[22]만 빼고.) 내가 다

---

22 (옮긴이) 미국의 작가. 청소년의 마음을 잘 담은 소설을 쓰는 것으로 유명하며 국내에 소개된 작품으로는 『13살 토니의 비밀』,『안녕하세요 하느님, 저 마거릿이에요』,『엄마처럼 난 결

니는 직장에도 좋은 사무실이 있지만 그곳들은 주로 지저분한 옷장으로 사용된다.

인터넷도 집중력을 엄청나게 흐트러뜨린다. 카다시안 아이들이 대체 정확히 얼마나 있는지 찾아보려고 잠깐 쉬었을 뿐인데 4시간이 지난 후 도너 파티[23]에 대해 읽으면서 친구들에게 문자를 쓰고 있다.

"너네 그거 알아? 도너 파티가 얼마나 끔찍했는지? 얘기 좀 하게 당장 답장 해!"

나의 생산적인 글쓰기와 빈둥거리는 시간의 비율은 1대7이다. 그러니까 하루에 8시간 글을 쓴다고 하면 정말로 생산적으로 글을 써서 결과물을 내놓는 것은 딱 한 시간이다. 나머지 7시간에는 글쓰기 준비를

혼하지 않을래』 등이 있다.
23 (옮긴이) 도너 파티는 1846년 당시 멕시코 땅이던 '알타 캘리포니아' 개척에 나선 조지 도너와 제임스 리드 일행을 일컫는 말이다. 이들 중 일부는 이동 중 폭설을 만나 인육을 먹으며 버텨야 했고 이는 미국 서부 개척의 어두운 면을 대표하는 사건으로 회자되고 있다.

한다. 집안을 서성거리거나 종이상자를 뜯어서 재활용 쓰레기로 정리하거나 BBC에서 나온 <오만과 편견> DVD 팜플렛을 읽거나 나중에 먹을 과자를 줄세우거나 유튜브에서 '싱글 레이디' 노래에 맞춰 춤을 추는 아이들 동영상을 본다. 안다. 끔찍하지 않은가? 그러니까 기본적으로 글 하나 쓰는 일은 추수감사절과 크리스마스 사이에나 이루어진다.

내가 컵케이크를 그만 먹게 된 날

아주 최근에 나는 <오피스>의 대본에서 일주일 동안 떠나 있게 되었다. '떠나 있다'는 말은 작가들을 드라마의 에피소드 하나를 맡아 초안을 쓸 수 있도록 잠시 퇴장시키는 것을 말한다.

정말 멋진 기간이다. 기본적으로 유급이고 용인된 땡땡이다. 샤워하고 옷 입고 직장에 가는 대신 매일매일 집에서 커다란 티셔츠에 바지를 입지 않고 빈둥대거나 쇼핑을 가거나 재미있는 백수 친구와 심장 강화 운동 수업을 들을 수 있다는 뜻이다. 말할 필요 없이 최고의 시간이다.

이번에는 대본을 쓸 때 내가 좋아하는 컵케이크 가게에 들렀다. 선샤인 컵케이크라고 부르자. (선샤인 컵케이크라니 우스운 이름이지만 실은 실제 컵케이크 가게 이름을 절제된 패러디로 표현한 것이다. 상상도 못할 것이다. 로스앤젤레스에서 컵케이크 가게는 스타벅스만큼이나 구석구석에 포진해 있다. 컵케이크는 넘쳐나는 트로피 와이프와 함께 이 도시의 명물이다. 트로피 와이프들은 로스앤젤레스 뷰티 산업의 경제적 엔진인데 다른 미국의 도시에서는 찾아볼 수 없는 사업 아이템이 즐비해 있다. 발가락 액세서리, 손

잡이 덮개, 채식용 개사료라고 하면 알겠지? 나를 신랄하다고 생각하는 사람에게는 내가 트로피 와이프들을 얼마나 부러워하고 우러러보는지 말해주겠다. 내가 운이 좋다면 WME[윌리엄 모리스 엔데버 연예 기획사]에서 파트너와 결혼하고 고양이 페디큐어 시술소를 차릴 수 있겠지. 얼마나 좋을까.)

그러니까 네 번째로 연달아 선샤인 컵케이크에 갔을 때였다. 계산을 하려고 하는데 (컵케이크 앞치마를 두르고 뾰족한 뿔테 안경을 쓰고 머리에 핑크색 브릿지를 한) 여자 매니저가 내게 다가왔다.

뾰족 안경 : 이번 주에 자주 오네요.
나 (풍족한 샘플을 입안 가득 넣고) : 네, 여기 정말 좋아해요.
뾰족 안경 : 트위터 하는 거 알아요. (수상한 음모를 제안하는 것처럼 몸을 기울이며) 선샤인 컵케이크가 맛있다고 트위터에 올려주면 이 컵케이크(내가 사려고 하던 컵케이크를 가리키더니) 하나 공짜로 줄게요.

나는 사람을 삼단계로 불쾌하게 할 수 있을 줄은 몰랐다. 첫째, 여성을 대하는 태도. 서른 한 살 먹은 여성이 컵케이크 가게에 일주일 동안 매일 온다고 해도 혼자 알고 있어야 한다. 내가 얼마나 질 낮은 음식으로 배를 채우는지 주기적으로 일깨워주지 않아도 된다. 둘째, 내가 얼마나 싸구려에 가난해 보이는 거지? 컵케이크 하나는 2달러다! 내가 구두쇠같이 '어머, 잘됐다. 2달러 아껴서 이따가 작고 사소한 걸 사면 되겠어!'라고 할 줄 알았을까? 셋째, 자기네 상품을 홍보해달라는 이 괴상한 뇌물을 받아들인다고 해도 겨우 쥐꼬리만한 컵케이크 하나로 퉁치려고 했단 말인가? 이 제안이 뜻하는 것들을 그녀가 말로 표현한 것 이상으로 내가 너무 심하게 짐작하는지도 모른다. 그렇더라도 나는 그녀를 평생 미워할 것이다.

    나는 게걸스러운 컵케이크 먹깨비가 되었던 것이다. 열받아. 이게 바로 내가 더 이상 컵케이크를 먹지 않는 이유다.

할리우드 어딘가에서 누군가
이 영화들을 시도하고 있다

몇 년 전, 한 영화 제작사의 제작자들과 미팅을 하고 있었다. 띵크스코프 비전클라우드 회사라고 부르겠다. 띵크스코프 비전클라우드는 내가 좋아하는 영화를 몇 가지 내놓았고 내게 몇 가지 아이디어를 구하고 싶다고 했다. 당연히 나는 매우 신이 났다. 방송 작가들은 대부분 언젠가 영화 시나리오를 쓰는 꿈을 꾼다. 그곳에 가는 날 <오피스> 세트장을 "나중에 보자, 멍청이들아!"라는 태도로 나와서 운명이 기다리는 곳으로 향했다.

띵크스코프 비전클라우드 부제작자의 사무실은 <오피스> 스튜디오 반경 50마일 내에 있는 공간 중 가장 근사했다. 내가 앉아있던 의자는 비싼 고급 가죽 의자였고 긴장해서 흘러내린 땀이 종아리 뒤에서 흘러서 의자에 붙어있을 수밖에 없었다. 아 맞다, 반바지를 입고 갔다. 왜? 작가실에서는 내가 입은 옷차림이 비즈니스 캐주얼이었다. 저예산 로맨틱 코미디에 대한 아이디어를 풀어놓기 시작했는데 중역 중 한 명이 내 말을 잘랐다. 그러더니 다른 중역들을 어색하게 둘러봤다.

중역 : 음, 우리는 보드 게임에 대한 영화를 생각하고 있어요. 사람들은 그런 거에 반응하더군요.

나머지 시간 동안 우리는 본격적으로 영화에 "야찌! Yahtzee"라고 외치는 장면이 등장할 가능성에 대해 토론했다. 나는 공손하게 내 생각을 말하고 자리를 떴다.

나는 영화 제작사들이 '사람들이 뭘 보고 싶어할지'에 대해 생각하는 것을 보고 항상 놀란다. 다음 영화들은 내가 최선을 다해 짐작해서 곧 극장에서 개봉할지도 모르는 영화 목록이다.

› 바나나그람 3D
› 크레스트 미백제
› 노랑가오리 vs 대장균
› 리메이크
› 반전
› 스트릿 스마트
› 스트릿 스튜피드 (스트릿 스마트 속편)
› 뚱뚱한 우주인
› 제목 미정 : 리암 니슨 복수 프로젝트
› 제목 미정 : 제니퍼 로페즈 소니아 소토마요르 프로젝트
› 달링 (달링 가족의 알코올중독 아빠의 시점에서 본 피터팬)
› 화장지 광고에 나오는 곰 3D
› 역겨운 참사
› 혐오 섹스
› 뚱뚱한 잡년

› 섹스하는 녀석
› 배드 도그워커 (벌써 포스터를 본 것 같지 않은가? 헤더 그레이엄이 엉덩이가 보이는 짧은 반바지를 입고 응큼하게 웃고 있으면 목줄을 단 8마리의 강아지가 팔방으로 당기고 있는 장면.)
› 인간 퀼트(호러 영화)
› 난 네 아내가 아니야!
› 넌 우리 아빠가 아니야!

내가 이 영화들을 조롱하고 있는 것 같지만, 혹시 이 리스트에서 마음에 드는 영화가 있는 제작자가 있다면 기꺼이 미팅을 하고 싶다. 크레스트 미백제의 개요는 거의 다 완성된 상태다.

세계 최고 오락거리 : 로맨스와 남자들

누가 나에게 원 나이트 스탠드에 대해 설명 좀 해줘

나는 원 나이트 스탠드를 해본 적이 한 번도 없다. 알고 보니, 어처구니없이 구린 거라고 한다. 내가 본 모든 로맨틱 코미디에서는 우리의 사랑스러운 여주인공이 아침에 낯선 사람의 집에서 일어나 기가 죽은 채로 돌아가는 모습을 묘사한다. 침대에 눌린 머리에 아이라인은 다 번져 있고. 아직 '바로 그 남자Mr.right'를 찾지 못한 것이다. (이건 단지 영화 시작 부분일 뿐이다.) 하지만 그녀는 꽤 재밌어 보인다!

나는 원 나이트 스탠드의 매력을 도무지 모르겠다. 그 이유는…

내 생각에, 가장 섹시한 건 '누군가 나를 원하고 있다는 느낌'이다. 살짝 긴장한 채로 전화번호를 물어보는 것. 저녁 식사 데이트를 청하는 문자. 나를 원하고 있다고 간단히 티를 내는 것만으로도 아주 오랫동안 내 자존감이 충족된다. 그로 인해 따라오는 흥분되는 상황? 글쎄, 내 흥미를 당기는 건 그게 아니다. 내가 섹스를 즐기지 않는다는 건 아니다. 나는 적당히 기능하는 포유동물이다. 나는 그저, 뭐라고 할까, 대체 그 남자가 누군지 알고? 섹스로 가기 전에 하루 저녁 정도는 바에서 대화를 나눠볼 필요가 있지 않을까?

게다가 두려움이 생기면 흥분이 급속도로 식는다. 안전에 대해 말하고 싶다. 성병 같은 건강상의 안전이 아니라 생사를 가르는 전통적인 안전 말이다. 내 머릿속에서 정돈되지 않는 생각이 있다. 나는 낯선 사람에게 말을 건 적이 거의 없다. (어릴 때부터 시작된 습관으로 어른이 된 지금까지도 붙어있다.) 그러니 한밤중에 처음 본 사람의 집에 따라가거나 우리집에 데려온다는 생각은 비상식적이고 정말 위험하다고 생각한다. 이런 공포 때문에 여자인 친구가 원 나이트 스탠드 경험을 얘기하면 나는 자연스레 아주 짜증나는 대화 상대가 된다.

성적으로 개방적인 친구가 신나서 : 그러니까 그때가 새벽 2시였거든. 그 남자가 우리집 문을 두드렸어. 나는 가운 말고는 아무것도 안 입고 있었고-

나 : 속옷도 안 입고?

성적으로 개방적인 친구가 신나서 : 응, '아무것도'라고 했잖아.

나(회의적으로) : 속옷은 입고 있을 줄 알았지. 보통 그러고 자는 거야?

친구 : 어쨌거나 그 남자가 문을 두드렸는데-

나 : 잠깐만! 미안. 방금 깨달았는데, 너네 경비가 처음 보는 남자를 그냥 들여보내 준거야? 경비원이 누군지 모를 길거리의 나이 든 남자를 너네 집으로 올려 보냈는데 신경 쓰이지 않아? 나는 우리 경비원한테 들어와도 되는 사람들 사진을 붙인 참고용 책을 만들어줬거든.

친구 : 우리 경비원은 괜찮아~

나 : 나라면 좀 더 다른 식으로 들여보내게 할 텐데…

친구 : 그것도 좋은데, 민디. 어쨌든 집을 구경시켜 주다가-

나 : 경비원한테? (거슬리는 표정을 거두더니) 그 남자! 아, 그 남자! 알겠어.

친구 : 내가 꾸민 복도를 보더니 인테리어 얘기를 하는데 말이 너무 잘 통하는 거야.

나 : 나중에 범행을 저지르려고 미리 살펴보는 거야!

친구 : 아니야! 미리 살펴보는 게 아니었어! 얼마나 섹시하고 다정했는데. 게다가 가족 사진을 보더니 귀여운 농담도 했다고. 그러더니 침실을 봐도 되냐고-

나 : 침실… 그래서 강간하려고?!

친구 : 아니야! 강간하려던 게 아니라고. 좀 들어봐. 침실로 같이 가서 코트를 벗고-

나 : 그 남자가 진정제 주사기를 꺼내서 널 강간하고 살해하려고 했지? 영화 <카피캣>에서처럼!

결국 내가 끊임없이 끼어드는 바람에 친구는 너무 짜증난 나머지 이야기를 중단하고 만다. 아무래도 살해당할 수 있는 가능성에 대해 이야기한다고 해서 원 나이트 스탠드를 하지 못하게 할 수는 없는가 보다.

오해하지는 말자. 나는 야한 이야기를 좋아한다. 고지식한 인간으로 보이거나 R등급 영화를 보지 않는 사람으로 비춰지는 것은 바라진 않는다. 실은, 나의 성적으로 개방된 친구가 내 욕구를 충족시켜주는 재밌고 솔직한 얘기를 해주지 않으면 정말 슬플 것이다.

단지 내가 할 수 있는 일이라고 여겨지지 않을 뿐이다.

자, 나는 이런 사람이다. 누군가 우리집에 놀러 온다면 그 사람의 성과 이름을 알아야 한다. 전화번호와 서로 동시에 알고 있는 사람도 알아야 한다. 그래야 상대방이 나를 죽인 경우에 영영 없는 사람으로 사라지지 않을 테니까. 결정적으로 중요한 것. 만약 내가 강간을 당하고 살해당할 뻔 했는데 원 나이트 스탠드라서 형사에게 상대방의 이름도 무엇도 알려줄 수 없다면 얼마나 당황스럽겠는가. 나는 <로 앤 오더:SVU(성범죄 특수 수사대)>를 아주 많이 봤다. 범죄 이후가 어떻게 돌아가는지 잘 안다.

엮인다는 건 대체 무슨 의미?

　세심한 독자들을 위해 내가 십대나 이십대 초반에 특별히 섹슈얼한 사건이 없었다는 걸 미리 알려주겠다. 좋아, 그다지 세심하지 않은 독자들에게도 알려줘야지. 알았어. 뒤표지를 슬쩍 보고 서점 계산대 앞에 줄 서 있는 독자라면 아마도 벌써 이 결론에 다다랐겠지. 이런 일은 아무래도 선정적인 섹스 경험을 나누는 친구들보다는 거실에 둥글게 모여 앉아 손전등을 켜고 귀신 얘기 하기를 좋아하는 친구들과 어울릴 때 일어난다.

　덕분에 나는 전문용어 실력이 아주 뒤떨어지게 되었다. 특히 '엮이다Hooking up'라는 말의 뜻을 정확히 알 수 없어서 짜증이 난다. 주기적으로 들리는 말이라 더 자주 그런다.

　흥분한 친구 : 어, 안녕! 나 어제 니키랑 엮였다.
　나 : 잘됐다! 네가 한동안 좋아했잖아. 축하해.

　(하이파이브를 한다. 잠시 쉬었다가.)

나 : 근데 그게 무슨 뜻이야? 둘이 섹스했어?

흥분한 친구 : 야, 너 역겹다.

내가 무슨 야한 얘기에 환장한 변태는 아니다. 그저 나는 대체 무슨 뜻인지 궁금할 뿐이다. 친구들이 누군가와 엮였다고 말할 때가 있는데 매우 기대하던 키스 타임을 의미했다. 아니면 최고 수준의 밤샘 섹스아톤sex-a-tone[1]을 의미했다. 한번에 모두 이해할 수 있을 만한 일반적인 의미를 만들 순 없을까? 지금부터는 엮인다의 의미는 섹스라는 것으로 통일하도록 하자. 나머지는 그냥 '스킨십 했다'고 하자. 28살 이상이라면 그냥 키스한 거로는 박수 칠 감도 안 되며 말할 필요도 없다. 모르몬 교도라면 지옥에 갈 일이니 예외이긴 하지만. 자, 이제 모두 합의를 본 것 같다. 유럽도 유로로 통일하는 데 합의를 봤으니까 우리라고 못할 것도 없지.

---

[1] 밤샘 섹스아톤은 내가 힙합 가수로 데뷔할 때의 앨범명이기도 하다.

세계 최고 오락거리: 로맨스와 남자들

아일랜드식 퇴장이 좋아

최근에 '아일랜드식 퇴장Irish exit'이 파티에서 말도 없이 사라진다는 뜻이라는 걸 알았다. (아마 제대로 된 문법으로 말을 하지 못할 정도로 술에 취했기 때문이겠지.) '프랑스식 퇴장'은 말도 없이 혹은 자기 몫의 돈을 내지 않고 일찍 사라지는 걸 말한다고 한다. 음… 아마 외국인 혐오 사이트 같은 데서 본 것 같다. 유대인식 퇴장이나 흑인식 퇴장이 궁금해지는데… 안 되겠다. 아슬아슬하군. 너무 갔다.

내 생각에 아일랜드식 퇴장은 사회 생활을 하려면 필요하다고 생각한다. 술에 취하는 부분만 빼고. 실은 요즘에 성대한 파티에 가면 언제나 빠져나오기 바쁘다. 아일랜드식 퇴장을 내 방식대로 하자면 속임수를 쓰는 것이다. 큰 목소리로 "화장실이 어디 있지?"라고 말한 다음, 길을 잃은 외국인 관광객처럼 과장스럽게 주위를 두리번 거린다. 그러고는 화장실을 찾는 대신 몰래 코트를 집어 들고 빠져나온다. 아니면 "아, 차에 불을 켜두고 온 것 같아!"라거나 "어머, 차 문을 안 잠그고 왔네."라고 말할 때도 있다. 보다시피 차는 매우 좋은 핑계거리다. 물론 이건 술을 딱 한 잔 마셨을 때만 가능하다.

내가 이렇게 하는 이유는 사교적인 인사말로도 귀찮을 수 있다고 생각하기 때문이다. 안녕, 잘 가 같은 말들이 서른 명 넘는 사람들이 모인 곳에서는 불필요하다. 작별 인사하고 껴안고 하느라 다른 사람의 시간을 낭비하고 싶지 않다. 어떻게 보면 더 예의 바른 행동이라고 생각한다. 파티를 잘 즐기고 있는 사람들을 괜히 작별 인사에 강제로 끌어들이지 않으니까. 그러면 다른 사람들까지 하던 걸 멈추고 다가와서 포옹을 해야 한다고 느끼고 만다. 완전히 시간 낭비의 도미노다. 내가 포옹과 관심이 필요할 때는 따로 있다. 나는 현충일 바비큐 파티에서 슬쩍 빠져나오느라고 즐겁고 유쾌한 인간관계를 놓치고 싶지 않다.

아일랜드식 퇴장은 교묘해야 하며 파티에 지장을 줘서는 안된다. 절대로 누군가에게 집에 가겠다고 말하면 안 된다. 그러니까 사람들과 얼굴을 맞대고 거짓말을 능청스럽게 할 수 있어야 한다. 딱 한 번 거짓말 하는 것을 걸린 적이 있다. L.A.에 있는 다운타운 스탠다드 호텔 옥상에서 열린 친구 루이사의 생일 파티였다. 내가 스물일곱 살 때였다. 원래 같이 오기로 했던 친구 다이아나가 버닝맨에 가는 바람에 혼자서 파티에서 형편없는 시간을 보내고 있었다. 내 예전 남자친구가 새 여자친구인 클로이와 파티에 온다고 해서 다이아나가 바람잡이를 해주기로 했었는데 말이다. 클로이에 대해 잠깐 설명하자면, 아주 어려서 (혹은 어려 보여서) 드라마에서 보다 네 살 많은 여배우의 딸 역할을 연기했었다. 하지만 최악인 부분은 클로이가 아주 친절하다는 사실이었다.

클로이가 내게 다가왔다.

클로이 : (수줍은 표정으로) 제가 정말 영웅처럼 생각한다는 거 아세요? 중학교 때 <맷&벤> 공연을 보려고 롱아일랜드 철도를 탄 적도

있어요.

어디서 감히, 감히 널 싫어할 수 없게 만들다니, 클로이. 제발 날 바라보지 말라고, 그 정직한 빌어먹을 밤비 눈알로 말이야. 이거 무슨 수작인지 다 알아. 나는 재빨리 "행운을 빌어요" 같이 이상한 말을 내뱉고는 양해를 구하고 성큼성큼 내뺐다. 그러고는 내 직장동료 작가인 피트와 함께 서 있는 루이사에게 가서 아일랜드식 퇴장을 시도했다.

나 : 아이쿠, 어쩌지? 조수석 보관함을 열어놓고 온 것 같네. 가서 확인 좀 해봐야 겠어.
피트 : 그냥 가야 된다고 말해. 안 돌아올 거 알아.

피트는 내 마음을 읽은 듯했다. 그 순간, 실제로 나는 집에 가는 길에 신용카드를 받는 24시간 타코집에 들릴 생각을 하고 있었다. 피터에 대해 잠깐 설명하자면, 매우 재밌고 직설적이며 약간 비관주의적인 남자로 마치 래리 데이비드[2]가 친구라면 이럴까 싶은 좋은 친구였다. 게다가 그의 입바른 소리를 다른 사람에게 할 때는 참 시원했는데, 그게 나를 향하면 아주 짜증이 난다.

나 : 가는 거 아니야. 차만 확인하고 화장실 좀 갔다 오려고 그래. 요즘에 물을 너무 많이 마셨나봐. 건강 생각하느라. 하하.

나는 물을 꿀떡꿀떡 마시는 시늉까지 하면서 그럴 듯하게 연기했다.

---

2 (옮긴이) 1947년생 미국의 코미디언이자 프로듀서. <사인펠드>의 제작자이며 <SNL>의 작가로도 일했다. 68세 때 <SNL>에 나와 당시 민주당 대통령 선거 후보였던 버니 샌더스를 흉내낸 적이 있다.

피트 : 왜 항상 화장실에 가는 이유를 우리한테 말하는 거야?

피트가 핵심을 찔렀다. 다른 사람이 화장실에 가는 이유를 궁금해 하는 사람은 없다. 이건 확실히 죄책감의 증거였다. 거짓말을 덮느라 너무 많은 이야기를 하는 것은 아마추어나 하는 짓이었다.

어휴! 그 멍청한 클로이가 싱싱한 젊음과 놀라울 정도의 친절함으로 나를 이 악순환에 빠뜨렸어. 왜 그냥 나를 싸가지 없게 대하지 않고… 내가 클로이라면 그랬을 텐데 말이야. 젠장, 클로이!

나 : 그래서, 피터. 내가 빠져나가려는 걸까 아니면 화장실에 가려는 걸까? 나를 몰아세우기 전에 네 생각을 말해 보시지.

나는 누군가 내 존 그리샴 소설에 나오는 최종 변론 수준의 반박을 알아챘는지 주위를 둘러봤다. 아무도 없었다.

피트 : (눈도 하나 꿈쩍이지 않고) 누가 봐도 넌 그냥 가는 거지.
나 : 글쎄, 빠져나가려는 사람이 코트를 여기다 두고 가겠니?

나는 천천히 내 코트를 과장된 동작으로 소파 위에 패대기 쳤다. 그러고는 의기양양한 눈빛으로 피트를 바라보며 방을 나섰다. 복도를 걸어 내려오면서도 의기양양하게 걸어서 여성 화장실을 지나친 후 엘리베이터를 탄 다음 로비를 질러서 주차장까지 가서 차를 몰아서 그 자리를 떴다.

코트는 포에버21에서 산 옷이었다. 미안, 피트, 넌 옛 남친과 그의 새로운 여자친구가 있는 파티에서 발견되는 17달러짜리 코트의 자유를 모를 거야. 그리고, 친구여, 이게 바로 아일랜드식 퇴장이라네. 고마워요, 포에버21!

남자들은 멋져지기 위해
거의 아무것도 안 해도 된다

남자가 되는 건 참 쉽다. 키엘 조금, 범블앤범블³ 조금, 피코트, 척테일러 신발을 갖추면 멋진 남자가 된다.

여기 내가 멋진 남자가 될 수 있는 방법을 담은 굉장히 건방진 가이드를 준비했다. (겉과 속 모두지만 사실 대부분 '겉모습'에 관한 것이다. 내가 누구라고 내면을 개발하는 방법을 가르치겠는가.) 만약 여러분이 고정관념을 거부하는 자신의 방식대로 사는 사람이라면 아마 내 가이드가 견디기 힘들 것이다. 충분히 이해한다. 그러니 이 책을 당장 내려놓고 척 팔라닉⁴의 책 같은 걸 읽도록 하자.

1. 제이크루에서 몸에 잘 맞는 피코트를 사자. 아니면 크리스마스 세일까지 기다렸다가 바바토스 같은 디자이너 브랜드에서 사든가. 검은색은 누구에게나 어울리고 어디에나 잘 어울리지만 차콜 색상도 괜찮다. 항상 오바마의 최연소 참모가 세련된 피코트를 입은 모습처럼

---

3 (옮긴이) 헤어스타일링 제품 브랜드.
4 (옮긴이) 『파이트 클럽』을 쓴 미국의 소설가.

보여야 한다. 아! 일 년에 한 번씩 세탁하되 좋은 드라이크리닝을 받으면 원래의 검은색 윤기를 그대로 유지할 수 있다. 그러면 입을 때마다 처음 입는 것처럼 산뜻해 보일 것이다.

2. 제임스 본드처럼 나만의 술을 만들자. 하찮아 보이지만 나는 항상 남자가 자기만의 멋진 술을 주문할 때마다 감명 받곤 한다. 물론 화려하게 으깬 베리류라든지 그런 걸 넣는 건 예민하고 손이 많이 가는 괴짜로 보일 수 있으니 그러지 말자. 스카치를 좋아한다면 좋아하는 브랜드를 하나쯤 알아두자. 현실적이면서도 어른스러워 보이니까. (주문할 때 제임스 본드처럼 과장스러운 연기를 할 필요는 없다. 그런 건 클로즈업에 적당한 연기니까.)

3. 어둡게 워싱된 일자 청바지를 몇 벌 구비한다. 부츠컷은 안 된다. 스키니도 안 된다. 그냥 아무런 장식 없이 깔끔한 리바이스 청바지면 된다. 장식이 하나도 없어야 한다. 절대로. 하나도. 제발!

4. 엘리베이터에서 여자가 내린 다음에 내리고, 탄 다음에 타도록 한다. 아니, 내가 기사도에 환장한 건 아니지만 이런 사소하고 정중한 행동은 매우 눈에 잘 들어오고 기억에 오래 남는다.

5. 여자가 예쁘다는 생각이 들었다면 말하자. 다만 예쁘게 치장하기 위해 들인 과정에 대해서는 언급하지 말자. 예를 들어볼까? "오늘 너 정말 아름답다."라고 말해야지 "오늘 화장이 아주 잘 됐는데?"라고 말하면 안 된다. 여자가 해낸 것을 칭찬해야지 여자가 들고 있는 물건을 칭찬하는 건 진정한 칭찬이 아니다. 그러니 "그 부츠 정말 괜찮

다"라고 말하기 보다는 "그 부츠 네가 신으니까 정말 섹시해 보여"라고 말하자. 나 부츠 만드는 사람 아니거든! 부츠 디자인이 네 마음에 들든 말든 상관 없어! 우리는 마법처럼 느껴져야 한다. 우리가 이렇게 보여지기까지 얼마나 많은 과정이 있었는지 절대 모를 것이다.

6. 파티나 부엌에서 도움이 필요하냐고 묻지 말고 그냥 돕는다. 설거지도 마찬가지다. (솔직히 말해서 돕고 싶지 않으면 아예 물어볼 필요도 없다. 자존심 있는 집주인이라면 아무도 이 질문에 도와 달라고 대답하지 않을 것이다.)

7. 드럭스토어에서 팔지 않는 향수를 하나 마련하자. 딱 하나만. 항상 살짝만 뿌리고 다니자. 그 사람을 기억할 만한 향기가 나는 남자에게 안겨 푹 감싸인 느낌은 정말 설명할 수 없이 섹시하다. 언제 어디서고 그 향기가 나면 그 사람을 떠올리게 된다. 나의 마음을 침략하는 전략이다, 남자들아! 등줄기가 찌릿찌릿하다.

8. 여자친구의 가족들은 아마 이상할 가능성이 크지만 항상 두둔해 주자. 항상! 여자가 원하는 건 그냥 자기 가족과 어울리는 것뿐이고 그걸 잘 해낸다면 영원히 사랑 받을 것이다. 아마 여자가 자기 가족을 욕하고 있다면 같이 동조해주는 게 더 쉽겠지만, 정말 까놓고 말하자면, 아무리 자기 가족이 연쇄 살인마라도 남자친구가 자기 가족을 쓰레기 취급하는 걸 듣는 것보다 트라우마로 남는 상처는 없을 것이다.

9. 피부는 키엘로, 머리는 범블앤범블로 관리하자. 필요하다면 빗질도

하고. 그거면 된다. 만약 여자가 여러분의 물건을 살펴본다면 (물론 집에 놀러간 후 5분 안에 벌어질 일이다) 딱 두 가지 화장품만 있어서 아주 고급스럽고 절제된 매력이 느껴질 것이다. 거의 카우보이 수준이니까.

10. 나는 남자들에게는 신발이 딱 두 켤레만 있으면 된다고 진심으로 생각한다. 질 좋은 검은색 구두와 척 테일러 운동화다. 여기서 핵심은, 물론 매년 새로운 척 테일러로 교체해줘야 한다는 점이다. 이걸 신고도 단정하지 않을 수는 없다. 너무 오래 신으면 지옥에서 온 듯한 냄새가 난다. 한 켤레에 40달러다. 매년 한 켤레 정도는 새로 살 수 있겠지.

11. 어딜 가든 와인이나 초콜렛을 가져가자. 언제 어디서나 사랑 받을 것이다. 선물 때문이 아니라 그걸 사느라 트레이더 조 같은 곳에 줄을 서 있었을 모습을 상상하면 매우 귀엽고 사랑스럽게 느껴지기 때문이다.

12. 질투를 전혀 느끼지 않는 타입이라고 해도 가끔씩 조금 해준다. 너무 많이 하면 섬뜩하지만 여자친구가 최고로 매력적으로 느껴지는 파티에서 그녀의 등에 소유욕을 나타내는 손을 살짝 얹기만 하는 건 아주 좋다.

전혀 트라우마가 되지 않았지만
날 울게 만든 사건들

이제 우리가 서로를 꽤 잘 알게 된 것 같다. 내가 아프리카에서 온 아이에게 괴롭힘 당한 것도 알고, 브로드웨이 연극에서 거절당한 것도 알고, 얄미운 가짜 친구들이 나와 같이 있는 걸 피하려고 거짓말을 인터넷에 올린 것도 알고 있다. 이런 순간에 울 때마다 고통은 진짜였고 상처가 남았다. 그리고 보니 나를 울게 만들었지만 감정적으로 나를 상처내지는 않는 일을 당했을 때는 정말 감사한 기분이 들었다. 우리를 더 현명하고 더 흥미롭게 만드는 게 아닐까? 니체가 했던 말이 다 그런 거였으니까. 그나저나 전형적으로 여자를 울리려고 만든 <노트북> 같은 영화에 더하여 그런 비슷한 종류에 감동 받아 눈물을 흘린 적도 있다. 이 리스트는 특정한 순서로 쓴 건 아니다.

에반 리버만의 약속

내가 스물 여섯 살이던 해의 크리스마스 직전에 정말 멋진 남자를 만났다. 에반이라고 부르겠다. 에반은 재정 전문가로, 내가 좋아하는 시트콤에서 일하던 친구 제프의 대학 룸메이트였다. 에반은 쾌활하고 경제적으로 안정되어 있었고 코미디를 좋아했지만 코미디에 너무 푹 빠지지는 않았다. 우리의 직무는 얼추 비슷했고 그것은 둘 다 자신이 좋아하는 일에 오랜 시간을 할애한다는 뜻이었다. 내가 꿈꿔온 이상적인 로스앤젤레스에서 찾기가 정말 어려운 관계였다. (당시에 나는 이렇게 생각했다. 그냥 살면서 임상 우울증을 진단받지 않은 남자를 만나고 싶다고. 그게 나의 딱 한 가지 기준이었다. 아, 그거랑 관계가 깊어질 때 내 종교를 개종하려고 하는 것도 안 된다. 나에 대해 한 가지 알아둘 점이 있다. 나는 힌두 문화를 단절하라는 것을 단호하게 거부한다.) 에반이 첫 데이트 장소로 선택한 곳은 코리아타운에 있는 한국식 바비큐 식당이었다. 미리 사전에 조사를 해보고 데려간 게 분명했다. 누가 봐도 알 수 있는 노력에 나는 홀라당 넘어갔다. 저녁 식사를 하는 동안 에반은 자신에게 일어났던 부끄럽고 웃기는 얘기들을 들려주었다. 그는 <오피스>를 정말 좋아해서 정확히 반 정도 봤다고 했다. 무슨 기준인지는 모르겠지만 내 마음에 쏙 드는 분량이었다. 에반은 정말 자연스럽게 웃음을 만들었다. 게다가 정말 귀엽게 생겼는데, '미적분학 수업에 그 잘생긴 남자애'같이 생겼다. 무슨 말인지 알아 듣겠지?

여자들이 기대되는 데이트에 나갈 준비를 하느라 얼만큼의 시간을 쓰는지 남자들은 제대로 알긴 할까? 에반과의 두 번째 데이트를 준비하느라 나는 눈썹 왁싱을 하고 손톱을 다듬고 편집숍에서 거금을 들여 새 치마를 샀다. 친한 친구들에게 다가오는 데이트에 대해 말했더니 다들 끝나고 바로 어떻게 됐는지 말해달라고 난리였다(친구들은 다들 뉴욕에 있었기 때문에 항상 새벽 2시에 나와 통화를 하는 것이었다). 난 정말 이 모든 과정이 즐거웠다. 전부 좋은 데이트에 포함되는 일정이었다. 엄청나게 많은 노력이 들어가지만.

그날 저녁 7시, 욕실에 서서 머리에 롤러를 끼우고 있는데(정말이다!

60년대 영화에 나오던 촌스러운 핑크색 롤러!) 에반에게서 몸이 좋지 않아서 저녁 약속을 취소한다는 문자가 왔다(문자라니!). 어디가 아프다는 소리도 없고 사과의 뜻으로 다음 약속을 잡겠다는 열의도 보이지 않았다. 데리러 오기로 했던 시간이 한 시간도 남지 않았다. 나는 밝은 느낌으로 답장을 보냈다. "어머, 오늘 우리가 만나기로 했었나요?" 아무렇지 않은 척 애를 썼다. 에반은 이해해줘서 고맙다고 했고, 그 후로 영영 연락이 없었다.

거의 곧바로 나는 울음을 터트렸다. 나에게는 놀라운 점이 하나 있는데 슬픈 생각과 눈물을 흘리는 데 쓰는 시간이 3, 4초면 된다는 점이다. 난 정말 바보가 된 기분이었다. 준비하는 데 그렇게 많은 시간을 (돈도!) 쓰다니. 거절을 당해서 느끼는 아픔이라기보다는 좋은 시간과 외출하는 즐거움, 굿나잇 키스, 그리고 친구들에게 데이트가 좋았는지 나빴는지 얘기할 기회까지 모두 빼앗겨서 느끼는 상실감이었다. 무척 진부하게 들리겠지만, 뭐 진부한 게 맞긴 한데, 시간을 함께 보내고 싶을 정도로 괜찮은 사람을 만나기가 정말 어렵다. 그러니까 그렇게 빨리 날아가버린 만남은 정말 크나 큰 허무함을 줬다. 물론 왜 내가 마음에 들지 않았는지 궁금했지만 절대 알아내지 못했다. 제프에게 가서 물어볼 수는 없었지만 아마 그는 알고 있겠지.

발렛 주차를 하고 있는 우리 아빠 연배의 남성

이건 정말 나도 어떻게 할 수가 없다. 우리 아빠 연배의 남자가 길거리를 뛰어 다니며 차를 주차하는 모습을 보면 마음이 무너진다.

<그레이스랜드> 앨범

2004년 <오피스>에서 일을 시작하고 친구가 하나도 없었을 때 나는 <그레이스랜드> 앨범을 들으며 눈물을 짰다. 일하러 가는 길에, 집으로 돌아오는 길에도 들었다. '그레이스랜드' 같이 상실에 대한 발라드곡뿐 아니라 'You can call me Al'이라는 곡을 들으면서도 울었다.

그 앨범은 행복했던 어린 시절을 떠올리게 해서 지금의 나를 그렇게 슬프게 만든다는 걸 깨달았다. 부모님과 차를 타고 부모님 친구를 만나러 버지니아 해변으로 긴 여행을 하면서 <그레이스랜드>를 따라 부르며 행복했던 기억만을 떠올리게 된다. 일종의 어린 시절을 박제해놓은 이미지라고 할 수 있다. 아마 다시는 그 시절로 돌아갈 수 없다는 걸 깨닫게 하기에 그 앨범을 들을 때마다 그렇게 슬픈 기분이 드는 것 같다.

잡지에 실린 인간관계에 관한 기사가 나를 우울하게 만들 때

두 달에 한 번쯤 기존 상식의 벽을 허무는 기사가 전국적으로 발행되는 잡지에 실린다. 관계에 관한 엄청난 논문이 발표됐다면서. 그러니까 이런 것들이다. '여성에게 더 이상 남성이 필요하지 않은 이유', '35세 이상 여성이라면 아무 남자와 자리 잡는 게 반절이라도 가는 것이다', '일부일처제가 얼마나 현실성이 없는지' 혹은 '얼마나 이치에 맞는지' 혹은 '얼마나 즐거운지' 등. 이런 것도 있다. '자신의 자식을 사랑하지 않아도 된다.' 그냥 아무 때나 이메일로 오곤 하는 기사들인데 나는 여덟 번인가 저장을 해놓은 적이 있다.

기사를 읽고 곧바로 나는 이런 생각이 드는 걸 멈출 수가 없었다. "그래, 그래, 100% 맞아. 드디어! 누군가 내 속마음에 있던 작은 목소리를 확증해주었군. 나는 언제나 내 아이를 사랑할 수 없어! 이제 전국적인 논의가 되었으니 다른 사람들도 동의하고 나도 내가 평범하다고 생각할 수 있겠어." 하지만 일주일 뒤에 다시 이런 생각이 든다. "난 최악이야." 이 비참하고 보잘 것 없는 잡지 기사는 오픈마인드 자유주의자 예술 전공 졸업생들이 아버지가 일주일에 한 번씩 S&M 던전에 간다는 흉측한 반전 없이 핵가족은 존재하지 않는다는 확신을 가지도록 돕는다. 내가 원하는 것을 원하는 일, 결혼해서 흥미로운 일부일처제 관계 안에서 아이를 가지고 서로 사랑하며 사는 것이 쿨하다고 믿는 사람들이 점점 적어진다는 뜻이니 나는 울고 싶어진다.

마크 다아시

모든 여성은 콜린 퍼스를 사랑한다. 미스터 다아시, 마크 다아시, 조지 6세… 콜린 퍼스가 벼룩시장 살인마 역할을 연기해도 사람들은 좋아할 것이다. "어머나, 벼룩시장 살인마가 어쩜 저렇게 소년 같은 미소를 짓지?!" 나는 콜린 퍼스의 모든 것을 사랑한다. <잉글리시 페이션트>의 집착 심하고 씩씩거리며 극심한 고통에 시달리는 남편 역할마저도 좋았다. 하지만 나를 울게 만든 역할은 역시 <브릿지 존스의 일기>의 마크 다아시다.

처음 마크가 등장했을 때는 좀, 그러니까, 재수없었다. 거만하고 잘난 척 심하고 자기 자신만 중요하다고 생각했으니까. 하지만, 그는 은밀하게 멋진 사람이었다. (은밀하지 않게 매력만점이었고.) 내가 여섯 번인가 일곱 번 반복해서 본 장면이 있는데 맹세컨데, 그 장면이 나올 때쯤이면 진작부터 기대감에 눈물을 글썽인다. 마크 다아시가 나쁜 남자가 아니라는 사실을 처음 깨닫는 장면이다. 사실, 그는 세상 최고의 남자였음을 알게 된다.

브리짓이 끔찍한 커플 저녁 식사에 갔다가 잘난 척하는 커플들 앞에서 망신을 당하는 장면 기억하는가? 브리짓이 밖으로 나서려는데 마크가 그녀를 막아 서고는 이렇게 말한다.

"네가 좋아, 아주 많이. 네 모습 그대로."

이 장면이 왜 그렇게 좋은지 나도 모르겠다. 아주 단순하고 위트가 있지도 않고 아주 투박한, 매력적이고 강박적인 남주인공의 에프런식[5] 대사이다. 정말이지… 밍밍하다. 하지만 그 상황에서 저렇게 말을 한다는 것이 세상에서 가장 아름다운 장면을 만들었다. 그러니까, 당연히 내가 눈물이 터지지.

찰리 브라운 크리스마스 사운드트랙 앨범

아이가 살해당해서 즉시 울음을 터트려야 하는 장면이 있는 <체인질링> 같은 영화에 내가 캐스팅된다면 연기하기 전 대기하면서 빈스 과랄디의 찰리 브라운 크리스마스 앨범을 준비시킬 것이다. 아이들의 목소리와 나의 어린시절과 <피넛츠>의 연결은 시작일 뿐이다. (나는 어릴 때 항상 나를 페퍼민트 패티와 동일시했다. 궁금할까봐 덧붙이자면, 자기가 좋아하는지도 확실하지 않은 남자를 쫓아다니는 독선적이고 건강한 여자아이다.) 이 음악은 화려하지만 왠지 경쾌한 구간에서도 슬픈 분위기가 느껴진다. 조니 미첼의 <블루>처럼.

조니 미첼의 <블루>

나는 이 앨범의 가사를 하나도 빠짐없이 다 알지만 하도 흐느끼며 부르는 바람에 절대 알아듣지는 못할 것이다.

---

5 (옮긴이) <해리가 샐리를 만났을 때>, <시애틀의 잠못 이루는 밤>, <줄리&줄리아> 등을 쓴 로맨틱 코미디의 대가 노라 에프런을 뜻한다.

엄마가 울 때

    무슨 이유 때문에 우는지는 상관 없이 엄마가 우는 모습을 보면 나도 울음이 터진다. 아마 우리 엄마가 전혀 우는 일이 없기 때문인 것 같다. 엄마는 무척 쿨한 사람이다. 반면에 나는 일주일에 다섯 번은 운다. 솔직히 이 목록을 이 정도로 줄이는 것도 참 힘들었다.

유대인 남자들

먼저, 부인할 내용을 일러둔다. 많은 인종차별주의자들이 이렇게 말한다는 걸 안다. "내 친한 친구 중에 흑인도 있다고!"라고 언급하고는 길고 긴 인종차별의 말을 시작한다. 이제 이런 건 인종차별의 변명이 되지 않는다. 물론이다. 하지만 나는 좀 다른 상황에 있다. 내 친구들은 전부 유대인이거든. 그럼 내가 하고 싶은 말을 해도 되지 않을까? 그랬으면 좋겠다. 할 말이 좀 많거든.

건강 염려 망상증처럼 굴지 말자

뭐라고? 난 감기에 걸린 것뿐이야. 테러를 의심하는 표정 짓지 마. 나쁜 일이 생겨 봤자 너도 감기에 전염되는 것뿐이야. 극성맞게 하루에 천 번씩 손 소독제 할 필요도 없고 내가 방에 들어갈 때마다 소스라치게 놀랄 필요도 없어.

덧붙여서. 네가 아플 가능성이 없을 것 같더라도 사람들이 한 번도 아파본 적 없는 것처럼 실황중계 안 해도 되거든. 아니 감기에 무슨 대단한 반전과 배신이 난무하는 서스펜스 영화 같은 이야기라도 있는 듯이 굴지 말라고. (끔찍한 반전이라고 해 봤자 아침에 일어났을 때는 기분이 괜찮았는데 점심에 몸이 안 좋은 거겠지.) 모르는 사람이 없는 일이다. 곧 나을 것이다. 괜찮을 거라고.

그런데... 만약 감기보다 심각한 거면 어떡해?
아니야. 그냥 감기야.

네 방 벽에 액자를 걸어줄 사람을 고용한다고?

그게 남자가 자신의 아내와 섹스할 사람을 고용하는 것만큼 나쁜 걸까? 아니, 그렇게까지 나쁜 건 아닐 거다. 하지만 내가 무슨 말을 하는지 알겠지. 이런 말을 해야 하다니 유감이다. 좋아, 벽에 그림 걸 사람 고용하자. 알았어, 알았어, 알았어. 나도 그걸 정확히 똑바로 거는 방법은 모르겠으니까.

인도 음식을 좋아해줘서 고마워

대학교에 다닐 때 유대인이 아닌 사람들은 인도 음식을 접하면 "오~" 니 "아~"하는 감탄사와 함께 외국에서 온 별종을 보는 것처럼 굴었지. 우리가 인도 음식점에 갈 때 네가 메뉴판을 애원하듯 바라보지 않고 나에게 "우리 둘 다 먹을 수 있는 걸로 시켜 줄래?"라고 묻지 않아서 좋더라.

래리 데이비드

난 네가 그와 선험적인 특별한 관계로 묶여 있다는 사실에 화가 나곤 해. 마치 네가 절에 다니는 아빠의 구제 불능 친구라도 되는 것처럼 웃음을 지으며 "아, 래리~"라고 할 때 말이야. 우리 둘 다 TV로 봤는데, 그것도 동시에 같은 자리에서 봤지.

이스라엘

이스라엘은 흥미롭지만 이 주제에 대해 얘기할 때마다 무슨 두 시간씩 걸리는 것 같아. 얘기하는 건 좋은데 2시간은 심하지 않니!

나도 엄마 있거든

이봐, 네가 맨날 엄마랑 통화하는 거 알아. 나는 일주일에 두 번 정도 통화하고. 그렇다고 너네 엄마가 우리 엄마보다 나은 건 아니거든. 그리고 너네 엄마가 요리 잘하는 건 알아. 어릴 때 우리 엄마가 3분 요리만 해준 것처럼 생각하는 것 같다?

네가 엄마 자랑을 할 때마다 나는 존중하는 태도로 듣고 이렇게 말하지. "와, 정말 좋은 엄마를 뒀구나." 하지만 내가 우리 엄마 얘기를 하면 넌 눈을 게슴츠레 하게 뜨고 나를 무슨 대통령이 되겠다고 떠벌리는 망상 어린 아이처럼 보더라. 넌 다른 사람의 엄마가 너네 엄마처럼 재밌거나 예술에 조예가 깊고 아이를 잘 돌보고 불손하지 않다는 점을 조금 안다고 해서 네 자신감을 채우는 데 사용하면 안 돼.

에스겔, 람, 아리 엠마누엘의 엄마

우리 둘 다 동의하지. 그녀는 대단해. 원하는 건 뭐든지 할 수 있지.

나탈리 포트만

네가 일부분 나탈리 포트만과 이뤄질 수 있다고 생각하는 거 알아. 그건 괜찮아. 그럴 수 있지. 남한테 해를 끼치는 건 아니니까.

남자와 소년

가끔씩 나는 작업 중인 원고를 식당에 가져가서 사람들의 이야기를 엿듣는다. 이 행동을 합리화할 수 있다. ("아, 내가 쓰고 있는 캐릭터를 위한 인류학적 조사 방법이지.") 하지만 사실은 그냥 오지랖이다. 나는 특히 내 나잇대 여성들의 대화를 엿듣는 걸 좋아한다. 자극적으로, 내가 지금 있는 곳과 비교를 해보는 것도 즐긴다. 내가 정상인가? 내가 지금 제대로 된 책을 읽고 있는 건가? 내가 올바른 음식을 피하고 있나? 이렇게 엿듣는 것을 통해 눈 앞에서 갈아주는 신선한 피넛 버터를 홀푸드라는 곳에서 살 수 있다는 정보를 얻었다. 그러니까 가끔씩은 다른 사람을 엿보는 것을 강력히 추천한다.

한번은 내가 식당에서 글을 쓰고 있는데 두 명의 매력적인 30대 여성이 브런치를 즐기며 대화하고 있었다. 식사를 마치고 커피를 시켰기 때문에 더 재밌는 대화가 나오리라 예상했다.

여자 #1 (예쁜 유대인 여자, 몸매가 매우 좋고 룰루레몬 요가 바지를

입었다.) : 제레미가 콜롬비아에서 막 크리에이티브 라이팅 프로그램
을 끝냈대. 근데 이번에는 로스쿨에 진학하려고 하나봐.

여자 #2 (아담한 아시아 여자, 검은 머리, 굉장히 큰 가슴) : 어머나.

룰루레몬 : 왜?

32D : 대체 얼마나 많은 대학원을 다녀야 겠대?

룰루레몬 : 그러니까. 걔 잘못은 아니야. 유명하지 않은 사람들의 단편은 출판사에서 안 사잖아. 요즘엔 패리스 힐튼이 되어야 책을 팔 수 있지.

32D : 지난 10년 동안 제레미는 대학을 나와서 말단직만 전전하다가 대학원에 가거나 했지. 그동안 너는 경력 탄탄한 전문직 직장인이 되었고.

룰루레몬 : 응, 그래서?

32D : 제레미는 어린애야. 넌 남자가 필요해.

내가 짐작하기로는 룰루레몬은 이 말을 잘 받아들이지 못했다.

나도 룰루의 입장이었던 적이 있기에 그녀가 안쓰러웠다. 그동안 데이트해온 남자가 내심 아직 어린애라는 걸 깨닫는 것은 혹독하다. 메리 케이 레터노우[6]가 된 기분이다. 정말 최악이다.

내가 데이트한 남자는 대부분 애였다. 왜냐고? 남자들은 나를 무서워 죽으려고 하니까.

'남자'들은 구체적인 계획을 세운다. 그들은 자신이 원하는 게 무엇인지 안다. 남자들은 알람 시계를 소유하고 있다. 남자들은 팁을 충분

---

6 (옮긴이) 자신의 제자인 초등학교 남학생과 성관계 후 감옥에 간 여성.

히 준다. 남자들은 바닥에 바로 깐 매트리스에서 자지 않는다. 남자들은 거의 빈 샴푸병에 물을 넣는 대신 새 샴푸를 산다. 남자들은 치과에 간다. 남자들은 예약을 한다. 남자들은 키스해도 되냐고 묻지 않고 키스를 한다. 남자들은 남이 입었던 옷은 입지 않는다. 남자들은 자신의 속마음을 내비치지 않는다. 무척 사적이니까. (좋다, 아마 남자들이 정확하게 이렇진 않을 것이다. 이건 내가 알고 있거나 간접적으로 들은 한줌 사례로 대충 꿰맞춘 것이다. 범위는 클리프 허스터블부터 시어도어 루즈벨트를 거쳐 우리 아빠까지다.)

반면에 내가 익숙한 남자애들은 이렇다.

남자애들은 귀엽다. 남자애들은 말을 매력적인 방식으로 끝맺는다. 남자애들은 오픈마인드다. "와, 좋은데? 학교 중퇴했다고? 죽인다." 남자애들은 작은 배낭을 메고 직장에 간다. 남자애들은 '머리 좀 자르는' 룸메이트에게 머리를 잘라 달라고 한다. 남자애들은 더플 백에 삶을 싸들고 라이브 공연을 위해 브루클린으로 가버릴 수도 있다. 남자애들은 '라이브 공연'을 좋아한다. 남자애들은 돈이 없다. 돈이 생기면 콜로라도에서 열리는 뮤직페스티벌에 가는 여행에 다 써버린다. 남자애들은 친구들이나 부모님과 대화할 때 어떻게 대화 수준을 맞춰야 하는지 알지 못한다. 남자애들은 부모님에게 LA로의 비행이 어땠는지 묻는 대신 LCD 사운드시스템을 어떻게 운반했는지에 대해서만 묻는다. 남자애들은 부모님을 자기 또래 수준으로 놓고 아빠가 끔찍한 말장난을 하면 눈알을 굴리고만 있다. 남자애들은 외식을 할 때 부모님이 밥값을 내게 만든다. 아마 그러지 않을까?

남자애들은 여러 가지 면에서 훌륭하다. 기억에 남을 만한 직접 만든 선물로 놀라게 한다. 충동적이기도 하다. 하지만 삼십대가 되면 남자애들의 데이트는 구려진다.

나는 남자들이 조금 어린 여자와 데이트하는 것과 여자들이 조금 나이 든 남자와 데이트하는 것을 선호하는 이유를 완전히 이해한다. 나는 서른 두 살이고 내가 충분히 어른이라고 느낀다. 내가 어린애같이 행동한다면 아주 불쌍해 보일 것이다. (간곡히 말한 건데, 가끔씩은 굉장히 힘들다. 내가 헬로키티 액세서리를 하고 싶지 않다고 생각하겠지? 아니면 가끔씩은 어반아웃피터즈에서 나오는 웃기는 티셔츠를 입고 싶지 않다고? 아닌데!) 하지만 삼십대 남자는 어른처럼도 애처럼도 할 수 있고 그 두 가지가 다 용납된다. 그래서 나는 어른 남자의 수영장에 발가락을 담그기 시작한 것이다.

내가 스물다섯 살일 때 나보다 훨씬 나이 많은 남자와 네 번의 데이트를 했다. 이 남자를 피터 파커라고 부르겠다. 그 남자의 실제 이름과 이니셜이 같고, 음, 그리고, 내 책이니까 내가 데이트했던 남자 이름을 스파이더맨의 제2의 자아로 붙여도 내 마음이지 뭐.

피터 파커는 나보다 조금 잘나가는 코미디 작가였는데, 항상 말끝마다 '넌 한참 배워야 겠다, 애기야' 같은 말투로 얘기하곤 했다. 꽤 유명한 시트콤의 작가로 일했었는데, 항상 '<오피스>가 취소되면' 어떻게 일을 구해야 하는지 내가 부탁하지도 않은 충고를 그렇게 해대곤 했다. 얼마 후 그 남자가 <오피스>가 취소될 거라고 확신했다는 사실이 명백해졌다. 네 번째이자 마지막 데이트쯤에는 그 남자가 <오피스>가 취소되어야 한다고 생각했다는 사실이 밝혀졌다.

내가 왜 피터 파커 이야기를 했냐고? 글쎄, 스파이더맨으로 이중 생활을 하는 것은 제쳐두고, 피터는 집을 소유한 첫 데이트 상대였기 때문이다. 그게 그 남자의 최고 장점이었다.

그것은 완전 매력 포인트였다. 집이 호화롭거나 그런 것도 아니었다. 그냥 할리우드에 있는 아담한 스페인식 단층집이었다. 나를 사로잡은 것은 내가 데이트한 남자 중에 최초로 독립해서 자기 집에 사는 남자였다는 점이다. 벽은 페인트칠이 되어 있었고 액자로 장식된 예술 작품도 있었다. 평평한 TV와 스피커도 있었다. 벽에는 내 집 보증금을 다 날려야 할 만큼 많은 나사가 박혀 있었다. 그가 아무렇지 않아 하는 모습이 놀라웠다. 피터의 집을 보면 내가 처음 남자들과 데이트했던 대학교 기숙사보다는 내가 자랐던 우리집이 떠올랐다.

물론 집이 있다고 피터와 계속 데이트를 하고 싶게 만드는 건 아니었다. 피터는 거들먹거리고 섹시하지가 않았다. 그리고 그때쯤에는 남자'애'들도 집을 가진 경우가 많다는 것을 알았다. 플레이보이 맨션만 봐도 알 수 있지 않은가. 나는 피터를 통해 내가 남자에게 진정으로 원하는 것이 무엇인지 깨달았고 다음에는 진지하게 그런 남자를 찾아보고 싶었다. 즉 책임 있는 사람을 원했다.

연애에 책임을 진다는 뜻보다는 (태초부터 여성들이 지겹도록 되풀이해 요구해온 것이지만 내가 말하는 책임은 다른 것들에 대한 것이다.) 집, 일, 이웃들. 계약서가 있는 일을 할 것. 대출금을 갚을 것. 남자들은 여자들이 책임감 있는 사람을 원한다고 하면 연애에 대한 책임으로 생각하는 듯하다. 다른 사람에게 꼬리치지 않아야 한다는 것 말이다.

그래서 이제 나는 남자들을 찾는다. 그들이 위협적일 수 있더라도. 스케줄이 있고 일찍 일어나고 지갑을 가지고 다니며 찍찍이 신발을 신지 않는 남자를 원한다. 그들이 콜레스테롤이나 탈모 때문에 약을 먹는다고 해도 상관 없다. 물론 좋진 않지만 감당할 수 있다. 나도 이제 어른이니까. 나는 그저 자신의 삶에 책임감 있는 사람을 원할 뿐이다. 자리를 잡았다는 점이 이제 매우 끌리는 매력이 되었다.

가슴 털을 변호하며

어릴 때 빠졌던 연예인은 피어스 브로스넌이었다. 그래, 나도 안다. 피어스 브로스넌은 창의적이지 않지. 마치 벽장에 갇힌 십대 레즈비언의 겁에 질린 선택 같이 들린다는 거 안다. 하지만 그래도, 피어스는 내 짝사랑이었다. 열세 살 때 영화 <미세스 다웃파이어>를 극장에서 친구들과 함께 보았다. 피어스 브로스넌이 수영장에서 나오는 장면이 있는데, 셰릴 티그스Cheryl Tiegs[7] 스타일로. 굉장히 늠름하고 반짝였지. 내가 아주 명확히 기억하는 것이 한 가지 있는데, 굉장히 풍성한 가슴털이다. 그것은 꽤 마이너한 성적 선호가 깨어나는 순간이었다. <미세스 다웃파이어>라는 영화가 전통적인 남성성을 이상적으로 묘사한다고 할 때 자주 인용되는 영화는 아니지만 어쨌든 그랬다.

나는 예전부터 가슴털 있는 남자가 좋았다. 어릴 때 아빠가 세계지도가 그려진 멋진 버튼업 셔츠를 입고 있을 때 엿보았던 기억이 있다. 내 눈에는 가슴털이 기품 있어 보인다. 아빠는 미친 듯이 많거나 하진 않았고 그냥 보통 정도였다. 어쨌든 그건 아빠가 정말 멋진 남자라는

---

7 (옮긴이) 1970년대 인기를 끌었던 슈퍼모델. 미국에서 '수영복 섹시 화보'하면 떠올리는 모델이라고 할 수 있다.

표식 같았다.

그런 나이니, 남자들이 가슴 털을 밀거나 왁싱하는 것을 이해하지 못하겠다. 정말 불필요한 일이다. 뭐, 전문 수영선수라면 모르겠지만 할리우드의 모든 남자 배우들이 그러니까. 러닝타임이 1시간인 드라마에 나오는 마흔 살 먹은 남자의 털 하나 없는 가슴을 보면 살짝 구역질까지 난다. 왜냐고? 너무 많은 미용 주사를 맞은 얼굴을 보면 구역질을 느낀다고 하는 것과 비슷한 이유다. 불안함을 극복하기 위해 너무 기분 나쁜 과정을 통해 애를 썼다는 게 눈에 훤히 보여서다. 이 상황에서의 불안함이란 특히 더 이상하다. 몸에서 명백하게 남자다움을 뽐내는 부분을 떼어버리다? 으웩! TV에서 털 없이 잘 그을린 남자를 보면 어쩔 수 없이 치와와가 떠오른다. 아니면 그 사람이 가슴털을 제거했을 과정을 상상하게 된다. 왁싱샵에 특별히 예약을 했을까? 돈을 얼마나 냈을까? 까칠까칠하게 자라나지 않을까?

솔직히 말하자면, 여러분, 털 없이 매끈한 가슴이 섹시하다고 하는 여자라면 의심을 해보아야 한다. 그 여자는 여러분이 치펜데일[8]처럼 보이길 원하거나(다들 알다시피 전부 게이다) 꼬맹이처럼 보이길 원한다는 것이다.

아, 내가 말하는 것이 자신은 '자연스러운' 여자를 사랑한다고 눈을 번뜩이며 주장하는 소름끼치는 남자의 것과 맞먹는다는 걸 잘 안다. 하지만 난 차라리 그런 남자의 여자 버전이 되는 게 낫지, 이 말을 하지 않고는 못 배기겠다. 게다가 이미 이 책 이곳 저곳에서 내가 소름끼치는 인간이라는 걸 조금씩 밝혔으니까, 뭐. 제발 가슴털을 내버려 두라고!

---

8 (옮긴이) 근육질의 남성 배우들만 등장하는 라스베가스에서 공연하는 성인 여성을 위한 쇼.

결혼한 사람들이 나서야 할 때

　내가 대학에서 셰익스피어 수업 때 기억나는 거라곤 딱 한 가지뿐이다. 비극과 달리 희극은 결혼식으로 끝난다는 것이다. (한 여자가 몇 년 넘도록 동상으로 포즈를 취하고 있었다는 이상한 연극도 기억이 난다. 나는 "내가 대체 뭘 읽고 있는 거야? 정말 이상하네. 강의에서 이거 빼버리라고!"라고 생각했다.) 그래서 내가 알아챈 것은 대부분의 로맨틱 코미디도 그렇게 끝난다는 것이다. 하지만 셰익스피어가 결말을 그렇게 내는 진짜 이유는 결혼으로 다가가는 과정이 결혼 후의 일보다 더 활기차고 재밌다고 여겼기 때문이라고 생각한다.

　자라면서 내가 만난 아이들의 약 25%정도가 이혼한 부모 밑에서 자랐다. 전혀 색다른 게 아니었고 오히려 매력적이었다. 친구네 집에 자러 갈 때 부모 중 누구와 함께 살고 있는 집인지 짐작할 수 없었다. 어떤 아이의 아빠의 새 집에는 항상 케이블 TV와 수영장이 있었고 요리를 직접 하는 대신 배달을 시켜주었다.

　어른이 되어 이혼한 사람들을 엄청나게 많이 만났다. 내가 살고 있는 곳이 신을 믿지 않는 로스앤젤레스라서인지 오히려 결혼한 사람보다 이혼한 사람을 더 많이 알고 있는 것 같기도 하다. 여기에서는 약혼했다는 것은 그저 공개적으로 모노게미시monogamish[9] 관계에 있다는 걸 알린다는 뜻일 뿐이다.

나는 완전히 새로운 종류의 사람들과도 익숙해지게 되었다. 행복하지 않은 기혼자 말이다. 어디에나 있고 이혼한 사람보다 만 배 넘게 우울했다. 내 친구 팀(당연히 가명이다)은 7년을 만난 여자친구와 결혼한 후 더욱 우울해졌다. 팀은 파티에서 사람들에게 열정적으로 결혼 생활이 좋다고 하는 사람이다. 지속적으로 노력을 해야 한다고도 말한다. 부부 상담은 특별한 경우가 아니라 모든 사람이 받아야 하는 것이라고도 말한다. 팀은 결혼 상담에 돈을 수천 달러를 지불한 후 살짝 정신 나간 듯한 맹목적인 눈빛을 하고 있었다. 팀은 자신이 겪고 있는 살아있는 지옥과 마찬가지인 결혼 생활이 현대인의 필수 양식이라고 생각하는 듯했다. 결국 그는 내가 결혼으로 귀결되는 연애로부터 빠져나오도록 돕고 말았다. 하지만 결혼식은 아니었다. 여기서 하나 확실히 집고 넘어가자면, 나는 결혼식을 정말 미친 듯이 좋아한다. 할 수만 있다면 매년 하고 싶다. 내 생각에 엘리자베스 테일러는 성대한 파티가 너무 좋아서 그렇게 많이 결혼식을 한 것 같다.

흥미로운 것은 이혼한 사람들이 우울하거나 우울하게 만드는 사람과는 거리가 멀다는 사실이다. 이혼한 사람들은 다들 무거운 짐을 덜은 듯, 마음의 죄를 씻어낸 듯 했고 그 과정에서 지혜를 얻은 듯했다. 이혼을 먼저 원한 쪽이 아니었어도 그랬다. 친구 중에 코미디 작가인 샌디는 남편이 다른 여자 때문에 이혼을 했다. 그것도 (샌디가 투자하고 키운) 레스토랑이 잘되자 마자 떠났다. 자극적인 사건이고 최악의 이야기다. 6개월 동안 일주일에 세 번씩 상담을 오가며 어려운 시기를 겪은 후

---

9 (옮긴이) 일부일처제의 관계에서 상호 합의하에 간통을 허락하는 것.

샌디는 이제 행복해졌다. 샌디는 결국에는 자신이 떠났어야 할 일을 미리 남편이 해주어서 다행이라는 사실을 깨달았다. (내가 아는 대부분의 버림 받거나 깨진 사람들이 그랬듯이.) 우리 엄마 말대로 한 명이 행복하지 않다면 실은 두 사람이 행복하지 않지만 한 명이 그것을 받아들이지 않은 상태일 뿐이다. 샌디는 그동안 자신이 얼마나 불행했는지 깨닫지 못했다. 샌디는 남편이 떠나간 것이 그에게 받은 최고의 선물이었다고 말했다. 그렇지 않았다면 혼자서 현실을 확실하게 직시할 수 없었기 때문이다. 물론 쉽지 않은 과정을 겪어야 했다. 아이들이 있었기 때문에 양육에 관해 공유하고 조정하는 동안 마음 고생을 해야 했다. 그렇지만 샌디는 확실히 예전보다 훨씬 나은 삶을 살고 있다.

우리 부모님은 서로 친구인 덕분에 잘 지내신다. 두 분은 자신들의 부부 관계를 깊이 분석하진 않는다. 아, 두 분은 중매 결혼을 하지 않았다. 친구라니 무슨 뜻이냐고? 두 분은 대부분의 시간에 똑같은 주제에 관해 대화를 나누고 싶어한다. 우리 부모님의 경우에는 식물, 뿌리 덮개, 관목이다. 두 분 다 정원 가꾸기를 좋아한다. 내가 뉴욕 패션 위크에 대해 얘기하는 방식으로 두 분은 진딧물에 대해 대화를 나눈다. 두 분은 하루 종일 함께 철쭉과 드라마 <멘 오브 어 서튼 에이지>[10], 그리고 피어스 모건을 보면서 바닐라 밀크쉐이크를 나눠 마시고 잠에 든다. 엄마와 아빠는 친구다. (추신 : 두 분은 친구지만 절친은 아니다. 우리 엄마는 이모와 절친이다. 절친은 자신의 감정과 옷차림과 가십에 대해 지겹도록 수다 떨 수 있는 사람이다.)

에이미 폴러에 관해 장황하게 떠벌리고 싶진 않지만 나는 항상 에이미와 윌 아넷의 결혼 생활을 존경해왔다. 몇 년 전 <팍스 앤 레크리에이션>의 첫 상영회 때 늦은 저녁 에이미가 남편을 찾고 있던 것이 기억

---

10 (옮긴이) 고교 동창인 세 남자의 40대 중반 이야기를 그린 드라마.

난다. 에이미가 나와 다른 <오피스> 작가들이 있는 쪽으로 왔다.

에이미 : 안녕, 여러분. 혹시 아넷 봤어요? 어디 있는지 모르겠네요.

우리가 모른다고 하자 에이미는 마치 "그 남자, 참"하는 식으로 온화하게 고개를 젓더니 다시 찾으러 나섰다. 나는 자신의 남편을 성으로 부르는 여성을 처음 봤다. 마치 자신의 팀원을 부르는 리그 팀 코치 같았다. 그 짧은 순간으로 에이미와 윌이 친구라는 것을 알 수 있었다.

기혼자들아, 제발!
섹스의 흥분을 유지시키기 위한 방법을 끝없이 떠든다든가 데이트할 계획을 세우기 위해 떠드는 것을 더 이상 듣고 싶지 않다. 창피한 감정을 공유하며 <총각들>의 모든 에피소드를 함께 다 봤다는 이야기나 같이 보던 <브레이킹 베드>를 한 명이 혼자 보면 그날은 죽은 목숨이 된다는 이야기를 듣고 싶다. 나는 부부가 함께 취미로 소프트볼을 하다가 팀메이트처럼 하이파이브를 하는 모습을 보고 싶다. 이런 일들이 가능하다는 걸 알기에, 그리고 나 자신이 이런 관계가 되고 싶기에 희망하는 것이다.

아마 행복은 여러 가지 모양으로 존재할 테고 애를 써야 하는 결혼이 사람들을 행복하게 할지도 모른다. 하지만 내 안의 어떤 마음은… 결혼생활을 돌아가게 하는 것이 정말 그렇게 어려운가? 친구가 되는 일이 그렇게 어려울까? 나는 로맨스가 죽었다느니 하는 불평을 하는 게 아니라 식물이나 취소된 레이 노마노 쇼나 밀크쉐이크를 마시는 것에 대한 대화가 기반이 된 행복한 결혼을 말하는 것이다. 엠파이어 스테이트 빌딩에서 장미꽃잎을 뿌려놓고 서로의 눈을 들여다보는 그런 종류가 아니다. 아마 우리 부모님이 가끔씩은 눈을 맞추기는 할 것이다. 아빠의 눈에 엄마가 안약을 넣어줄 때. 결혼이 언제나 쉬워야 한다는 뜻은 아니다. 하지만 요즘 들어 우리가 너무 비관적인 방향으로 생각하는 것 같다. 셰익스피어 희극은 결혼식으로 끝이 나고 그 후로 영원히 행복하게 매일매일 살았다는 지표는 딱히 없어 보인다. 실제 삶에서 결혼식은 친구들을 잔뜩 불러 모아 여는 성대한 파티가 되어선 안 된다. 분명 좋은 날이지만, 남은 40년 동안 정원 가꾸기에 대해 항상 대화 나누고 싶은 상대방과의 우정이 쫑나는 날이 되어선 안 된다.

아마 중요한 것은 모든 결혼은 어떻게든 굴러가지만 자신이 좋아하는 선택을 할 수 있다는 것이다. 책을 쓰는 것은 일이지만 재밌는 일이고 내가 선택한 일이며 나는 독자 여러분과 함께 할 수 있어서 매우 즐겁다. 이것은 나의 일이며 내가 좋아하는 일이다. 반면에 팀은 몹시 추운 북극 해의 석유 굴착 장치의 철탑에서 따개비를 긁어내는 일처럼 매우 고되고 어려운 일을 선택했다.

결혼한 사람들에게, 모든 것은 당신에게 달려있다. 가라앉고 있는 배를 지킬지는 전부 당신의 어깨에 실려있다. 그 배는 나를 포함해 많은 사람들이 타고 싶어하는 오래되고 위엄 있는 배다. 부디 흥분하기를, 그리고 그 흥분을 우리에게 실어날라 주기를 바란다. 항상 기억하자. 정말 많고 많은 사람들이 당신이 가진 것을 부러워한다. 당신은 화관을 쓰고 셰익스피어 연극의 가장 마지막을 장식하는 주인공이다. 나머지 사람들은 그저 조연들일 뿐이다.

왜 남자들은 신발을 그렇게 늦게 신는 걸까?

정말 진지하게 궁금한, 성차별적인 질문이 하나 있다. 대신 굉장히 조심스럽고 구체적인 양식의 성차별적 질문이니까 괜찮을 것 같다.

대체 왜 내가 아는 모든 남자들은 신발을 그렇게 미친듯이 늦게 신을까? 신발끈이 있는 신발이라도 나는 서서 끈을 묶고 밖으로 나서는데 10초밖에 안 걸린다. (아니면 대부분의 경우에는 신발끈을 묶지도 않는다. 그냥 신발에 발을 집어넣고 차에 가서 신발끈을 묶으면 되니까.) 하지만 남자들은, 어떤 신발을 신었든 상관 없이(스니커, 반스, 정장구두) 여자보다 스무 배는 넘게 걸리는 것 같다. 요점만 말하자면, 남자와 집을 나설 때 나는 화장실을 가거나 전화 통화를 하거나 둘 다 할 시간을 계산한다. 다 끝내고 나면 남자는 신발을 '거의' 다 신고 있다.

남자들이 신발 신을 때를 관찰하고 알아낸 특유의 소심함/꼼꼼함이 있다. 먼저, 자리에 앉는다. 다시 말해, 신발을 신으려면 앉아야 하는 것 같다. 마치 이런 신호를 보내는 느낌이다. "여기서 시간이 좀 걸릴 테니까 뜸 좀 들이자고." 나는 끈이 아직 엮여 있지도 않은 하이킹 부츠를 전화 통화하면서 벽에 기대지도 않고 신을 수 있다.

실은 그게 그렇게까지 문제가 되진 않지만 멋지고 섹시한 마무리 대화를 나눈 후 남자가 우리집을 나서는데 신발을 신으면서 8분이라는 시간을 멀뚱거려야 하니 참 곤란하다.

나의 외모에 관한
재밌는 사실과 재미없는 사실

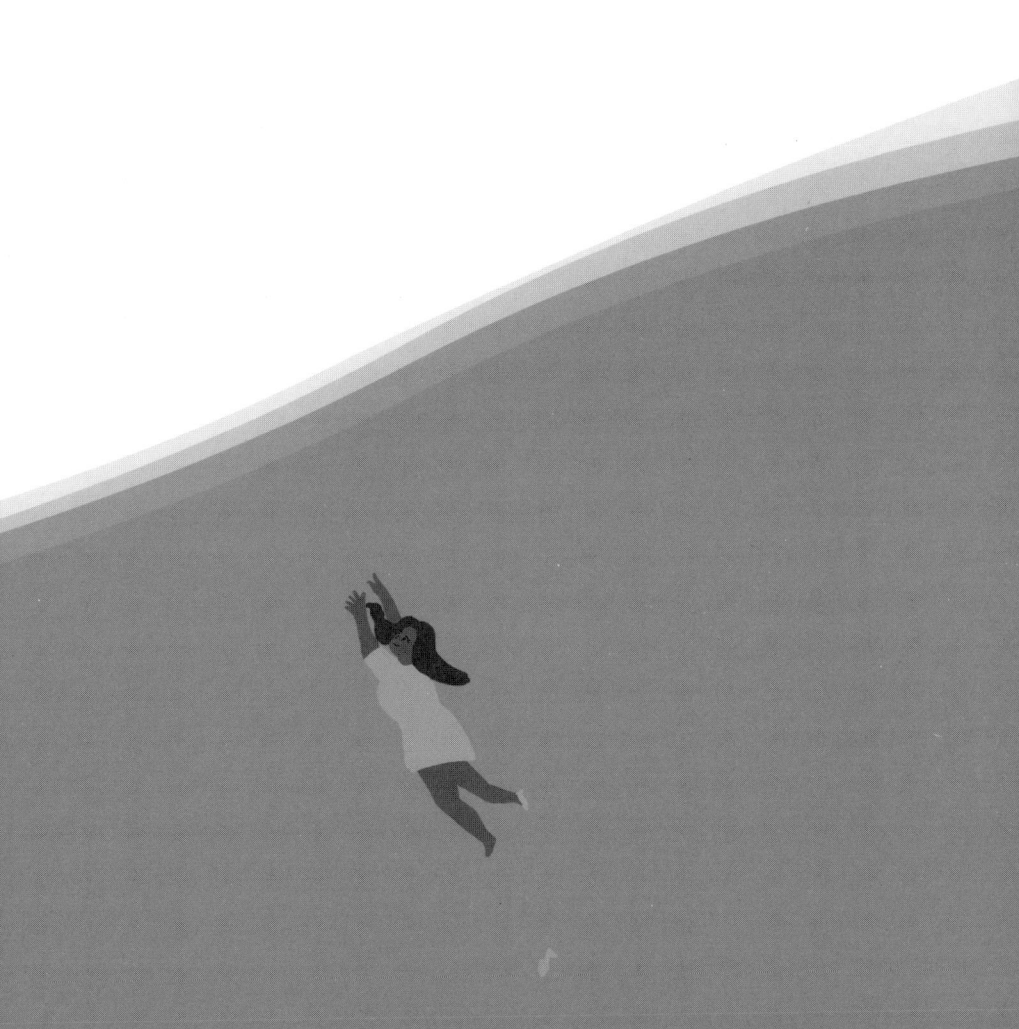

사람들이 마르지 않은 사람에게 입기를 바라는 옷

나 같은 성격을 지닌 사람에게 레드카펫이나 포토월을 준비하는 과정은 최고의 시간이다. 전문적인 기술로 아름답게 꾸며지는 일은 에이섹슈얼 같은 겉모습을 지닌 나 같은 아이에게는 어릴 때부터 꾸던 꿈 같은 일이다. 우리 부모님은 나와 오빠에게 거의 똑같은 옷을 입혔기 때문이다. <세서미 스트리트>의 '버트와 어니'를 떠올리면 되겠다. 원색으로 된 차림새에 스웨터를 입었으니. (진지하게 말하는데, 스웨터를 입은 어린아이는 정말 나뿐이었다.) 내 머리카락이 귓볼 밑으로 자라는 대단한 변화를 맞이하기까지 몇 년이 걸렸다.

그러니 이제 내가 어른이 되어 전문가들 손에 의해 아름답게 변신할 수 있다는 건 나에게 천국에 온 것이나 마찬가지다. 하지만 누군가 나를 위해 옷

을 골라주는 부분은 그리 재밌지 않다.

이 책을 조금이라도 읽어봤다면 다들 눈치 챘겠지만 나는 쇼핑을 정말 좋아한다. 하지만 잡지 촬영을 할 때는 특정한 컨셉으로 진행되기 때문에 내 옷을 대신 골라줄 스타일리스트가 따라붙곤 한다. 당연히 그들은 내가 보여주고 싶은 멋진 스타일(예를 들어 1980년대의 리사 보넷 스타일 같은)을 신경 쓸 필요가 없다.

내 몸이 모델처럼 마르지도 않았고 그렇다고 존재감이 압도적일 정도로 뚱뚱하지도 않다 보니 수많은 패션 스타일리스트들이 혐오하는 애매하고도 모호한 '보통 미국 여성' 사이즈에 걸리고 말았다. 참고로 내 사이즈는 8이다(이번 주에는, 그렇다). 내가 금욕주의자가 될 만큼 독하지도 않고 뚱뚱한 쾌락주의자가 될 만큼 자신감 있고 대담한 사람이 아니라는 뜻이기 때문에 많은 스타일리스트들이 싫어하는 사이즈다. 그들은 마치 이렇게 말하는 것만 같다. '노선을 확실히 정하라고! 그냥 아주 거대해 져서 피아노 관이 필요해질 정도가 되면 거기에 맞춰서 입힐 수 있을 거 아니야.'

물론, 스타일리스트들이 모두 그런 것은 아니다. 나는 그동안 내 모습을 끝내주게 멋지게 만들어주는 거친 성격의 스타일리스트들과 일을 해본 적이 있다. 모니카 로즈라는 스타일리스트는 내 몸을 정말 잘 이해하는 스타일리스트다. 모니카는 내 몸을 축복해준다. (그렇다, 나는 나이 많은 이상한 고모처럼 '내 몸을 축복해준다' 같은 표현을 쓴다.) 하지만 대부분의 스타일리스트는 나를 가지고 어떻게 스타일링을 해야 할지 갈피를 잡지 못한다.

지난 7년 동안 스타일리스트들이 나에게 입히려고 한 것들을 살펴보자.

네이비 색

음, 네이비, 블랙의 입술이 얇은 독신 자매랄까. 블랙은 시크하고 범용적으로 날씬해 보이기는 하지만 레드카펫 위에서는 따분한 컬러이고 베스트 드레서로 꼽히는 경우도 드물다. 그래서 내가 네이비 색을 자주 입고 나타나는 것이다. 네이비는 지난 몇 년 새에 트렌디해졌고 아주 잘된 일이다. 왜냐하면 그 전에 네이비는 그저 우편배달부를 대표하는 컬러로만 유명했기 때문이다.

캡 슬리브

캡 슬리브는 누가 입어도 별로인데, 나는 언제나 이 옷을 배정받는다. 아마 내 팔뚝살을 감추려는 시도 같은데, 정말 넌더리 난다. 캡 슬리브는 오직 결혼식에서 아장아장 걷는 화동들만 입어야 한다.

하늘하늘한 보헤미안 블라우스

메리 케이트와 애슐리 올슨 같이 마른 여성들이 너풀거리는 히피 패션을 입으면 여리여리하고 예뻐 보인다. 나도 보헤미안 스타일을 무척 좋아하지만 내가 입으면 살 찐 집시 같이 보일 뿐이다. 게다가 뚱뚱한 사람들은 절대로 여리여리한 느낌을 낼 수 없다. 마른 사람들이 절대로 힘찬 느낌을 낼 수 없는 것과 마찬가지다. 내가 아는 뚱뚱하면서도 여리여리한 단 한 사람은 안나 니콜 스미스이다. 그녀의 경우에는 여리여리하다는 게 사실은 '약에 취한' 느낌을 뜻하지만.

무거운 비즈가 주렁주렁 달린 목걸이 여러 겹

여러 겹의 알록달록하고 요란한 비즈 목걸이만큼 내 모습을 1970년대에서 온 사회복지사처럼 만드는 것도 없다.

무무(하와이 전통의상)

대학에서 학생이 그리스 신화를 개작해 만든 뮤지컬에 출연한 적이 있다. 꽤 멋진 작품이었는데 몇몇 출연자가 여러 가지 역할을 연기해야 했다. 항상 찌푸린 표정을 하고 있던 스테파니가 의상 담당자였는데 우리를 피팅룸으로 불렀다. 연기자들에게 각각 꽉 끼는 검은색 레오타드를 주었다. 다른 역할로 바꿔 입을 때 겉옷만 벗고 바로 갈아입을 수 있게 취한 조치였다. 내가 입어볼 차례가 되었다. 나는 커다랗고 형태를 알아볼 수 없는 무무를 받았는데 찍찍이로 여미고 금색 줄로 묶는 옷이었다. 무대 위의 검은색 커튼과 같은 천으로 만든 게 분명해 보였다. 스테파니(참고로, 스테파니는 마르지 않았다)는 내 몸과 씨름하고 싶지 않은 것이 분명했다. 내가 감독에게 불평을 말하자 감독은 스테파니에게 뭐라고 했고 열 받은 스테파니는 내가 '맞추기 어려운' 사람이라고 말했다. 나는 스테파니가 나에게 무무를 던져놓고 그만두게 되는 첫 번째 사람이 될 거라고는 꿈에도 몰랐다.

숄

나는 정기적으로 숄 스타일링을 받는다. 마치 엘리자베스 여왕이라도 된 것 같다. 마르지 않은 사람에게 가해지는 정기적인 부당함은 그들을 마치 삐걱거리는 할머니처럼 보이게 만든다.

셜록 홈즈 스타일 망토

담배 파이프와 외알 안경만 있다면 괜찮다.

판초

판초를 입은 내 모습은 '영어는 저의 모국어가 아닙니다'라고 외치는 것만 같다.

나풀거리는 바지

한번은, 유명한 여성 패션 잡지의 스타일리스트가 내게 거대한 차콜그레이 색 바지를 입힌 적이 있다. 마치 광대가 번화가에서 입을 법한 옷차림이었다.

데이지 무늬

아무래도 스타일리스트들끼리 데이지 무늬를 '발랄하고 단순하고 뚱뚱한 여자'에게 적당한 무늬로 정하자고 약속을 한 것 같다.

솔직히 말하자면, 나는 스타일리스트들이 그저 내 몸을 가리기 위해서 핫도그 코스튬을 입혀놓고 파리에서는 모든 여자들이 오스카마이어 소시지[1]처럼 입는다고 설득하려는 것 같다.

2011년에 나는 〈피플〉 매거진에서 전국적으로 했던 설문인 '북미 지역에서 영어를 쓰는 사람 중 가장 아름다운 사람' 중 하나로 선정되었다. 나는 결과에 도취되고 말았다. 이걸 상기시킬 필요는 없겠지. 누군가는 그 페이지를 찢어서 영감으로 삼기 위해 냉장고 위에 붙여 놓았을 거라는 걸. 진심으로 놀라운 결과였고 내 자존감은 한껏 높아졌다. 솔직히 내 외모로 선정되었다는 점이 더욱 영광이라고 말하고 싶지만 십대 소녀들이 볼지도 모를 책에 그런 철없는 말을 쓰는 건 그다지 의식 있는 사람이 할 일은 아닌 것 같다.

혹시 〈피플〉에 실린 사진이 균일하게 느껴진다면 실제 일어난 일을

---

1 (옮긴이) 미국의 유명 소시지 브랜드. 1883년 탄생했으며 노란색 바탕에 빨간색 로고와 패키지가 시그니처이다.

알려주겠다.

이 사진을 촬영한 날은 토요일이었고 장소는 할리우드에서 한 시간 정도 떨어진 초등학교였다. 장소가 너무 좋아서 나는 점점 흥분하게 되었고 엄마와 문자를 주고 받으며 사진을 꼭 보내겠다고 약속했다. 촬영은 <오피스>의 동료였던 엘리 켐퍼와 함께 찍었는데 정말 친하고 내가 좋아하는 사람 중 하나다.

카리스마 있고 거의 이해하기 힘든 수준의 프랑스 스타일리스트가 나를 드레스로 가득 찬 트레일러로 데려갔다. 마치 사담 후세인의 조카의 옷장을 걸어 다니는 느낌이었다. 오간자, 망사, 실크 따위가 트레일러의 바닥부터 천장까지 가득 차 있었다. 모조 다이아몬드와 깃털이 여기저기 널려 있었다. 새로운 드레스를 살펴볼 때마다 그 전 드레스보다 정교하고 매혹적이었다. 그리고 모든 드레스가 0 사이즈였다.

스타일리스트는 다른 샘플은 전혀 가져오지 않았다. 내 사이즈와 가장 가까운 옷은 형태가 없는 네이비 색 원피스였는데 아까 언급한 것과 같은 이유로 입고 싶지 않았다. 게다가 그 옷은 주디 덴치[2]가 별로 신경도 안 쓰는 사람의 장례식에 입고 갈 것 같이 생겼다. 나는 다른 옷은 없는지 둘러보았다. 없었다.

나는 엘리에게 화장실에 다녀오겠다고 말했다. 초등학교에서 촬영하고 있었으니 화장실도 아이들이 쓰는 화장실이었다. 나는 어린이용 화장실에 앉아서 울음을 터트렸다. 왜 진작 10킬로그램쯤 빼서 이런 상황을 대비하지 않지 않았을까? 그렇게 하는 여배우에게 삶이 덜 가혹한 것을. 왜 나는 내 스타일도 아닌 옷을 유일하게 맞는 옷이기 때문에 억지로 입어야 하는 상황에 처해야 하지?

눈물을 닦으려 휴지걸이에 손을 뻗었는데 화장지가 없었다. 그러면

---

2 (옮긴이) 영국의 배우. 50년 넘게 꾸준히 작품 활동을 하고 있으며 <셰익스피어 인 러브>, <007 스카이 폴>, <팔로미나의 기적> 등에 출연했다.

그렇지. 나는 한숨을 내쉬고 옆 칸으로 갔다. 역시 화장지가 없었다. 그 옆 칸으로 갔다. 거기에는 화장지도 있었고 뭔가 다른 것도 있었다. 벽면에 배설물인 듯한 얼룩이 조금 있었는데 그 옆에 누군가 날카로운 검은 펜으로 화살표를 그려 놓고는 "이 학교는 정말 똥 같아!"라고 적어 놓은 것이었다.

나는 크게 웃음을 터트렸다. 이렇게 멋진 사진 촬영을 하는 순간에도 화가 가득하고 철 없는 아이의 화장실 그래피티로부터 벗어날 수 없다니. 나는 이 작고 역겨운 반항이 마음에 들었다. 왜 인지 알 수 없었지만 기분이 나아졌다. "이 촬영은 정말 똥 같아." 나는 이렇게 생각하고 드레스가 가득한 방으로 돌아갔다.

들어서자 마자 내가 오기를 기다렸다는 듯이 네이비 색 드레스가 준비되어 있었다. 스타일리스트를 지나쳐서 다른 드레스쪽으로 갔다. 나는 처음부터 마음에 들었던 레이스 달린 말린 장미 색 드레스를 꺼내 들었다.

나: 이게 내가 입고 싶은 드레스예요.
스타일리스트 : 그건 안 맞을 텐데요.
나 : 아, 정말. 그럼 재봉사를 불러서 맞추면 되잖아요, 네? 시간이 별로 없어요!
스타일리스트 : 재봉사는 작게 맞추는 일만 해요. 크게 만들려면 드레스를 새로 만들 수밖에 없어요.

그 순간, 나는 내가 어찌된 연유인지 몰라도 내가 힘을 가지고 있다고 연기하기로 결심했다. (이런 이상한 상황에서는 아무도 갑이 될 수 없다.) 그래야 이 논쟁을 끝낼 수 있을 것 같았다.

나 : 그래요? 그럼 어떻게 할지 모르겠네요. 저 드레스가 아니면 굉장히 불편할 것 같으니까요.

내가 "불편할 것 같다"는 카드를 꺼내자 스타일리스트는 게임이 끝났음을 알았다. "불편하다"는 상황을 조종하는 여자의 고전적인 마이웨이용 대사이기 때문이다. "완전히 안전하게 느껴지지 않아요"와 함께 아주 고전적인 대사다. 그 행동이 공정했냐고? 아니. 쿨했냐고? 당연히 아니지. 하지만 내 촬영에 제로 사이즈 드레스만 몇 십 벌을 가져오는 행동도 공정하지 않고 쿨하지도 않다.

결국 재봉사는 드레스의 뒷판을 말 그대로 반으로 가른 다음 재빨리 캔버스 천을 (또!) 30센티미터 정도 덧붙였다. 그리고 핀으로 고정한 다음 나에게 입혔다. 스타일리스트는 드레스가 해체되자 거의 눈물을 흘릴 지경이었지만 드레스는 마치 장갑처럼 꼭 맞았다. (음, 뒷판을 임시로 기워 붙인 누더기 장갑이랄까.) 하지만 앞모습은? 완벽했다. 사랑해요, 캔버스 천. 사랑해요, 안전 핀 여러분. 내가 만약 살아있는 물건 친구들을 가진 공주가 등장하는 디즈니 영화의 성우로 출연하게 된다면 내 캐릭터는 캔버스 천조각과 멋진 안전핀으로 이루어져 있다면 좋겠다.

그후, 나는 드레스를 입은 채 엘리를 화장실로 데려가서 아까 그 그래피티를 보여주었다. 엘리와 나는 함께 키득거렸다. 나머지 촬영 시간에는 아주 즐거운 시간을 보냈는데, 좋은 친구와 함께 엉뚱하게 포즈를 취하며 놀았다. 마치 끝내주게 멋지면서 가장 아름답고, 가장 드레스가 어울리지 않는 여자처럼. 그게 나니까.

내 블랙베리 속 나르시시즘에 빠진 셀카들

나는 누군가 내 아이팟 플레이리스트를 보는 것보단 내 일기를 읽는 게 낫겠다고 생각한다. 내가 무슨 '로맨틱한 분위기 만드는 노래'라든가 '섹스하기 좋은 노래' 같이 부끄러운 플레이리스트를 가지고 있어서가 아니다. 내가 운동용으로 듣는 믹스음악들이 '할 수 있어, 민디!' '해보자, 아자!' 같이 부끄러운 제목으로 지어져 있기 때문이다. 그리고 어떤 플레이리스트는 노래 두 곡만 열다섯 번씩 반복해서 재생되는 것을 볼 수도 있다. 마치 대통령을 암살하려고 세뇌하고 있는 사이코처럼 말이다.

반면에 내 블랙베리 속 사진을 보면 웃음이 난다. 하나같이 끔찍하게 나르시시즘에 빠진 사진이다. 블랙베리 카메라는 주로 화장이 괜찮은지 확인하는 거울 용도로 쓰인다. 그렇지 않은 용도로 쓰인 사진은 웃기거나 지나치게 감상적이다.

크레이그 퍼거슨과 〈레이트 레이트 쇼〉를 녹화하러 가는 길에 찍은 사진. 이마 한가운데에 난 여드름이 줄어들었나 확인하고 싶었다. 정말 커다란 여드름이라 배우인 레인 윌슨이 토크쇼에 나가면 안 될 정도라고 말했다. 안전 핀으로 여드름을 짠 다음 메이크업 리무버로 소독을 했다. 그랬는데도 사진에서 보일 정도다.

GQ 올해의 남자 파티에 가는 길이었다. 내가 거기에 갈 이유는 하나도 없었지만 칸예 웨스트가 온다는 소문을 들었다. 머리를 직접 했는데 봐주기 힘들 정도인지 확인하고 있다.

같은 날, 드레스가 너무 깊게 파인 건 아닌지 확인하고 싶어서 찍은 사진. 결국에는 괜찮다고 판단을 내렸지만 내 손은 하루 종일 가슴 근처를 맴돌았다.

나의 절친인 브렌다와 조슬린이 함께 있는 사진이다. 그보다 중요한 건 이 사진이 내 이마가 넓어 보이지 않는 아주 드문 사진이라는 점이다. 내 이마는 정말 '광대하다.' 그러다 보니 이마가 좁아 보이는 사진은 정말 귀중하다. 특히 사진으로 만든 생일 케이크를 만들 때를 대비해야 하니까.

내가 검은 플라스틱 안경을 소화할 수 있을지 궁금해서 찍은 사진이다. 마치 헬스장에서 리사 롭[3]이 샤워하는 동안 안경을 훔쳐쓴 것 같은 느낌이다. 그래도 시도해볼 만 했다. 박식하고 예술에 조예가 깊은 힙스터처럼 보여야 하는 급박한 상황이라면 커다란 검은 플라스틱 테 선글라스를 추천한다.

이번에는 무표정에도 어울릴까 싶어 찍어본 사진. 정말 잘 나왔다. 거의 클레어 데인즈급이다.

---

3 (옮긴이) 'stay'와 리메이크곡인 'Good bye to romance'라는 곡으로 유명하며 검은색 뿔테 안경이 트레이드 마크이다.

이 사진은 친구인 소피아와 함께 미국작가협회상 시상식에 갈 때 찍은 사진이다. 내 드레스는 좀 이상하다. 무슨 총각파티에 가는 부동산 중개인 같다. 웩. 이때는 막 남자친구와 헤어졌던 터라 기분이 별로 좋지 않았다. 별로 가고 싶지 않았지만 소피아 덕분에 즐거운 시간을 보낼 수 있었다.

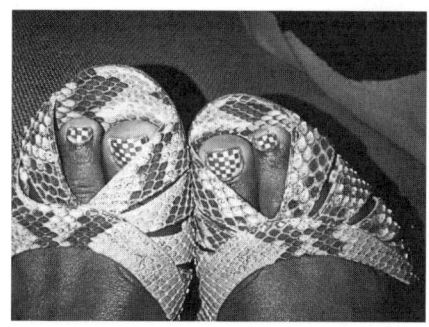

핑크색 체크무늬 페디큐어가 너무 마음에 들었다.

〈오피스〉의 '클래시 크리스마스' 에피소드를 촬영할 때 엘리 켐퍼와 함께 찍은 사진. 엘리는 내가 사진을 찍으려 해도 마다하지 않는 멋진 친구다. 이 사진은 꼭 누가 찍어준 것 같이 잘 나왔다. 누군가 지나가다가 갑작스럽게 찍은 귀여운 여자들 사진 같지 않은가?

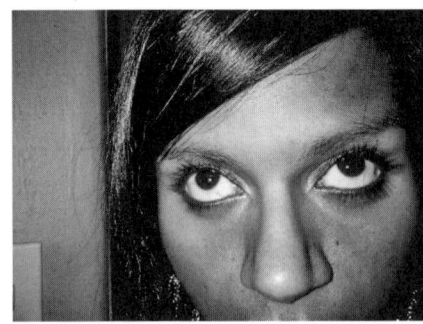

직접 눈화장을 하고 신이 나서 찍은 사진. 나중에 따라할 수 있도록 미친 듯이 클로즈업을 해서 찍었다. 결국에는 전혀 도움이 되지 않았지만.

조깅하는 동안 복수하는 판타지 상상하기

나에게 상상하는 버릇이 없었다면 내 몸무게는 아마 500킬로그램은 나갔을 것이다. 운동하는 시간을 버티려면 길고 생생한 복수 판타지를 꿈꾸는 방법밖에 없기 때문이다.

'에드 헬름스[4]가 점심 때 새치기를 했다. 에드가 연기하는 캐릭터인 앤디가 뚱뚱해진다고 대본을 써야 겠어.'식으로 현실에서 실제로 아는 사람들에게 복수하는 상상은 아니다. 영화 <킬빌>에 나오는 스토리처럼 허구의 대상이 등장하고 내가 주인공이 되는 정교한 상상이다. 복수 판타지는 내가 운동하는 시간의 대부분을 차지할 정도이기 때문에 그중에서 대박 작품을 몇 가지 골라보았다. 여러분도 운동할 때 상상하면서 칼로리에게 사요나라하기를!

어느 아름다운 봄날, 내 남편이 센트럴 파크에서 살해당했다

남편이 센트럴 파크에서 연쇄살인마에게 살해당했다. 우리 부부가

---

4 (옮긴이) 미국의 배우. <더 데일리 쇼 위드 존 스튜어트>의 리포터였으며 시트콤 <오피스>의 앤디 버나드 역, 2009년 개봉한 영화 <더 행오버>의 스투 프라이스 박사 역으로 잘 알려져있다.

어느 아름다운 봄날 오후, 아이스크림 콘을 먹으며 저수지 근처를 걷고 있는데, 갑자기 안토닌 스칼리아[5] 마스크를 쓴 괴한이 나타나 총을 쏘았고 남편이 쓰러졌다. '스칼리아'는 조커처럼 키득대며 도망치더니 검은색 차에 올라타고 사라져 버렸다. 나의 잘생긴, 그리고 결백한 남편은 내 품에서 숨을 거두었다. 그날 밤 남편은 <SNL>에서 호스트로 처음 출연하기로 되어 있었는데… (아, 그렇다. 이 판타지 속에서 내 남편은 막 수퍼볼에서 우승한 팀의 인기짱 쿼터백이다.)

그날 밤 칙칙한 분위기의 <SNL>에는 존 햄이 호스트로 나온다. 나는 예정되어 있던 <위켄드 업데이트>의 카메오 역할을 힘들게 수행한다. 그렇다, 나는 여전히 카메오를 하고 있다. 너무 슬프지만 <SNL> 카메오니까 어쩔 수 없지. 세스 마이어스는 평소처럼 명랑함을 끌어올리지 못한다. 그날의 끔찍한 사건이 모든 것을 망쳐버렸다.

남편이 살해당한 후, 나는 팔굽혀펴기와 윗몸일으키기를 미친 듯이 하고 죽은 눈으로 거울을 바라보며 머리를 아주 짧게 자른다. 내 모습은 인도계의 매우 화가 난 버전의 미아 패로우 같다. 나는 삶을 안락하게 만드는 군것질이나 친구들과 어울리는 것을 그만둔다. 이제 복수 말고는 내게 기쁨을 주는 것이 없기 때문이다. 나의 베스트 프렌드는 나에게 따분한 몽테 크리스토 백작이라는 마음 아픈 별명을 붙여주었다. 내가 집착하고 있는 복수가 점점 지루해져 가고 있었기 때문이다. 어쨌든 나의 고립과 집착 덕분에 매우 빨리 좋은 몸매가 될 수 있었다. 뭘 먹어도 똑같은 맛(아무 맛도 안나는)이 나서 맨 닭가슴살과 브로콜리만 매일 먹은 결과다.

찾아보니 '스카일라'는 마이애미에 있었다. 내가 고용한 크리스 크

---

5 (옮긴이) 미국 연방 대법원 대법관이었던 인물. 대법관으로 있을 당시 인종 차별 발언과 극보수 성향으로 많은 비판을 받았다.

리스토퍼슨[6] 닮은 (머리는 좀 더 히끗히끗한) 사립탐정으로부터 알아낸 정보다. 나는 마이애미로 가서 카다시안의 옷가게에서 섹시한 옷을 산 후 스카일라가 들린다는 사우스 비치 클럽에 잠입했다. 레즈비언 트레이너로 변장했다. (내 몸은 날씬하고 남자에게는 더 이상 관심이 없으니 꽤 그럴 듯했다.) 그의 은신처인 방에서 코카인을 흡입하던 스카일라를 발견했다. 거기에는 스카일라가 살해한 사람들의 사진이 액자로 전시되어 있었다. 나는 그가 쓰고 있는 마스크로 목을 졸라 죽였다. 조르고 있는 목에서 생명이 다 빠져나갔다고 느껴질 때쯤 나는 마스크를 벗기고 얼굴을 보고 싶다는 생각이 들었다. 하지만 결국 마스크를 그대로 두었다. 어차피 이젠 아무것도 상관 없으니까.

　　이 판타지를 상상하는 시간 : 12분
　　이 판타지를 상상하는 동안 태운 칼로리 : 90칼로리

신혼여행에서 남편이 납치된 후 살해당하다

　나의 새로운 남편과 나는 부에노스 아이레스로 휴가를 갔다. 인종 간 결혼에 반대하는 테러리스트들(드물다는 건 안다. 하지만 정말 끔찍하지.)이 우리를 본보기 삼으려고 하고 있다. 그들은 남편을 납치한 후 몸값을 요구했다. 그렇지 않으면 다음 날 생방송으로 남편을 쏴 죽이겠다고 했다. 그 순간부터 나는 말을 잃었다. 완전히 묵언 수행자가 된 것이다. 그대로 헬스장에 가서 뛰고 런지와 스쿼트를 하며 몸에 지방이 하나도 남지 않을 때까지 운동했다. 친 업 50개, 풀업 25개까지 할 수 있었다. 복수 판타지 속에서도 내가 하는 거라곤 운동뿐이었다. 풀업은 25개까지가 한계다. 풀업은 정말 힘들다. 장난이 아니다.

6　(옮긴이) 미국의 싱어송라이터, 배우. 1976년 뮤지컬영화 <스타 탄생>으로 골든 글로브 남우주연상을 수상했다.

나는 부에노스 아이레스를 뛰어다니며 말 없는 인도계 탱고 댄서인 척했다. 실제로는 내 남편을 죽인 테러리스트가 누구인지 찾으러 다녔다. 그리고 한 여름 밤 드디어 찾아냈다. 나는 그들의 심장에 칼을 찔러 넣은 뒤 나의 거대한 머리 스타일 속에 칼을 숨겼다.

나중에 아르헨티나의 법정에 서게 되었을 때 나는 직접 나를 변호하기로 결심했다. 최종 변론에서 나는 이렇게 말했다. "1970년대에 그렇게 많은 실종을 묵인한 나라에서 테러리스트들이 없어진 것에 이렇게 호들갑을 떤다는 것이 참 놀랍습니다." 그 후 나는 종적을 감춘다.

상상하는 데 걸린 시간 : 8분
상상하는 동안 태운 칼로리 : 65칼로리

백화점에서 나에게 무례했던 그 여자에게 갚아주기

내가 삭스 피프스 애비뉴 백화점의 구두 매장에 갔을 때였다. 나는 미우미우 펌프스를 신어보고 싶어서 도도한 점원의 눈길을 끌려고 하고 있었다. 그냥 운동복을 입고 백화점에 가는 실수를 저질렀더니 점원은 내게 신경도 쓰질 않았다. 혼신의 힘을 다해 가까스로 점원을 불렀더니 잠시만 기다리라고 하곤 가버렸다. 앉아서 10분 가까이 기다리다가 보니 저쪽 루부탱 코너에서 부유해 보이는 백인 여자를 돕고 있는 것 아닌가. 제대로 열이 뻗친 나는 3층에 있는 고객 서비스 센터로 가서 불편 카드를 작성한다.

상상하는 데 걸린 시간 : 1분
상상하는 동안 태운 칼로리 : 10칼로리

알 카에다가 NBC의 <더 보이스>[7]를 인질로 잡다

　　NBC가 <더 보이스>의 특별편을 촬영하는 현장에 알 카에다가 천장에서 줄을 타고 내려와 무고한 사람들을 한 시간마다 죽이는 테러리스트 오디션으로 상황을 바꿔 놓는다. 정말 역겨운 부분은 심사원들에게 점수를 매기게 했다는 것이다. 믿을 수 없이 끔찍하고 충격적이었다. 내가 친한 친구인 아담 레빈에게 VIP 티켓을 받아서 두 번째 줄에 앉아있었다는 사실은 알 카에다가 미처 알지 못했다. 내 알렉산더 맥퀸 클러치 안에는 총이 있었다. 영화 <사선에서>에서 존 말코비치가 가지고 있었던 금속 탐지 기계를 통과할 수 있는 플라스틱 총이었다. <더 보이스>를 촬영하는 동안에는 내가 왜 그 총을 가지고 왔는지 알 수 없었는데 이제 알 수 있었다.

　　알 카에다가 생방송으로 첫 희생자를 고르는 중에 커다란 총성이 울렸다. 사람들이 소리를 질렀다. 하지만 총을 맞은 건 인질로 잡혀 있던 무고한 사람이 아니라 인질을 잡고 있던 테러리스트였다. (영화에서 이런 장면을 봤다. 어디서 쏜 건지 헷갈리는 총성이 울리는 장면. 끝내준다.) 테러리스트들은 허둥지둥 주위를 살폈다. 대체 이 보이지 않는 안티 테러리스트는 누구란 말인가? 그건 바로 나, 민디 캘링이지! 씨 로 그린[8]의 털코트에 몸을 숨겼더니 아무도 나를 보지 못했다. 그날 밤, 나는 저격수가 되어 테러리스트들을 하나, 하나 암살했다. 그리고 그곳에 현장학습을 온 용기 있는 소녀들을 모았다. 곧 테러리스트들은 자신들이 테러를 받게 되었다. 생각해 보면 참 아이러니하다. 그리고 마지막 남은 한 명까지 총에 맞아 쓰러지는 순간 스왓팀이 쏟아져 들어온다. 나

---

7 (옮긴이) 음악 서바이벌 오디션 프로그램. 4명의 코치가 익자에 앉아 뒤돌아서 참가자들의 노래를 듣고 심사하는 방식이며 한국에서도 판권을 구매해 <보이스 코리아>라는 프로그램으로 방영되었다.

8 (옮긴이) 미국의 싱어송라이터, 래퍼, 음악 프로듀서. 미국 NBC 방송국의 리얼리티 인재 발굴 프로그램인 <더 보이스>의 코치로 활동하였으며 영화 <비긴 어게인>에 출연하였다.

는 정체를 밝히고 이렇게 선언한다. "음악은 테러에 침묵 당하지 않으리라. 투표로는 몰라도." 그리고 <더 보이스> 녹화는 계속된다. 그렇지 않으면 테러리스트들을 제대로 응징한 것이 아니고 그저 노래 실력을 판단하는 즐거운 저녁을 망친 것에 불과할 테니까.

상상하는 동안 걸린 시간 : 20분
상상하는 동안 태운 칼로리 : 200칼로리

나의 모든 중요한 유산

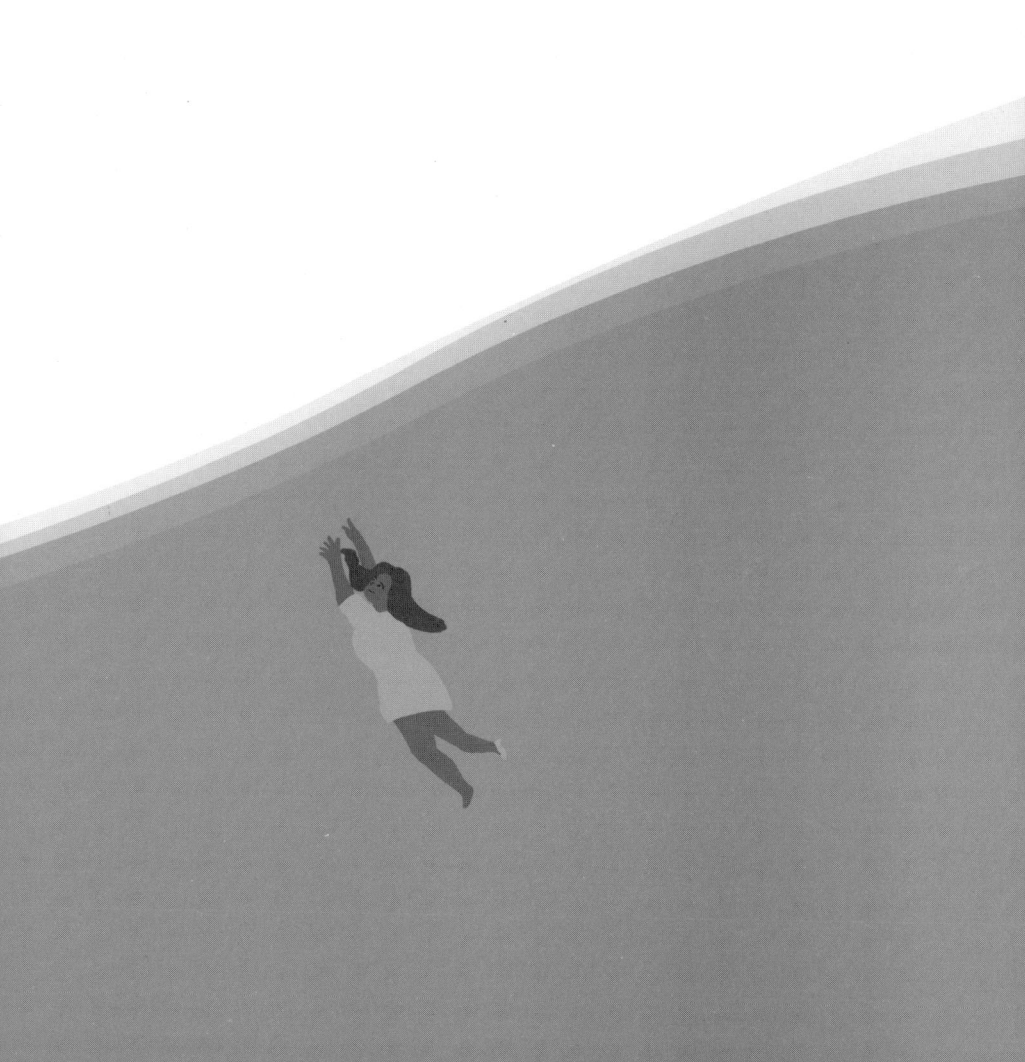

내 장례식의 엄격한 규칙

내가 죽을 때 가까운 사람들에게 알려둘 내 장례식을 위한 규칙이 있다. 너무 주제넘다고 여길 수도 있지만 그보다는 여러분을 위한 친절한 안내라고 생각해 주기 바란다. 내가 죽었을 때 여러분은 너무나 슬픈 나머지 계획을 세울 능력을 발휘하기기 힘들 테니까. 나는 내 장례식이 얼렁뚱땅 재빨리 만들어져서 엉망이 되는 것을 원하지 않는다.

드레스 코드 : 시크하게 충격받은 느낌.
전에 사귀었던 사람들은 참석불가. (얼마나 산만하겠어. 이상하기도 하고.)

좋아. 전에 사귀었던 사람이 참석할 수 있는 유일한 조건은 그 사람이 정말, 끔찍하고도 심각하게 좌절했을 경우에만 허락하기로 하자. 내가 죽었다는 소식을 들었을 때 자신의 삶이나 선택에 대해 진지하게 되돌아보게 될 정도였다면 괜찮겠다.

그들의 현재 여친이나 아내는 절대 참석할 수 없다. 이 부분은 절대로, 절대로 협상의 여지가 없다. 그냥 블랙 옷을 차려 입고 와서 시크하고 섹시한 차림새만 뽐낼 기회가 될 테니까.

내가 다녔던 대학교의 아카펠라 동아리가 와서 공연을 하려고 할 것이다. 시도하는 것까지는 봐주겠지만 절대 실제로 공연을 해서는 안 된다. 현재 활동 중인 동아리가 부르는 것만 뜻하는 게 아니다. 과거의 멤버들을 모아서 오는 것도 안 된다. 경계를 늦추기 말아야 한다. 잠깐 눈 돌린 사이에 훌쩍 거리는 여자로 구성된 무리가 새된 소리로 보이즈 투맨의 'It's So Hard to Say Goodbye'를 부르는 모습을 봐야 할지도 모른다. 반드시 명심하자. 그들은 어떻게든 틈을 노릴 것이다.

내 장례식을 자신이 쓴 노래를 발표하는 장소로 삼아서는 안 된다.

장례식에는 음식이 있어야 한다. 나는 먹을 것이 하나도 없는 곳에 초대받는 것을 정말 싫어한다. 우아하고 가벼운 음식을 준비하자. 파스타는 안 된다. 베이크드 지티[1]를 가져오는 사람이 있으면 내가 관에서 기어나올 것이다. 그냥, 뜨거운 음식은 금지하자. 조그만한 핑거 샌드위치, 스콘, 커피 정도가 괜찮다. 홍차는 괜찮지만 층층이 쌓아 올린 디저트 접시는 안 된다. 그건 너무 지나치다.

장례식장에서 문자를 보내는 건 괜찮지만 전화는 안 된다. 그건 무례하잖아. 문자도 은밀히 보내는 것만 괜찮다. 가방 속에 블랙베리를 숨기고 한 손으로만 보내는 정도?

말을 할 때도 규칙을 지켜야지, 그렇지 않으면 대혼란이 시작될 것이다. 내게는 코미디 작가 친구들이 좀 많다. 그들이 와서 나를 놀려먹지 않도록 할 것. 내가 놀려먹는 것에 대해 어떻게 생각하는지 다들 알지 않는가. 나는 내 장례식에서 웃음거리가 되고 싶지 않다. 너무 초조

---

1 (옮긴이) 간편하게 만들어 먹을 수 있는 치즈 오븐 파스타.

한 나머지 내가 방송에서 했던 어리석은 짓을 끄집어내며 카타르시스를 느끼는 웃음을 터트리는 것도 금지다.

실은, 모든 카타르시스가 금지다.

아이러니도 절대 금지. 진심이다. 내 직업적 삶 전체를 아이러니 속에서 살았다. 나는 장례식만은 명확하게 진심 어리고 진지한 의식이 되었으면 한다.

종교적인 의식도 사양이다. 아무도 신 같은 것을 찾지 않았으면 좋겠다. 장황하게 무신론을 펼치고 싶은 것보다는 나의 죽음에 충격 받은 사람들이 그 침통함을 유지했으면 한다. 솔직히 나를 향하는 스포트라이트를 신과 함께 나누고 싶지 않다.

양초도 필요없다. 나는 양초를 싫어한다. 이건 <그레이 아나토미>의 섹스 장면이 아니라고.

스티브 카렐이 나타나지 않는다면 나의 아이들과 손자들이 그걸 두고 두고 기억하기를 바란다.

장례식을 떠나는 사람들에게는 기프트백이 제공되어야 한다. 안에는 다음과 같은 것들을 넣자. (1)나의 가장 아름다웠던 모습의 사진을 옛날 느낌의 종이에 인화하고 하트 모양 납 액자에 끼운 것. 마치 시빌 워 때 군인이 가지고 다니던 것처럼 생겨야 한다. (2)장례식을 후원하는 회사의 에너지 바나 트렌디한 바디 스프레이. (3)내가 어릴 적에 장래희망이었던 우주비행사를 그렸던 낙서의 복사본. 하단에 필기체로 "그녀가 드디어 날개를 찾았다"라든가 "...이렇게 우리는 발사를 했다"라고 써야 한다. (4)대통령이 창작 커뮤니티에 내가 끼친 영향에 대해 쓴 편지. 만약 여자 대통령이 있는 해라면 그런 쪽으로 편향되어도 괜찮다. 그녀가 자신의 꿈을 믿기까지 내가 얼마나 큰 영감을 주었는지 말이다.

이렇게만 한다면 나는 영원한 안식 속에서 쉴 수 있을 것이다. 그게 여러분에게 중요하다면.

나의 친구이자 <오피스>의 작가였으며 <팍스 앤 레크리에이션>의 제작자인 마이크 슈어가 나의 죽음을 대비해 추도사를 써주었다.

민디를 위한 추도사

마이클 슈어 씀

친구 여러분, 민디의 가족 여러분, 유명 백화점의 대표 여러분, 안녕하십니까.

제 이름은 마이클 슈어이고 민디 캘링과는 몇 년 동안 함께 드라마 <오피스> 제작에 참여했습니다. 물론 미국 버전이지요. (지난 41년 동안 장수한 중국 버전은 아니고요.)

민디의 갑작스러운 죽음은 정말 충격적이었습니다. 물론 두바이 블루밍데일 백화점의 미친 밤샘 세일에서 민디와 구두를 두고 싸우던 네 명의 여성에게도 충격이었겠지요. 옥신각신 하다가 찔린 것은 '우발적'이라고 판명이 났지만 민디를 아는 사람이라면 사치품과 얽힌 큰 소동이 벌어지리라는 것을 다들 예견했을 것입니다. 그래도 여기에서 희망적인 면이 있다면 레인 윌슨이 2006년부터 주최해온 '민디 캘링이 죽는 방법 맞추기' 대회에서 제가 '크리스티앙 루부텡 스웨이드 핍토 슬링백에 찔려 죽는다'를 맞춰서 200달러를 벌었다는 사실입니다.

민디 캘링이 처음 합류한 날을 잊지 못할 것입니다. 방송 작가의 세계에 첫 발을 내딛은 생초짜의 반짝이는 눈빛도요… 그런데도 누구보다 자신감에 가득 찬 모습이었죠. 민디는 극도로 자신감이 넘쳤습니다. 심하게 허풍스러웠다고 할까요. 시건방지다? 어떤 표현이 정확할까요… "수풍스러웠다"라고 합시다. 제가 방금 만든 말로 "수다스럽고 허풍스러웠다"는 뜻입니다.

민디의 직업 윤리는 최고였습니다. 무슨 뜻이냐고요? 만약 직업 윤리의 등급표를 만든다면 민디는 최고 등급으로 어이 없다는 뜻입니다. 하루는 출근을 너무 늦게 한 나머지 다음 날 아침에 도착했죠. 그날 아침 출근 시간에도 늦었고요. 숙취에 쩔어 있었죠. 하지만 우리는 용서해야 했습니다. 그렇지 않으면 자기가 만났던 섹시한 배우 이야기, 자신이 젤라또를 얼마나 좋아하는지, 그리고 비욘세가 왜 컨트리 앨범을 내야 하는지 등에 대해 끝도 없이 떠들 것이고 결국 우리는 질려버린 나머지 다른 건 다 까먹어버릴 테니까요.

민디는 많은 역할을 했습니다. 아이비리그 졸업생, 배우, 코미디언, 극작가, 고질적인 가십 덕후, 총기 소지를 지지하는 이상한 공화주의자, 과시적 소비를 거침없이 옹호하는 소비자, 그리고 물론 사후에 발견된 빵실한 스티커로 뒤덮인 다이어리로 추정할 수 있듯이 하드코어 변태였죠. 하지만 이 모든 기벽과 단점에도 불구하고, 또한 제가 함께 일하면서 제정신을 유지하기 위해 심리 치료사가 권고한 '민디 학습장'에 적어 놓은 수천 가지의 거슬리는 점에도 불구하고, 저는 민디 캘링을 사랑했습니다. 민디처럼 쓸 수 있는 사람은 아무도 없죠. 민디보다 웃긴 사람도 없었습니다. 한마디로, 민디 같은 사람은 아무도 없습니다. 뭐, 이 사실이 오래 가진 않을 것입니다. 민디의 유서에 따라서 그녀의 DNA는 백만 번 복제될 예정이고 요새 들리는 뉴스로는 뉴욕증권거래

소의 소매 쇼핑몰의 주식이 폭등했다고 하네요.

민디가 가버렸다는 사실이 믿기지가 않네요. 저는 제 자신에게 이렇게 말하며 위로를 해봅니다. "음, 아마 천사들이 민디의 입을 다물게 하고 싶었나봐." 정말 민디가 그리울 거예요. 바로 지금, 민디가 천국에서 우리를 내려다보며 미소 짓고 있기를 바라지만, 사실 마음속 깊은 곳에서는 민디가 지옥에 딱 맞는 케이스라는 걸 알고 있죠.

R.I.P.
삼가 고인의 명복을 빕니다.

굿바이

여섯 살 때 <사운드 오브 뮤직>을 처음으로 봤는데, 내가 가장 좋아했던 부분은 본 트랩 대령의 아이들이 오스트리아의 저택 계단에서 파티 손님들에게 작별을 고하며 'So Long, Farewell'을 부르는 장면이었다. 돌이켜 생각해보면, 아이들에게 좋은 예는 아니었다. 이 장면을 보면 어른들이 길고 질질 끄는 뮤지컬식 작별 인사를 좋아한다고 여기게 되기 때문이다. 실은 <사운드 오브 뮤직>은 모든 어린이들에게 잘못된 인식을 심어주고 말았다. 그 결과 나는 사람들이 항상 내가 부르는 노래를 듣고 싶어한다고 믿었다.

나는 우리집 건축에서 나오는 노래를 암기했다. 그리고 잠자리에 들기 전에 부모님을 집 계단참에 불러놓고 영화에 나오는 노래 전부를 불렀다. 반주도 없이 일곱 명이 번갈아 부르는 노래를 혼자 다 불렀다. 첫 번째 아이의 파트를 다 부른 후 계단 위로 퇴장했다가 다시 계단을 쪼르륵 내려와서 다음 파트를 불렀다. 부모님은 참을성 있게 세 번째 아이의 파트가 될 때까지 잠자코 듣고 있었다.

"좋아, 이만하면 충분해." 아빠가 계단 위에 있던 나를 끌어내리며 말했다.

"아직 프레드릭까지밖에 못했어! 아직 네 명이 더 남았단 말이야!"라는 나의 말은 무시당했다. 부모님은 나의 창의적인 활동을 응원해주었지만 아무런 생산성이 없는 나르시스적인 엉뚱함을 참아주지는 못했다. 부모님에게는 할 일이 많았으니까.

요점은, 내가 이 경험을 통해 배운 것이 아무것도 없다는 사실이다. 최고의 작별인사는 짧고 상냥해야 한다고들 하지만 나는 아니다. 나는 작별인사가 길고 긴 게 좋다. 본 트랩 대령의 아이들 스타일처럼. 혹은 신발을 느리게 신는 남자처럼.

끝내기 전에 여러분이 궁금해 할 만한 질문에 답해볼까 한다.

그럼, 어릴 때 스펠링 비[2]에서 한 번도 우승하지 못한 건가요? 저는 이 책이 스펠링 비 우승에 관한 회고록인 줄 알았는데요.

헷갈리겠지, 그럴 만하다. 나의 민족성, 어릴 적 친구의 수, 나의 체구, 시력, 부모님을 기쁘게 하고 싶어하는 욕구 등을 고려했을 때, 7살 때부터 14살까지 스펠링 비 챔피언으로 이름을 날렸어야 하는데 말이다.

왜 '여자는 웃긴지 안 웃긴지'에 대해서 얘기하지 않았나요?

그 주제에 관해 진지하게 대답하는 것이 그것이 정당한 논쟁거리가 된다고 암묵적으로 동의하게 되는 것 같았다. 그렇지 않은데 말이지. 마치 '개와 고양이가 아이들을 돌볼 수 있어야 하는가? 어쨌든 집안에 있으니까.' 같은 주제를 진지하게 받아들이는 것과 같지. 나는 무의미

---

2 (옮긴이) 영어철자 말하기 경시대회로 대체적으로 인도계 학생의 강세가 뚜렷하다.

하지만 사람들이 열광하는 이슈에 관해서는 진지해지지 않으려는 습관을 들이려고 한다.

다음 책은 무슨 내용을 담을 건가요?

다음 책은 나의 남편과 아이들, 나의 쿨한 영화 경력, 이 책을 쓴 후에 얻은 교훈에 대해 나누는 책이 되었으며 좋겠다. 뭐, 이런 것도 좋겠지. 내 원래의 입술 선이 대체 어디인지 알고 싶어 죽겠다. 도대체 모르겠거든. 그때쯤에는 알아낼 수 있을지도.

다른 할 얘기는 없나요?

없다. 그저, 난 작별인사를 하고 싶지가 않다. 곧 또 봅시다.

사랑을 담아서,
민디

감사의 글

제레미, 브론슨, 대니 천, 알렉시스 딘, 레나 던햄, 브렌트 포레스터, 댄 구어, 찰리 그랜디, 스티브 헬리, 캐리 켐퍼, 엘리 켐퍼, 폴 리버스타인, 다니엘르 모펫, 소피아 로시, 뎁 쇼언먼, 마이크 슈어, 데보라 타리카에게 시간을 내주고 친절한 의견을 들려주어서 정말 감사하다. 아바 트래머는 암사슴의 태도를 지닌 조직의 올스타였다. B.J. 노박은 최고의 친구이자 에디터로, 나에게 "저기, 민디, 너 여기서 좀 인종차별주의자 같이 보여. 책에서 인종차별주의자 같아 보이는 건 조심하는 게 좋을 걸."이라고 말해주었다.

소중한 사람들에게 감사 인사를 전한다. 조슬린 레빗, 브렌다 위더스, 데이비드 해리스, 그리고 우리 오빠 비제이는 어릴 때 이야기와 사진을 공유할 수 있도록 허락해 주었다. 아마 사랑하는 마음으로 그렇게 해준 것 같다.

마야 맙지, 티나 콘스타블, 태미 블레이크, 메러디스 맥기니스, 안나 톰슨에게 책을 만드는 데 열심히 힘을 보태주고 함께 기뻐해주어서 정말 감사하다.

멜리사 스톤과 알렉스 크로틴은 귀염둥이들이자 악당들이다. 우리가 만들 컵케익과 옷가게의 이름이기도 하다.

하워드 클레인이 없었다면 이 책을 쓸 수 없었을 것이다. 리차드 어베이트는 책을 쓰는 모든 과정에서 참을성을 가지고 나를 이끌어 주었다. 두 사람을 정말 좋아한다. 두 사람의 전화번호도 있는데 절대 연락을 끊지 않을 거다. 내가 전화하면 둘 다 정말 좋아하는 것 같다.

수잰 오넬리는 뛰어난 에디터로 나와 거의 매일 연락을 주고 받았다. 오래 전, 나는 그녀와의 일적인 경계를 흐릿하게 만들었고 다시 되돌아갈 수 없게 되었다. 이제 그녀는 나의 친구다. 미안해, 수잰.

그리고 마지막으로, 아부 초칼링감과 스와티 초칼링감, 두 분에게 감사드린다. 이 책은 그들에게 헌정하는 책이다. 아마 나는 그저 자신의 부모님을 너무나 사랑하는 이상한 아이들 중 하나인 것 같다.

옮긴이의 글

맥 라이언의 사진을 가지고 미용실에 갔는데 엄마와 똑같은 머리 스타일로 돌아와야 했을 어린 민디를 상상했더니, 중학교 2학년 때 미용실에 가서 맥 라이언 머리처럼 잘라 달라고 부탁했던 제 모습이 기억 속에 떠올랐습니다. 다행히(?) 저의 미용 결과는 성공적이라 '정말 맥 라이언 분위기가 나는 것 같은데?'하며 혼자 거울 보며 흡족해했죠. 미국의 소수 인종이었던 민디에게도, 아시아 국가에서 자란 저에게도 문화적 자양분이 되었던 미국 주류 문화의 영향력을 새삼 깨달을 수 있는 대목입니다.

민디의 이야기를 들으며, 우리는 인종의 도가니인 미국이라는 나라에서 이민 2세대로 성장한 여성의 경험을 간접 체험할 수 있습니다. 민디는 어렸을 때부터 로맨틱 코미디 영화를 즐겨 보며 자랍니다. 그때부터 작가나 배우로서의 꿈을 꿨을 겁니다. 보통 어떤 분야를 동경하는 청소년은 롤모델을 보며 꿈을 키우지요. 저 사람과 닮고 싶다거나 저 사람이 하는 것을 나도 하고 싶다는 마음으로요.

하지만 민디는 맥 라이언이나 줄리아 로버츠를 닮을 수도, 그녀들이 했던 것을 할 수도 없었습니다. 그 사실을 깨달은 순간부터 민디는 누군가를 흉내 내거나 닮으려고 노력하기보다는 직접 자신의 자리를 만들겠다는 목표를 세웠을 겁니다. 과연 로맨틱 코미디 속 '모두에게 사랑받는 아름다운 백인 여성'의 자리를, 통통하고 수다스러운 인도계 여자가 대체한다면 어떻게 될까요? 그것에 도전한 신선하고 발랄한 시도가 바로 드라마 <민디 프로젝트>입니다. 민디가 직접 기획하고 제작하고 대본을 쓰고 배우로도 열연했죠.

드라마를 보셨다면 알겠지만 <민디 프로젝트>는 우리에게 이미 익숙한 미국식 로맨틱 코미디의 작법을 차용한 드라마입니다. 아마 민디가 의도적으로 기존의 로맨틱 코미디의 구도를 끌어왔을 것이라고 짐작합니다. 그 구도 안에 민디가 들어가면서 드러나는 변주가 재미를 줍니다. 뉴욕 번화가를 활보하는 엘리트 여성, 주인공 민디 라히리의 직업은 산부인과 전문의입니다. 아마도 산부인과 전문의였던 어머니를 존경하는 마음에서 이런 설정을 하지 않았을까 싶습니다. 뭐, 이 직업이 극 중에서 진지하게 다뤄지지는 않지만요. 주요 스토리는 민디가 여러 남자와 썸을 타는 한편, 주변부에서는 <오피스>식 개성파 캐릭터들이 좌충우돌 관계를 맺으며 전개됩니다.

<민디 프로젝트> 시즌1 첫 번째 에피소드에서 산부인과 전문의인 민디가 접수원들에게 왜 자꾸 자신에게 영어도 못하고 보험도 없는 외국인 환자를 들여보내냐고 하면서 백인 환자를 더 받으라고 말하는 장면이 있습니다. 민디의 속물적인 성격을 보여주는 장면인데, 시청자는 이 부분에서 주인공이 단순히 백인일 때와는 다른 감정을 느낄지도 모릅니다. 민디의 캐릭터를 판단하는 과정이 '속물적이다->자신도 소수 인종이면서 엘리트라고 차별을 하는 건가?' 정도로 의식이 흐르

지 않을까요? 백인들로만 이루어진 드라마를 볼 때와는 다르게 자꾸만 민디라는 캐릭터를 판단할 때 그녀의 인종이라는 정체성이 끼어드는 듯했습니다.

최근 할리우드는 다양성에 대한 욕구에 발맞추려는 추세입니다. 물론 아직까지는 캐스팅에 '몇 가지 생색내기용 자리'를 마련해 다양성 시늉만 내는 작품도 많죠. 기존 유통 구조에 도전장을 내민 넷플릭스를 비롯한 스트리밍 서비스는 조금 더 적극적으로 다양한 정체성을 지닌 엔터테이너들을 포용하고 있습니다. 그런 필요에 아주 적합했던 것이 민디였고, 스트리밍 서비스인 훌루는 <민디 프로젝트>를 단독 방영하며 대대적인 홍보를 하기도 했습니다. 민디는 다양성 문화 컨텐츠 제작자의 대표적인 사례로서 아주 성공적인 커리어를 만들어나가고 있습니다.

이 책에는 나오지 않은 민디의 근황을 전해 봅니다. 2012년, 안타깝게도 민디의 어머니가 췌장암으로 세상을 떠났습니다. 그리고 2017년, 사람들을 놀라게 한 소식이 하나 전해졌죠. 바로 민디가 임신을 했다는 소식이었습니다. 민디는 출산을 한 후에도 아이의 아빠가 누구인지 밝히지 않겠다고 말했습니다. 그러니까 지금 민디는 싱글맘의 삶을 살고 있죠. 당연히 가십을 좋아하는 할리우드 찌라시들은 이런저런 추측과 소문을 퍼뜨렸지만 민디는 아이와 이야기하기 전에는 절대 관련된 이야기를 하지 않겠다고 선언했습니다. 이 책을 보면 민디가 결혼에 대해 긍정적인 생각을 하고 있다는 것을 잘 알 수 있기에 과연 민디가 어떤 과정을 거쳐 지금의 결정을 내리게 되었는지 궁금했습니다. 아마 쉽지만은 않은 결정이었을 거라 짐작만 했습니다.

2018년, 민디는 자신이 졸업한 다트머스 대학교에서 졸업 연설을 하게 됩니다(유튜브에서 'Dartmouth 2018 Mindy Kaling'으로 검색하면 볼 수 있습니다). 자신의 경험을 특유의 발랄한 유머와 진솔한 조언으로 빚어낸 좋은 연설이었습니다. 특히 자신의 출산 이야기를 언급하며 해주는 이야기는 언제나 가벼운 이미지를 고수하는 민디의 깊은 속을 엿보게 하더군요. 아래는 민디의 연설에서 발췌한 내용입니다.

"대학교를 졸업할 때 체크리스트를 만들었어요. 27살에 결혼하기, 30살에 아이 가지기, 오스카 상 타기, 내 TV 쇼 만들기, MTV 뮤직어워드 MC 보기, 이 모든 것을 44 사이즈 몸매일 때 하기. 스포일러 해드릴까요? 이중에 딱 하나 달성했네요. 스물한 살의 내가 되고 싶었던 목표에서 얼마나 벗어나 있는지 깨닫는 것은 참 두려워요.

한 가지, 제 개인적인 이야기를 해볼까 해요. 2017년 겨울에 막 태어난 딸을 데리고 처음 집에 왔을 때 이런 생각이 들었어요. '음, 영화나 TV를 보면 이럴 때 엄마랑 남편이 함께 있어주던데 난 둘 다 없네?' 한동안 무척 무서웠어요. '이걸 내가 혼자 할 수 있다고?' 그러다가 어느새 그 무서움이 사라졌죠. 사실 저는 혼자가 아니었거든요. 나를 사랑해주는 가족과 친구들이 있었고 딸과 함께 하는 행복은 체크리스트에 있던 모든 것을 지워버렸죠.

그러니까 이런 말을 하고 싶어요. 순서대로 뭔가를 이루지 못한다고 해서 혹은 아무것도 이루지 못했다고 해서 겁내지 마세요. 저는 결혼하고 아이를 가지고 싶었지만 안 됐어요. 하지만 변한 건 아무것도 없죠. 오늘 아침 디저트를 먹고 밥을 먹으려고 했는데 밥을 먹고 디저트를 먹었어요. 그래도 변한 건 아무것도 없네요.

체크리스트가 있다고요? 잘했어요. 구체적인 계획을 세우면 성공할 확률이 높아지죠. 하지만 동시에, 모든 가능성을 열어 두세요."

그런가 하면 특별히 여학생들을 위한 연대의 메시지도 잊지 않습니다.

"잠시 여학생 여러분에게 할 말이 있어요. 남학생들은 30초 동안 앞으로 평생 여성과 똑같은 일을 하면서 더 벌게 될 돈을 생각하고 있는 건 어때요? 꽤 달콤할 거예요.
여학생 여러분, 우리는 서로 더욱 연대할 필요가 있어요. 저도 이 분야에서는 죄책감을 느껴요. 우리가 살고 있는 세계는 마치 우리를 위한 자리가 단 하나밖에 없다고 믿게 만들죠. 그래서 우리는 새로운 여성이 등장하면 '어떡하지? 저 여자가 딱 하나 있는 '여성 자리'를 빼앗아 갈 거야!'라고 걱정해요. 하지만 그건 특정한 사람들이 원하는 것일 뿐이에요. 오히려 우리가 함께 힘을 합쳐서 우리에게 배정된 자리가 한정되어 있다고 믿게 만드는 세상을 분해해버리는 게 훨씬 좋지 않을까요? 왜냐하면 여자들이 힘을 합하면 뭐든지 할 수 있거든요. 영화 <오션스 8>처럼 말이죠. (능청스러운 영화 홍보가 이어지고 좌중에는 폭소가 터진다.)"

마지막으로, 저를 포함해 매일 '할 수 없다'의 벽에 부딪히는 사람들에게 힘을 주는 민디의 말을 옮겨봅니다.

"어렸을 때는 지금의 제가 누리는 삶을 가질 자격이 없다고 생각했어요. 하지만 지금은 그렇게 살고 있죠. 예전의 저도 여러분이 앉아있는 바로 그 자리에 앉아 '내가 안 될 이유라도 있어?'라고 혼잣말을 했어요. 그 뒤로 17년 동안 똑같은 말을 되뇌고 있고요. 그리고 오늘 대학교 졸업 연설을 맡을 정도로 가치 있는 사람이 되어 서 있죠. 아무도 여러분에게 '할 수 없다'고 말하게 두지 마세요. 특히 여러분 자신에게요. 기억하세요. 여러분이 안 될 이유가 있나요? 지금 이 자리까지 왔는데요."

책을 번역하며 가끔은 민디의 재치를 따라가지 못해 머리가 아플 때도 있었지만 솔직하고 유쾌한 사람과의 대화 시간은 (그것이 책과의 대화일지언정) 역시 즐거웠습니다. 독자 여러분도 이 책과 함께 흥미로운 시간을 보내셨기를 바랍니다.

민디 프로젝트 : 깨발랄 인도계 미국인 코미디언 민디의 할리우드 물들이기 대작전

지은이 **민디 캘링**
옮긴이 **김민희**
1판 1쇄 펴낸날 2019년 6월 20일
표지 디자인 **간재리와 민트리**
제작 **공간**
물류 **탐북**
펴낸곳 **책덕** 출판등록 2013년 6월 27일(제013-000196호)
주소 서울시 마포구 월드컵북로7길 73 102호
홈페이지 http://beingbeingbeing.tistory.com
페이스북 http://facebook.com/bookduck/
이메일 dearlovelychum@gmail.com
ISBN 979-11-954320-8-0

이 도서의 국립중앙도서관 출판예정도서목록(CIP)은
서지정보유통지원시스템 홈페이지http://seoji.nl.go.kr)와
국가자료공동목록시스템(http://www.nl.go.kr/kolisnet)에서 이용하실 수 있습니다.
(CIP제어번호: CIP2019021841)

이 책에 쓰인 종이
표지 **랑데뷰 내추럴 210g**
내지 **그린라이트 100g**

이 책에 사용된 폰트
본명조, 본고딕, KoPub, 경기천년바탕, 잘난체 등